国际投资法视域下的稳定性条款研究

范璐晶 著

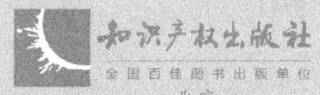

图书在版编目（CIP）数据

国际投资法视域下的稳定性条款研究 / 范璐晶著 .—北京：知识产权出版社，2025.1.
ISBN 978-7-5130-9556-3

Ⅰ . D996.4

中国国家版本馆 CIP 数据核字第 2024B5Q808 号

内容提要

本书围绕稳定性条款这一中心，结合丰富的案例，研究国内法、国际投资协定、国际投资仲裁中稳定性条款的类型、适用、效力和效用、发展的新趋势及其与东道国的规制权、可持续发展理念、其他条款的关系，旨在探求稳定性条款顺应可持续发展投资要求的"绿色化"演进，同时分析中国稳定性条款的适用情况并提出有益的建议。

本书适合国际经济法相关研究者及对其感兴趣的读者阅读。

责任编辑：王志茹　　　　　　　　责任印制：孙婷婷

国际投资法视域下的稳定性条款研究
GUOJI TOUZIFA SHIYU XIA DE WENDINGXING TIAOKUAN YANJIU

范璐晶　著

出版发行：	知识产权出版社 有限责任公司	网　　址：	http：//www.ipph.cn
电　　话：	010-82004826		http：//www.laichushu.com
社　　址：	北京市海淀区气象路 50 号院	邮　　编：	100081
责编电话：	010-82000860 转 8761	责编邮箱：	laichushu@cnipr.com
发行电话：	010-82000860 转 8101	发行传真：	010-82000893
印　　刷：	北京中献拓方科技发展有限公司	经　　销：	新华书店、各大网上书店及相关专业书店
开　　本：	720mm×1000mm　1/16	印　　张：	17.75
版　　次：	2025 年 1 月第 1 版	印　　次：	2025 年 1 月第 1 次印刷
字　　数：	252 千字	定　　价：	88.00 元
ISBN 978-7-5130-9556-3			

出版权专有　侵权必究
如有印装质量问题，本社负责调换。

自　序

当外国投资者决定在一个被认为是政治和经济不稳定的国家投资时，政治风险是其面临的首要风险，尤其是能源、矿业、基础设施建设等大型项目。除此之外，外国投资者还可能面临经济风险或者其他类型风险。基于这些原因，外国投资者在决定投资之前会寻求各种可能的工具或方法来保护其投资避开潜在的风险，并减少其投资回报面临的威胁。稳定性条款是外国投资者应对投资风险的重要工具之一，旨在提高投资者将在其中运营的监管环境的可预测性。稳定性条款在世界各地和各种行业中被使用，并且通常被作为减少东道国面临财政、法律等风险的手段。约定稳定性条款是国际投资合同中的重要内容，旨在给投资者以保护并促进国际投资，使东道国可以获得资金和技术支持，促进其经济的发展。法定稳定性条款规定通常存在于东道国的国内法中，国际条约中比较罕见。虽然稳定性条款被大量应用，甚至投资者可以根据稳定性条款提起国际投资仲裁进而获得国际投资条约的保护，但是稳定性条款的效力和效用问题一直悬而未决。

稳定性条款作为一种风险应对工具，不仅应对外国投资者有利，而且应保障东道国和外国投资者双方的利益。就东道国而言，稳定性条款是其吸引外资的有利激励机制；对外国投资者而言，稳定性条款可以维护其在投资周期内的约定利益。然而在实践中，稳定性条款更倾向于保护外国投资者的利益，压缩了东道国的规制权空间。虽然发达国家的投资者在对外投资时希望东道国被纳

国际投资法视域下的稳定性条款研究

入稳定性条款，但是发达国家在作为投资东道国时并不愿意采用稳定性条款。这种现象在欧洲联盟（以下简称"欧盟"）表现得尤为明显。欧盟内部部分经济实力稍弱的成员国在加入欧盟之前采用稳定性条款，在加入欧盟之后稳定性条款的效力和效用受到挑战。迄今为止，拉丁美洲、非洲和中亚地区的国家仍愿意在其与外国投资者签订的投资契约中纳入稳定性条款。

外国直接投资不仅给东道国带来资金、技术和先进的管理经验等，促进其发展，而且可能造成环境污染等问题。起初，国际投资协定倾向于保护外国投资，在一定程度上限制东道国为保护本国公共利益行使权力。随着国际投资环境的改变、可持续发展理念的深化，绿色投资尤其是绿色国际直接投资兴起，以应对外国投资导致的问题。由于东道国的监管权及对本国民众人权、社会和环境保护职责的凸显，所以稳定性条款需要进行绿色化演进，以在东道国监管权行使和投资者保护的冲突之间寻求平衡。目前，有的国际投资协定明确限制稳定性条款的使用，而有的国家最新修订的国内投资法仍然支持使用稳定性条款。这表明稳定性条款暂时不会退出历史舞台，至少在这些国家国内法的有效期内不会。正如投资者—国家争端解决（Investor-State Dispute Settlement, ISDS）机制一样，国际社会对 ISDS 的改革已经持续数年，虽然有的国家退出 ISDS，但 ISDS 在可预见的一段时期仍然是解决国际投资争端的重要方式。稳定性条款需要顺应当前可持续发展投资的要求，进行绿色化演进。除了对稳定性条款的语言、范围、有效期进行谨慎的起草和规定之外，东道国的国内法和有关国际投资协定也应明确稳定性条款与某些情形下的投资者保护例外哪个优先适用，以增强稳定性条款在实践中适用的确定性。因国际投资法体系的碎片化状态而得出稳定性条款是否有效及效力如何的笼统结论是没有意义的。在实践适用中，稳定性条款的效力和效用需要进行个案分析。

目　录

导　论 // 1

第一章　稳定性条款概述 // 23

第一节　稳定性条款的发展及目的 // 23

第二节　稳定性条款的类型及适用 // 36

第三节　稳定性条款的效力 // 56

第四节　稳定性条款的效用 // 63

第二章　国内法视角下的稳定性条款 // 72

第一节　法定稳定性条款的国内法规制 // 73

第二节　约定稳定性条款的国内法规制 // 87

第三节　稳定性条款与东道国的规制权的冲突 // 102

第三章　国际投资协定中的稳定性条款 // 115

第一节　晚近国际投资协定中稳定性条款的新趋势 // 115

第二节　约定稳定性条款与投资合同国际化 // 121

第三节　国际投资协定中可持续发展理念与稳定性条款的关系 // 129

国际投资法视域下的稳定性条款研究

第四章 国际投资仲裁中的稳定性条款 // 147

第一节 稳定性条款适用的程序问题 // 147

第二节 稳定性条款适用的实体问题 // 153

第三节 稳定性条款与国际投资协定中其他条款的关系 // 189

第五章 中国稳定性条款的适用情况及建议 // 208

第一节 中国稳定性条款的适用情况 // 208

第二节 中国适用约定稳定性条款的建议 // 217

结 语 // 235

参考文献 // 238

附 录 // 258

附录1 引用案例 // 258

附表1 案例中BITs的可持续发展语言分析 // 262

附表2 中国签订的BITs的可持续发展语言分析 // 265

致 谢 // 277

导 论

一、研究背景及意义

就东道国而言,特别是发展中国家,外国投资可以对其经济增长和社会发展产生关键作用。例如,发展中国家需要外国投资来减少贫困和创造更多的就业机会,这样其国民才能有更高的生活水平。[1]然而东道国需要对外国投资者承诺,外国投资者将从投资中获得回报。政治风险等对外国投资者的回报构成潜在威胁,可能使发展中国家的投资机会失去吸引力,进而减少发展中国家的经济增长。在产量分成合同的风险分配中,国际石油公司承担极大的风险。[2]因此,稳定的政治制度和友好的市场环境影响跨国公司在发展中国家投资的决定。[3]

稳定性条款是国际投资合同中的重要条款,旨在给予投资者保护以促进国际投资,使东道国可以获得资金和技术支持,促进本国经济的发展。从 20

---

[1] SOKANG K. The Impact of Foreign Direct Investment on the Economic Growth in Cambodia: Empirical Evidence [J]. International Journal of Innovation and Economic Development, 2018(4): 31-38.

[2] TOPTANCI A. The Place and Importance of Oil in Terms of the Kurdistan Regional Economy: Contract Oriented Oil Production [M]. Kiel: ZBW-Leibniz Information Centre for Economics, 2021: 14.

[3] JOHNSTON G P. Developing Nations Need Foreign Investment [EB/OL]. (2018-09-13) [2024-06-20]. https://www.thewhig.com/opinion/columnists/developing-nations-need-foreign-investment.

世纪末至今，对稳定性条款的研究一直热度不减。笔者之所以选取国际投资法这一视域对稳定性条款进行研究，是因为要分析国际投资契约、东道国国内法、国际投资协定中的稳定性条款，以及这些条款在国际投资仲裁中的适用，而不只研究国际投资契约中的稳定性条款。许多文献是从国际投资契约的角度研究稳定性条款，对东道国国内法和国际投资协定中的稳定性条款研究较少。这可能与稳定性条款更多出现在国际投资契约中有关。从承载主体看，国际投资契约中的稳定性条款是约定稳定性条款，而东道国国内法和国际投资协定中的稳定性条款是法定稳定性条款。此外，从对东道国规制权限制的角度看，稳定性条款还可以分为冻结条款、经济均衡条款和混合条款。无论是约定稳定性条款，还是法定稳定性条款，原则上都可以分为上述三种类型。但是，在实践中约定稳定性条款的数量更多，三种类型的稳定性条款均可找到，而法定稳定性条款多为冻结条款。不同类型的稳定性条款在效力认定和作用发挥上既有相似之处，又有各自的特点，因此下面根据稳定性条款的类型对其进行分析。

  稳定性条款本身也因顺应如今的投资环境而发生了一些变化。设置稳定性条款的目的非常简单，稳定性条款是风险分配工具，旨在提高投资者在监管环境中运营的可预测性。稳定性条款在世界各地的各种行业中被使用，并且通常用作减轻东道国未来财政和法律等风险的手段。❶虽然稳定性条款被大量运用，甚至投资者可以根据稳定性条款提起国际投资仲裁以获得国际投资条约的保护，但是稳定性条款的效力问题一直悬而未决。

  外国直接投资对环境的特殊影响可能是积极的，也可能是消极的，这引起了人们对绿色外国直接投资的兴趣。绿色国际投资是绿色金融体系的组成部

---

❶ SHEMBERG A. Stabilization Clauses and Human Rights: A Research Project Conducted for IFC and the United Nations Special Representative of the Secretary-General on Business and Human Rights: IFC/SRSG Research Paper [R/OL]. (2009-05-27) [2024-07-03]. https://www.ifc.org/en/insights-reports/2000/publications-loe-stabilization--wci--1319577941106.

分❶，国际社会尚未形成关于绿色国际投资的统一定义。联合国贸易和发展会议（United Nations Conference on Trade and Development, UNCTAD）在《2010年世界投资报告——投资低碳经济》中将低碳外国投资视为绿色国际投资的一部分，并定义为"跨国企业通过股权或非股权形式向东道国转让技术、实践或产品，使其自身和相关运营以及使用其产品和服务所产生的温室气体排放量大大低于行业在通常情况下的普遍水平"❷。在本质上，绿色投资被认为是在气候变化、可再生能源、清洁技术等领域的公司、项目和金融工具中进行的低碳或对抗气候变化的投资。❸

许多环境报告都清楚地反映了因在经济发展与环境保护之间权衡取舍而导致的危机。气候变化正变得越来越明显，损害了经济的整体发展，造成了生态失衡，并导致不可持续的发展。❹但在如今的投资环境中，稳定性条款在一定程度上需要平衡东道国的主权行使和投资者保护。大型国际投资合同中是否应纳入稳定性条款、如何纳入稳定性条款、纳入何种类型的稳定性条款、会产生哪些效果、在实践中稳定性条款能否按预期应对相应的政治风险或者经济风险等问题，有待探究。笔者认为，稳定性条款的使用方式存在差异，这取决于所涉及的特定东道国。那么，各国在选择稳定性条款类型时是否应保持一致，一致的稳定性条款能否更好地发挥作用？在更强调可持续发展、关注气候变化和环境保护、凸显东道国监管主权的今天，国际投资合同中的稳定性条款如何演变以发挥作用更值得关注。绿色国际投资要求稳定性条款进行相应的"绿色

---

❶ TRAN T, DO H N, VU T H, et al. The Factors Affecting Green Investment for Sustainable Development [J]. Decision Science Letters, 2020, 9(3): 365-386.

❷ UNCTAD. World Investment Report 2010: Investing in a Low Carbon Economy [R]. New York: United Nations, 2010: xxvii-xxviii.

❸ VOICAA M C, PANAITB M, RADULESCUB I. Green Investments—Between Necessity, Fiscal Constraints and Profit [J]. Procedia Economics and Finance, 2015(22): 72-79.

❹ TRAN T, DO H N, VU T H, et al. The Factors Affecting Green Investment for Sustainable Development [J]. Decision Science Letters, 2020, 9(3): 365-386.

化"演进，以实现可持续发展，尤其是环境保护。

随着"一带一路"倡议的深入推进，中国在共建"一带一路"国家的海外投资额越来越高，这些投资主要集中在基础设施建设、能源开发等大型项目上，而中国海外投资的东道国法律制度各异，投资环境并不理想，中国海外投资者面临较大的政治风险和财政风险，通过稳定性条款的研究可以探寻一种保护中国海外投资者利益的机制，促进中国与共建"一带一路"国家的互利双赢。中国也有大量的外国投资，中国的外资准入力度也在加大，法律制度日益完善，投资环境稳定且具有一定吸引力。目前，在中国签订的国际投资合同是否需要纳入稳定性条款值得探究。我国法治环境较为完善、外资开放程度高，并不需要通过稳定性条款吸引外资，但是外国投资者为保护其利益仍可能要求将稳定性条款纳入国际投资合同，因此此类合同所包含的稳定性条款模式应更侧重于平衡投资者保护和东道国主权维护，而不是一味地强调投资者保护。由于中国海外投资处于另一种情形，因此需要在中国海外投资合同中加入稳定性条款以保护中国海外投资者的利益。由于目前国际投资并非只关注投资者保护，因此中国海外投资合同中的稳定性条款还要符合可持续发展理念、环境保护、气候变化、劳工保护和人权等新标准。

在理论意义上，国际投资合同的特殊之处是其缔约双方的不平等性，一方是作为私主体的投资者，另一方是国家或者具有国家职能的实体，多为国有公司。由于双方主体的不平等性，所以国际投资合同中通常会设立保护处于弱势一方的投资者的相应机制，稳定性条款即为其中之一。约定稳定性条款是国际投资合同的重要条款，尤其是在大型的国际基础设施建设和能源投资工程中，稳定性条款对保护外国投资者的利益具有重要意义，这是稳定性条款最初的作用。但是，随着国际投资环境的改变，可持续发展理念的深化，东道国的监管权及其对本国国民人权、社会和环境保护职责的凸显，稳定性条款如今还需要在东道国的监管权行使与投资者保护的矛盾中寻求平衡。稳定性条款的这种演变在各国不同时期的国内法和国际投资合同范本中都有迹可循。当代法律实践

导 论

中已经建立了强大的合同机制,以减少能源项目带来的风险。值得注意的是,大多数发展中国家和新兴经济体为了改善自身的投资环境并吸引外资,更倾向于采用稳定性条款。

国际投资法一直关注的是,一方面需要平衡国家为公共利益而进行监管的权力,另一方面需要给予受国家措施影响的外国投资者一定标准的保护,在这些相互冲突的需求之间寻求平衡。❶虽然双边投资协定中投资保护条款的传统目的是改善缔约国之间的经济联系,促进各国经济发展❷,如征收条款、公平公正待遇(Fair and Equitable Treatment,FET)条款,但投资契约或东道国国内法中的稳定性条款可能会倾向于保护投资者,从而影响该目的的实现。

虽然在实践中部分国际投资仲裁庭逐渐认可了稳定性条款的效力,但是稳定性条款的效力一直颇受争议。若国际投资合同中包含有效的稳定性条款,则投资者可以通过相关国际法保护自身的利益,将东道国的合同义务上升为国际法义务,加重东道国的负担。目前,国内外学者对稳定性条款效力的看法有三种,即无约束力、有约束力、有部分约束力及赔偿作用。目前,国际普遍的看法是有部分约束力且有赔偿作用。稳定性条款规定:保持既有现状时,在一定程度上会限制东道国的立法权;当涉及能源、土地开发时,可能会限制东道国对其境内自然资源的永久主权;当涉及税率稳定时,可能会限制东道国的经济主权。虽然合同是双方合意的结果,东道国可以自主决定是否放弃部分主权,但是稳定性条款确实会增加东道国修改法律以保护其国民利益、环境或者自然资源的负担。当政府更迭时,新一届政府是否会履行上一届政府签订的国际投资合同是未知的,即使国际投资合同中有稳定性条款,也未必能很好地保护投

---

❶ FACCIO S. The Assessment of the FET Standard between Legitimate Expectations and Economic Impact in the Italian Solar Energy Investment Case Law [J]. Questions of International Law, 2020 (71): 3-20.

❷ COLLINS D. An Introduction to International Investment Law [M]. Cambridge: Cambridge University Press, 2017: 35.

5

国际投资法视域下的稳定性条款研究

资者的利益。因此，稳定性条款的效力取决于投资者利益的保护和东道国主权的维护之间的平衡，而非绝对无效。

中国在共建"一带一路"国家投资基础设施、能源工程项目的数量大幅度增加，而这些国家的法律复杂。中国海外投资者面临着复杂的政治风险和经济风险，其利益保护是重要的问题。基础设施、能源投资及其他自然资源投资等大型项目具有资金密集、建设周期长等特点，其投资周期往往会跨越两届甚至多届政府。政府更迭可能带来政策变动及政府的合同履约风险，从而影响投资者的利益。外国投资者希望国际投资合同包含稳定性条款，以保护其利益。目前，稳定性条款被大量运用于西方发达国家投资者和发展中国家签订的国际投资合同，部分发展中国家也倾向于在其国内立法中包含税率等财政方面的稳定政策，以吸引外资。稳定性条款在保护外国投资者利益方面起到一定作用，并逐渐得到国际投资仲裁庭的认可，似乎是保护外国投资者利益的一种有利机制。但是，这种被西方发达国家广泛应用的保护其海外投资者利益的机制是否适用于中国海外投资者利益的保护，需要进行全面分析。除了稳定性条款在何种情况下有效这一问题之外，对于稳定性条款在实践中如何平衡投资者利益保护和东道国主权维护以实现应有之目的还要分析具体的应用。

现在，有的国际投资协定明确限制了稳定性条款的使用，而部分国家国内投资法的最新修订仍保留稳定性条款。这意味着稳定性条款可能不会退出历史的舞台，至少在这些国家国内投资法有效时不会。正如投资者—国家争端解决（Investor-State Dispute Settlement，ISDS）改革一样，国际社会对 ISDS 的改革已经持续数年，虽然有的国家退出 ISDS，但是 ISDS 在可预见的一段时期内仍然是解决国际投资争端的重要方式。本书的创新点之一是分析稳定性条款与国际投资协定的适用关系，稳定性条款是直接作为国际投资协定中东道国投资保护义务的加强优先适用，还是国际投资协定中的投资保护例外优先适用，这需要根据稳定性条款和国际投资协定的语言进行分析，不能一概而论。这也是稳定性条款的效用问题。文献对稳定性条款的分析起初集中在其效力上，后来由

导 论

于国际投资仲裁庭认可稳定性条款的效力,所以在国际法层面稳定性条款的有效性似乎不是问题。然而稳定性条款的效用之一是平衡投资者利益保护和尊重东道国规制权,在可持续发展理念日益深化和东道国规制权意识增强的今天,稳定性条款的目的已与以前单纯的投资者保护不同,这也影响了稳定性条款的起草方式。

二、文献综述

(一)国外研究的现状

在著作中,有的国外学者认为,稳定性条款可以起到保护投资者的作用,但是必须满足一定条件,如遵守东道国国内宪法的规定等。乔拉·久兹(Jola Gjuzi)在《国际投资法中的稳定性条款——基于可持续发展方法的分析》中,分析了东道国为外国投资者提供监管稳定的承诺这一吸引外国直接投资、促进经济增长的工具与其在环境保护、社会福利方面对公民的非经济承诺之间的紧张关系。在许多情况下,稳定性条款与监管权之间存在矛盾,也与可持续发展理念相矛盾,然而可持续发展这一理念在国内法和国际法中越来越普遍,其目的在于整合与平衡经济、环境和社会发展。为了在决策和争端解决层面上调和稳定性条款与监管权之间的矛盾,该文献采用了建设性的可持续发展方法,整合可持续发展理念的要求与法律原则的应用,如不歧视、公共目的、正当程序、比例原则及善治和法治。❶ 沙罗·巴海(Scharaw Bajar)的《蒙古国外国投资保护——条约、国内法和投资合同的国际法比较和仲裁实践》指出,蒙古国投资法和税法中有税率稳定的相关规定,不违反蒙古国强行法的国际投资合同中的稳定性条款可以获得承认和执行。但是,除非获得蒙古国议会的特别许可,否则根据蒙古国的宪法和一般国内法,投资者与国家的其他稳定性条款

---

❶ GJUZI J. Stabilization Clauses in International Investment Law: A Sustainable Development Approach [M]. Cham: Springer International Publishing, 2018.

7

国际投资法视域下的稳定性条款研究

安排通常无效，根据国际投资条约可能缺乏保护和可执行性。❶能源宪章秘书处（Energy Charter Secretariat）编写的《适用于能源部门投资协议的一般规定手册》介绍了稳定性条款的定义、类型、目的、宗旨和模式。❷罗伯特·希德（Robert Gömmel）的《北非太阳能投资——风险管理的法律框架和仲裁前景分析》指出，虽然稳定性条款限制了东道国的主权，但它不会导致不可接受的结果。首先，国际投资仲裁庭和文献支持使用稳定性条款。其次，每个国家都可以自由地限制自己的主权，只是这种限制不能延伸到国家职能的核心要素。双方应事先评估稳定性条款是否在东道国的宪法框架内并符合国际法。目前，没有迹象表明德国和摩洛哥计划缔结一项与稳定性条款有关的国际协定。稳定性条款的存在具有必要性，中东和北非地区最近的革命突出了这一点。❸达米洛拉·奥拉维（Damilola Olawuyi）在《非洲采掘业法》中介绍了稳定性条款的定义和模式，并指出稳定性条款可以避免东道国法律的实质恶意变更，但是不能阻止东道国行使主权，投资者可以获得一定的补偿，因此建议采用稳定性条款以减少政治风险。❹邦根伯格·马克（Bungenberg Marc）和霍布·斯蒂芬（Hobe Stephan）等在《对自然资源的永久主权》中指出，稳定性条款是大型开采项目合同的重要条款，与国际化条款（internationalization clauses）一起使得国际投资合同可以适用国际法，甚至第三国的法律。该文献指出，国际投资合同并不会限制东道国的永久主权，因为国际投资合同也是规定投资者可持续发展、善治和企业社会责任等义务的工具。❺穆斯塔法·埃尔坎（Mustafa Erkan）的

---

❶ BAJAR S. The Protection of Foreign Investments in Mongolia:Treaties, Domestic Law, and Contracts on Investments in International Comparison and Arbitration Practice [M]. Cham:Springer, 2018.

❷ Energy Charter Secretariat. Handbook on General Provisions Applicable to Investment Agreements in the Energy Sector [EB/OL]. [2024-07-04]. https://www.energycharter.org/fileadmin/DocumentsMedia/Other_Publications/20171116-newHandbook.pdf.

❸ GÖMMEL R. Investing into North African Solar Power: A Legal Framework for Risk Management and Prospects for Arbitration [M]. Cham: Springer International Publishing, 2015.

❹ OLAWUYI D. Extractives Industry Law in Africa [M]. Cham: Springer, 2018.

❺ MARC B, STEPHAN H. Permanent Sovereignty over Natural Resources [M]. Cham: Springer, 2015.

《国际能源投资法：合同条款的稳定性》一书基于实证研究，介绍了基于向石油部门主要参与者发放的调查问卷的结果，从国内法和国际法层面探讨了稳定性条款的效力。❶ 安德里亚·谢姆伯格（Andrea Shemberg）在《稳定性条款与人权》中为稳定性条款的研究提供了一个新的视角，即人权，旨在提升人们对保护投资者权利与东道国在国际协议下的人权义务之间关系的认识，东道国有权在劳工、非歧视、健康、环境保护等领域采用并实施人权法律和法规。❷

部分国外学者指出了国际投资合同中稳定性条款适用带来的问题。费德里卡·维奥利（Federica Violi）在《农业投资运营的监管恶性循环》中分析了喀麦隆与私营公司之间关于土地的大型投资合同中包含的合同条款，在确定国内法和国际法如何在合同层面相互作用后，认为保护伞条款和稳定性条款模糊了合同索赔与条约索赔之间的界限，并对东道国保护公共利益产生影响。❸ 迈拉库·格博耶·德斯塔（Melaku Geboye Desta）等在《自然资源竞争与国际投资法——基于非洲视角的分析》中指出，国际法通过稳定性条款削弱了非洲国家对自然资源的主权。❹ 亨纳尔·高特（Henner Gött）和迪尔·帕特里克·霍尔特豪斯（Till Patrik Holterhus）在《通过"大型区域"贸易协定将投资与劳工联系纳入主流》中指出，国际投资合同中往往不会包含劳工保护标准的条款，但是会包含稳定性条款。稳定性条款通常意味着不得增加投资者的负担，这也意味着不得提高劳工最低保护标准。因此，包含在区域投资协定中的劳工最低

---

❶ ERKAN M. International Energy Investment Law: Stability through Contractual Clauses [M]. Alphen aan den Rijn: Kluwer Law International, 2011.

❷ SHEMBERG A. Stabilization Clauses and Human Rights: A Research Project Conducted for IFC and the United Nations Special Representative of the Secretary-General on Business and Human Rights: IFC/SRSG Research Paper [R/OL]. (2009-05-27) [2024-07-03]. https://www.ifc.org/en/insights-reports/2000/publications-loe-stabilization--wci--1319577941106.

❸ VIOLI F. The Regulatory Vicious Circle of Investment Operations in Agriculture [M]// ABRESE M, RUNORI M, ONDI S, et al. Agricultural Law: Current Issues in a Global Perspective. Berlin: Springer, 2017: 311-340.

❹ DESTA M G. Competition for Natural Resources and International Investment Law: Analysis from the Perspective of Africa [M]// ZERAY Y, DESTA M G, FIKREMARKOS M. Ethiopian Yearbook of International Law 2016. Cham: Springer, 2017: 117-149.

保护标准条款与稳定性条款是否冲突仍有待商榷。[1] 马里奥·曼苏尔（Mario Mansour）和卡罗尔·纳克尔（Carole Nakhle）在《石油和天然气合同中的财政稳定——证据和影响》中分析了稳定性条款的效力及在发展中国家和新兴经济体中的财政稳定模式，指出稳定性条款要有效，必须遵守东道国的宪法和法律要求。虽然稳定性条款在石油和天然气行业中非常流行，但是人们应对该行业投资者的实际价值保持怀疑，尤其在财政制度的公平性经常受到质疑的情况下。即使国际投资合同中没有稳定性条款，国际石油公司也会进行相关投资。然而稳定性条款在发展中国家被广泛使用，并且在可预见的将来会继续使用，会越来越体系化，更加关注投资回报的稳定，而不仅是税率的稳定。[2]

在期刊中，近年来国外学者的研究主要集中在能源领域。富兰克林·艾伦（Franklin Alan）在《合理预期——从近期能源仲裁案件看可再生能源间接征收的公平公正待遇标准》中分析了可再生能源领域五次国际投资仲裁中稳定性条款的应用[3]，其中查拉尼建筑投资公司诉西班牙案（Charanne v. Spain，以下简称"查拉尼公司诉西班牙案"）[4]、布卢桑公司、让-皮埃尔·勒科尔西埃和迈克尔·斯坦诉意大利案（Blusun v. Italy）[5] 和 JSW 太阳能公司、吉塞拉·维特根、于尔根·维特根和斯特凡·维特根诉捷克共和国案（JSW Solar and Wirtgen v. Czech Republic，以下简称"JSW 太阳能公司和维特根家族诉捷克案"）[6]，仲裁庭认为东道国有权修改本国法律，只有当投资者有合法预期时，

---

[1] GÖTT H, HOLTERHUS T P. Mainstreaming Investment-Labour Linkage through "Mega-Regional" Trade Agreements [M]// GÖTT H. Labour Standards in International Economic Law. Cham: Springer, 2018.

[2] MANSOUR M, NAKHLE C. Fiscal Stabilization in Oil and Gas Contracts: Evidence and Implications [M]. [S.l.]: Oxford Institute for Energy Studies, 2016.

[3] ALAN F. Legitimate Expectations—Lessons from Recent Energy Arbitration Cases on Renewable Energy Relationship of Fair and Equitable Treatment Standard to Indirect Expropriation [EB/OL]. (2018-04-22) [2024-06-20]. http://dx.doi.org/10.2139/ssrn.3167034.

[4] CHARANNE B.V. and Construction Investments S.à r.l. v. Spain, SCC Arbitration No. 062/2012.

[5] BLUSUN S.A., Lecorcier J.-P. and Stein M. v. Italy, ICSID Case No. ARB/14/3.

[6] JSW Solar (zwei) GmbH & Co.KG,Wirtgen G., Wirtgen J. and Wirtgen S. v. Czech Republic, PCA Case No. 2014-03.

东道国修改法律的权利才会受到限制。在艾瑟基础设施有限公司和卢森堡活力太阳能公司诉西班牙案（Eiser and Energía Solar v. Spain，以下简称"艾瑟和活力公司诉西班牙案"）❶和诺维尼娅能源与环境公司诉西班牙案（Novenergia v. Spain）❷中，仲裁庭支持了投资者的立场，认为投资者可以合法期望东道国维护法律稳定。安德烈·库兹涅佐夫（Andrey V. Kuznetsov）的《从库页岛2号产量分成合同的角度考察保护国际石油和天然气投资合同的稳定性条款的限制——基于强制性法律、保护伞条款和公平公正待遇标准的分析》，探讨了俄罗斯天然气工业股份公司获得管辖库页岛2号❸的产量分成合同的控股权这一案例，该案例表明稳定性条款对新兴市场保障跨国石油和天然气投资有局限性。虽然该产量分成合同中的稳定性条款规定非常宽泛，但是俄罗斯仍然能够规避其限制，通过环境保护立法重新谈判产量分成合同中的财政条款。❹赖克·阿里（Reich Arie）的《从以色列能源部门的发展看其外国投资保护制度》指出，以色列政府制定天然气框架以促进交易，听取各方意见并加入了稳定性条款，尚未进入立法程序，该整治建议被最高法院拒绝。作者分析了最高法院的逻辑，并进行评价。❺哈迪扎·蒂贾尼·马托（Hadiza Tijjani Mato）在《稳定和重新谈判在跨国石油协定中的作用》一文中指出，稳定性条款是石油公司可利用的主要投资保护手段。❻

---

❶ Eiser Infrastructure Limited and Energia Solar Luxembourg S.à r.l. v. Spain, ICSID Case No. ARB/13/36.

❷ Novenergia II-Energy & Environment (SCA) (Luxembourg), SICAR v. Spain, SCC Arbitration 2015/063.

❸ 库页岛2号（Sakhalin-2）是俄罗斯基于产量分成协议的第一个项目。

❹ KUZNETSOV A V. The Limits of Contractual Stabilization Clauses for Protecting International Oil and Gas Investments Examined through the Prism of the Sakhalin-2 PSA: Mandatory Law, the Umbrella Clause, and the Fair and Equitable Treatment Standard [J]. Willamette Journal of International Law and Dispute Resolution, 2015, 22(223): 223-270.

❺ ARIE R. Israel's Foreign Investment Protection Regime in View of Developments in Its Energy Sector [J]. Journal of World Investment & Trade, 2018, 19(1): 41-94.

❻ MATO H T. The Role of Stability and Renegotiation in Transnational Petroleum Agreements [J]. Journal of Politics and Law, 2012, 5(1): 33-42.

国际投资法视域下的稳定性条款研究

多数文献对稳定性条款的效力进行了分析，如曼利鲁沙曼教授（Professor Maniruzzaman）的《关于国际石油、天然气和矿产协定中稳定技术的几点思考》对稳定性条款的效力进行分析，指出有无效说、有效说和限制有效说等观点。❶ 在无效说方面，彼得·卡梅伦（Peter D. Cameron）在《投资合同的稳定和东道国规则的变化：石油和天然气投资者的工具》中，从国内法和国际法的角度分析了税收稳定性条款的有效性。从国内法的角度来看，东道国政府的任何承诺都必须以与该国法律和宪法框架一致的形式作出。从国际法的角度来看，卡梅伦教授认为这些条款在"国家主权论"下是无效的，因为各国对其无法外包的自然资源拥有永久主权。虽然一国将始终拥有颁布新法以取代现有法律的主权，但正是国家的这种主权赋予它授予禁止侵犯权利的权力。然而目前普遍的观点是，稳定性条款并不限制国家主权，一国签署受稳定性条款约束的协议被视为对该国主权的有效行使。❷ 在限制有效说方面，丹尼尔·迪亚兹（Daniel Dias）在《国际油气勘探合同的稳定性和相关一般法律原则——从神话到现实》一文中指出，稳定性条款不得与任何宪法和立法要求相抵触，与国内法相抵触的稳定性条款不能获得国际法的保护。迪亚兹还指出，尽管国际投资合同中纳入了稳定性条款，东道国仍将继续实行其国有化政策以维护自然资源永久主权。❸ 研究报告《国际石油合同中的稳定性条款是幻想还是保障？》指出，国际石油公司不应该将稳定性条款的效力视为理所当然。❹

---

❶ MANIRUZZAMAN A F M. Some Reflections on Stabilization Techniques in International Petroleum, Gas and Mineral Agreements [J]. International Energy Law Taxation Review, 2005(4): 96-100.

❷ CAMERON P D. Stabilisation in Investment Contracts and Changes of Rules in Host Countries: Tools for Oil & Gas Investors: PDCameron/AIPN/Final Report [R/OL]. (2006-07-05) [2024-07-03]. https://www.international-arbitration-attorney.com/wp-content/uploads/arbitrationlaw4-Stabilisation-Paper.pdf.

❸ DIAS D. Stability in International Contracts for Hydrocarbons Exploration and Some of the Associated General Principles of Law: From Myth to Reality [J/OL]. Oil, Gas and Energy Law, 2010, 8(4) [2024-07-03]. https://www.ogel.org/article.asp?key=3053#citation.

❹ DELOITTE. Stabilisation Clauses in International Petroleum Contracts Illusion or Safeguard? [EB/OL]. [2024-07-03]. https://www.deloitte.com/content/dam/Deloitte/ug/Documents/tax/tax_StabilisationClauses_2014.pdf.

导　论

有的学者认为，稳定性条款不能保护外国投资者的利益。约瑟夫·维加·德·马塞多（José Veiga de Macedo）在《从传统到现代：不一定是进化——基于稳定性条款和重新谈判条款的案例分析》中指出，在国家契约中使用稳定性条款理论上应限制东道国采取对投资者的利益产生不利影响的单方面措施，然而在实践中可能并非如此。有的行业专家认为，外国投资者对稳定性条款抱有信心是不明智的，因为政府可能会违反稳定性条款。❶《投资合同的稳定和东道国规则的变化：石油和天然气投资者的工具》一文指出，冻结条款对抵制征收没有什么价值，尽管其可能帮助投资者获得更好的财务条件退出，而更为灵活的现代稳定性条款的效力尚未成为仲裁庭审查的主题。❷根据弗兰克·亚历山大（Frank Alexander）在《产量分成合同和其他政府石油合同下的投资安全考量》中的观点，即使国际石油公司成功赢得仲裁裁决，裁决执行也可能面临困难。❸菲利普·丹尼尔（Philip Daniel）和埃米尔·桑利（Emil M. Sunley）在《财政稳定的契约保证》中指出，由于石油和天然气项目的规划时间很长，远远超过了大多数政府的任期，因此税收稳定尤其难以实现。虽然政府可以作出稳定性承诺，但该承诺可能无法约束国家未来的立法权力。更有甚者，有的研究认为，稳定性条款会影响正常交易，因为投资者期望偶尔调整财政制度和监管制度。然而有的研究认为，稳定性条款至少具有一定价值，虽然在发生争端时其可能无法理想地保护投资者的合法利益，但其可以起到威慑作用。❹

---

❶ MACEDO J V D. From Tradition to Modernity: Not Necessarily an Evolution—The Case of Stabilisation and Renegotiation Clauses [J/OL]. Oil, Gas and Energy Law, 2011, 9(1) [2024-07-03]. https://www.ogel.org/article.asp?key=3094.

❷ CAMERON P D. Stabilisation in Investment Contracts and Changes of Rules in Host Countries: Tools for Oil & Gas Investors: PDCameron/AIPN/Final Report [R/OL]. (2006-07-05) [2024-07-03]. https://www.international-arbitration-attorney.com/wp-content/uploads/arbitrationlaw4-Stabilisation-Paper.pdf.

❸ ALEXANDER F. Security of Investment Considerations under PSCs and Other Government Petroleum Contracts,43rd Annual Refresher Course-Business Law [EB/OL]. (2010-05-14) [2024-07-03]. https://www.lesaonline.org/samples/11_32_13_p1.pdf.

❹ DANIEL P, SUNLEY E M. Contractual Assurances of Fiscal Stability [M]// International Monetary Fund. The Taxation of Petroleum and Minerals: Principles, Problems and Practice. London: Routledge, 2010.

然而部分研究认为，虽然稳定性条款可以保护外国投资者的利益，但会对东道国产生一定程度的不利影响。在《财政稳定性条款》一文中，马里奥·曼苏尔认为，财政稳定性条款作为应对自然资源行业特殊性质的机制似乎优于免税和免税期，因为政府在自然资源行业的交易中缺乏提供稳定的税收环境的信誉。在这种情况下，财政稳定性条款可以实现稳定，并以较低的成本吸引相同水平的外国直接投资。然而财政稳定性条款的主要缺点在于降低了东道国政府对税收政策的控制，并且在一定程度上降低了对财政政策的控制，特别是在公司收入和特许权使用费等占东道国税收收入很大部分的国家。❶ 研究报告《投资合同的稳定和东道国规则的变化》还指出，稳定性条款对促进发展中国家能源部门投资的重要性不容小觑。虽然国际石油公司对资本密集型和长期投资的稳定性存在担忧，但稳定性条款的规定必须合理。对投资者不成比例的有力保护可能会适得其反，因为它可能引起东道国的政治不稳，削减国际石油公司渴望保护的项目收益。❷

约定稳定性条款发挥作用需要相应的国际化条款和争端解决机制的保障，否则其可能无法发挥保护投资者合法利益的作用。例如，研究报告《投资合同的稳定和东道国规则的变化》指出，如果没有适当起草的国际仲裁条款、避免东道国国内救济成为争端的解决方式，那么国际石油公司很可能陷入国内仲裁和诉讼的泥潭。尽管如此，该研究报告仍然认为，稳定性条款确实是对国际能源投资的保障。❸

---

❶ MANSOUR M. Fiscal Stability Clauses [EB/OL]. (2004-01-01) [2024-06-20]. https://www.researchgate.net/publication/258290706_Mansour_04_-_Fiscal_Stability_Clauses-unpublished.

❷ DELOITTE. Stabilisation Clauses in International Petroleum Contracts Illusion or Safeguard? [EB/OL]. [2024-07-03]. https://www.deloitte.com/content/dam/Deloitte/ug/Documents/tax/tax_StabilisationClauses_2014.pdf.

❸ DELOITTE. Stabilisation Clauses in International Petroleum Contracts Illusion or Safeguard? [EB/OL]. [2024-07-03]. https://www.deloitte.com/content/dam/Deloitte/ug/Documents/tax/tax_StabilisationClauses_2014.pdf.

导 论

国际货币基金组织（International Monetary Fund, IMF）在研究报告《资源收入透明度指南》中指出，稳定性条款确实具有现实意义。一方面，稳定性条款可能限制税收政策的灵活性，并损害立法机关通过财政立法的正常权力。另一方面，在高风险的环境中，稳定性条款能否降低投资者的风险溢价从而增加政府的整体收入存在不确定性。尽管如此，稳定性条款可能比东道国的其他较强硬的政策规定更易接受。❶阿卜杜拉·法鲁克（Abdullah Al Faruque）在《稳定性条款的有效性和效力——法律保护与功能价值》一文中揭示了稳定性条款的两个基本问题，这些问题构成了石油和天然气合同稳定性理论基础的一部分。首先，石油和天然气合同的长期性带来了不可避免的风险，即情况最终可能会变化并破坏各方的目标。因此，如果合同关系试图在这些变化中存在，那么它必须通过预见和应对这种变化来寻求稳定。其次，由于石油和天然气合同在多数情况下会牵涉国家作为当事方，因此必须处理国家主权问题。❷艾莉舍·乌米尔迪诺夫（Alisher Umirdinov）在《投资仲裁中稳定性条款冬眠的终结——重新评估其对可持续发展的贡献》中的分析非常独特，认为稳定性条款的语言不是特别重要，且其对可持续发展具有积极的作用。稳定性条款发挥作用的重点是确定国家相对于外国投资者的自由裁量权的合法范围。❸

随着国际投资条约数量的爆炸性增长，学者开始关注公平和公正待遇条款及合法期待理论的此类投资条约保护能否为合同的稳定性提供支持，这一时期"资源民族主义"的发展也对稳定性条款的效力产生影响，如卡梅伦教授的

---

❶ International Monetary Fund Fiscal Affairs Department. Guide on Resource Revenue Transparency [M]. Washington: International Monetary Fund, 2017.

❷ FARUQUE A A. Validity and Efficacy of Stabilisation Clauses: Legal Protection vs. Functional Value [J]. Journal of International Arbitration, 2006, 23(4): 317-336.

❸ UMIRDINOV A. The End of Hibernation of Stabilization Clause in Investment Arbitration: Reassessing Its Contribution to Sustainable Development [J]. Denver Journal of International Law and Policy, 2015(43): 455-487.

国际投资法视域下的稳定性条款研究

《投资合同的稳定和东道国规则的改变：石油和天然气投资者的工具》❶和曼利鲁沙曼教授的《追求能源投资合同的稳定性——对新兴趋势的批判性评估》❷。

有的学者认为，稳定性条款在演变过程中会起到一定作用，但是应进行适当的限制。贾格里蒂·辛格（Jagriti Singh）在《发展中国家投资合同中的稳定性条款》中指出，稳定性条款是合同风险的管理工具，旨在通过防止东道国单边行使与项目投资有关的主权以维护法律和经济均衡。但是，当东道国是发展中国家时，稳定性条款对人权保护、劳工保护和环境保护的发展产生不利影响。辛格认为，取消稳定性条款不是发展中国家通过寻求外资发展经济的适当的解决方案，但是发展中国家应在谈判中缩小稳定性条款的范围，并限制其持续时间。❸伏尼卡·亚历山德拉（Vonica Aleksandra）在《国际仲裁协议及其调整条款——是否处于演变状态？》中分析了稳定性条款的范例，并指出在最近的投资仲裁纠纷中一些评论员认为，东道国将新法规适用于稳定性条款所涵盖的投资可被视为对合同权利的征收，该合同权利并非无须赔偿即受此类新法的约束。❹雷·杰弗（Ray Jeffery）在《通过稳定性条款对国家控制资源的虚幻控制——重新谈判条款可以挽救合同》中指出，在起草产量分成合同、稳定性条款或重新协商条款时，政府应考虑当地居民的人权，特别是少数民族和土著居民，如果适用，应避免不合法的法律、政治行为和公众审查。❺桑瓦尼·帕特里克·恩坎

---

❶ CAMERON P D. Stabilisation in Investment Contracts and Changes of Rules in Host Countries: Tools for Oil & Gas Investors: PDCameron/AIPN/Final Report [R/OL]. (2006-07-05) [2024-07-03]. https://www.international-arbitration-attorney.com/wp-content/uploads/arbitrationlaw4-Stabilisation-Paper.pdf.

❷ MANIRUZZAMAN A F M. The Pursuit of Stability in International Energy Investment Contracts: A Critical Appraisal of the Emerging Trends [J]. Journal of World Energy Law and Business, 2008, 1(2): 121-157.

❸ SINGH J. Stabilization Clauses in Investment Contracts in Developing Countries [EB/OL]. (2015-09-11) [2024-07-03]. http://dx.doi.org/10.2139/ssrn.2658185.

❹ ALEKSANDRA V. International Arbitration Agreements and Their Adjustment Clauses: Are They in a State of Evolution? [EB/OL]. (2016-09-23) [2024-07-03]. http://dx.doi.org/10.2139/ssrn.2823733.

❺ JEFFERY R. Illusory Control of State Controlled Resources through Stabilisation Clauses: Renegotiation Clauses May Save the Contract [J/OL]. Oil, Gas & Energy Dispute Management, 2013, 11(5) [2024-07-03]. https://www.ogel.org/article.asp?key=3424.

比（Sangwani Patrick Ng'ambi）在《特许权协议中稳定性条款的效力》中指出，投资者往往要求在特许权协议中加入稳定性条款，但是稳定性条款的效力是有争议的，还分析了稳定性条款是否能够阻止东道国政府利用行政或立法程序削弱外国投资者依据特许权所享有的权利。❶ 从理论研究和实证研究的角度看，关于稳定性条款的大多数文献都是理论研究，仅有少数文献涉及实证研究。

（二）国内研究的现状

我国专著中关于稳定性条款的研究不多，只对稳定性条款的形式和效力进行了介绍。梁德超和赵景林的《涉外合同文书大全》介绍了稳定性条款的形式和作用，指出稳定性条款的一种形式是"在合同中明确规定准据法是签约日或证券发行日的现行法律，此后该法律发生变化对合同无效"❷。周永坤的《东吴法学》（总第15卷）的国际法研究部分对稳定性条款进行介绍，认为有的投资合同采用稳定性条款以规定合同双方应通过协商变更被稳定后的合同条款，从而达到利益平衡。虽然在解决国际投资争端时国际法优先适用，但当事人可以明示选择拒绝适用国际法，除非双方选择了稳定性条款或者国内法和国际法有明显的不相容性。周永坤认为，稳定性条款有选择适用国际法的效力。❸ 王志乐的《2006跨国公司中国报告》指出，在不少国家的能源投资合同，尤其是产量分成合同中有关于税收稳定性条款的约定。❹ 刘素霞的《国际能源投资合同稳定性条款研究》详细分析了稳定性条款的效力，并提出了适合中国海外投资者的稳定性条款范本建议。❺

在我国期刊中，学者对国际投资合同中稳定性条款存留的态度不同。田晓

---

❶ NG'AMBI S P. The Effect of Stabilisation Clauses in Concession Agreements [J]. In Zambia Law Journal, 2012(43): 57-86.

❷ 梁德超，赵景林.涉外合同文书大全 [M].北京：群众出版社，1994.

❸ 周永坤.东吴法学：第15卷 [M].北京：中国法制出版社，2008.

❹ 王志乐.2006跨国公司中国报告 [M].北京：中国经济出版社，2006.

❺ 刘素霞.国际能源投资合同稳定性条款研究 [M].北京：中国社会科学出版社，2018.

云在《中国企业海外矿业投资法律风险防范研究》中提及稳定性条款的主要作用是应对东道国法律变化带来的风险，尤其是税收相关法律的变化，并探讨了稳定性条款的效力，认为虽然稳定性条款并不能阻止东道国单方变更国际投资合同，但是东道国应当尊重稳定性条款。❶ 刘万啸在《气候变化背景下国际投资规则的发展趋势及我国对策研究》中指出，稳定性条款大多存在于大型基础设施冶炼特许合同中，这些行业往往是高碳排放行业，稳定性条款是东道国采取缓解或适应气候变化措施的障碍，因此建议避免使用稳定性条款。❷ 杨卫东和郭塈在《国家契约中稳定条款的法律效力认定及强制性法律规范建构》中着重分析了国家契约中稳定性条款的效力，认为各国要根据本国具体国情在国内法上进一步明确及有选择地承担国际法义务，确定国家契约中稳定性条款的法律效力。❸ 陈宏兵在《论"稳定条款"对投资者的保护作用》中介绍了关于财产、财政制度、劳工立法、进出口、外汇管制和一般立法的稳定性条款，认为近年来稳定性条款已为大部分国际法学者所接受和承认，并在国际实践中得到认可，但是由于稳定性条款大多为发展中国家所采用以吸引外资，所以它可能是发达国家向发展中国家进行经济扩张的工具。❹ 在学位论文中，张正怡的《国际能源投资争端法律问题研究》介绍了能源类国际投资合同中稳定性条款的起源与变迁、能源类国际投资争端中的稳定性条款、国际投资法中稳定性条款效力的研究及稳定性条款的发展趋势与启示。❺

（三）国内外研究中存在的问题

国外学者对国际投资合同中稳定性条款的探讨比较深入且多样化，不仅在

---

❶ 田晓云.中国企业海外矿业投资法律风险防范研究[J].商业时代，2014（19）：104-107.

❷ 刘万啸.气候变化背景下国际投资规则的发展趋势及我国对策研究[J].政法论丛，2014（2）：96-104.

❸ 杨卫东，郭塈.国家契约中稳定条款的法律效力认定及强制性法律规范建构[J].清华法学，2010，4（5）：118-127.

❹ 陈宏兵.论"稳定条款"对投资者的保护作用[J].外交评论，1998（2）：93-97.

❺ 张正怡.国际能源投资争端法律问题研究[D].上海：华东政法大学，2013.

导 论

理论层面探讨稳定性条款的效力,而且在实践中,尤其是国际投资仲裁中探讨稳定性条款的效力及其对投资者的保护作用。目前,国外文献对稳定性条款的效力、效用、适用范围、解释均存在争议,在短期内很难达成一致。此外,目前的文献更多地针对能源行业的稳定性条款进行研究,这与能源行业稳定性条款的广泛使用有关,但这也使稳定性条款的分析局限于某一行业。现有的研究集中于国际投资合同,针对国际投资条约和国内法的研究比较少。

近年来,国外学者的关注点逐渐转向可持续发展、气候保护等新议题,使稳定性条款在当今的国际投资环境下更有现实意义。国外学者对稳定性条款的态度取决于其立场,部分学者认为稳定性条款在一定程度上可以起到保护投资者的作用,但是部分学者从国家自然资源主权、劳工保护等角度出发,认为稳定性条款起到了一定的消极作用。稳定性条款起初的作用是应对东道国的政治风险和财政风险等非经济风险,这与当时的国际投资环境有密切的关系。如今的国际投资环境已发生很大变化,如东道国的国内法律环境逐渐好转、东道国的规制权日益受到重视,因此稳定性条款的适用需要顺应这些新发展,有必要对稳定性条款进行演进研究。

我国研究集中在稳定性条款的形式介绍和效力分析上,或者对能源部门的分析,只有刘万啸从气候变化角度分析了稳定性条款,建议避免使用稳定性条款,而且稳定性条款不是其分析重点。我国关于稳定性条款的研究,一方面相关文献时间比较早,不能全面反映稳定性条款最新的发展趋势;另一方面,这些文献对稳定性条款的法理介绍并不深入。我国的硕士、博士论文对稳定性条款的研究也有一定的局限性。在张正怡的博士论文中,关于稳定性条款的介绍仅是一章中的一节,不是主要的研究内容,篇幅有限。

国内外文献对稳定性条款的分析起初集中在其效力上,后来由于国际仲裁庭认可稳定性条款的效力,所以在国际法层面稳定性条款的有效性似乎不再是问题。然而稳定性条款的效用之一是平衡投资者保护和尊重东道国规制权,在可持续发展理念日益深化和东道国规制权意识增强的今天,稳定性条款所追求

19

国际投资法视域下的稳定性条款研究

的目标已与以前纯粹的投资者保护不同,这也影响了稳定性条款的起草方式,因此稳定性条款仍然值得深入研究。

三、研究的创新与不足

本书的创新之处体现在以下三个方面。一是对法定稳定性条款和约定稳定性条款效力的区别进行分析,并分析了稳定性条款的起草要素。多数文献对稳定性条款的分析集中在投资契约中稳定性条款的效力和效用上,这主要是因为实践中约定稳定性条款较多。然而许多发展中国家在国内立法中规定了稳定性条款,即法定稳定性条款。这些法定稳定性条款并非自始有效。笔者认为,承载法定稳定性条款的国内法不违反上位法或者国家需要承担的国际法义务是法定稳定性条款有效的前提;约定稳定性条款的效力需要根据投资契约的适用法进行分析。二是结合目前国际投资发展实践中的新情况,论述国际投资法中稳定性条款"绿色化"的途径,如稳定性条款内容的绿色化、演进解释及重新概念化,以更好地服务于国际投资实践。国际投资合同中的稳定性条款并非一成不变,从最初至今其模式发生了显著变化。笔者试图探究稳定性条款是否继续演进及如何演进,并对国际投资协定中可持续发展语言与稳定性条款在实践中适用的优先性进行分析。笔者认为,稳定性条款不能笼统地优先于国际投资协定中的例外条款适用。国际投资协定中可持续发展语言意义较弱时,无法给予东道国公共利益规制权足够的空间,此时稳定性条款优先适用,东道国必须优先承担保护外国投资者的义务。三是弥补国内对国际投资法中稳定性条款研究的不足。从 20 世纪末至今,国际投资法中稳定性条款的研究热度不减,而且研究方向紧密结合国际投资实践,如可持续发展理念、环境保护、劳工保护和人权等。我国这一领域的研究相对匮乏,从最初介绍稳定性条款的含义、类型和效力到如今学者的关注点仍然是上述问题,未能与当前国际投资实践紧密结合。笔者认为,中国政治环境稳定、法制健全,多元化国际投资争端解决机制日益丰富,因而与海外投资者签订的投资契约原则上没有纳入稳定性条款的必要,但若外国投资者要求加入稳定性条款,也会考虑。我国大量海外投资是在发展中国家,尤其是共建"一带一路"国家,这些国家传统上愿意采用稳定性条款以吸引外资。过时的稳定性条款无法较好地保障我国海外投资者的利益,我国需要形成适合海外投资者的"绿色化"稳定性条款,从而给海外投资者以切实可行的实践指导。

本书也存在一些不足之处。首先,国内外对国际投资合同中稳定性条款的研究内容大多都基于理论文献和案例事实,实证分析极少。实证研究可以验证纯粹的理论研究和弥补其不足,使研究结论更真实地反映实际情况,也能反映相关各方对稳定性条款的理解。但是,笔者未进行丰富的实证研究,无法弥补纯粹的理论和文献研究的不足,也未能在实践中验证理论。其次,由于国际投资合同极少被公开,所以笔者借助相关研究和国际投资仲裁案件中公开的稳定性条款进行研究,收集的资料相对有限。虽然许多国家会公开有关国际投资合同的范本,但是国际投资具有较强的实务性,合同范本中的稳定性条款未必与实际的约定稳定性条款一致。因此,国际投资仲裁裁决中出现的稳定性条款或者有关数据库公开的实践合同并不能反映当今国际投资实践中稳定性条款的全貌,会导致本书的研究存在一定的局限性,而且大量稳定性条款是约定稳定性条款,也在一定程度上会影响研究结论。就法定稳定性条款而言,笔者可能对他国国内法的理解有限,对其国内法承载的法定稳定性条款分析得较为浅显,而且由于使用稳定性条款的多数国家的官方语言为法语、葡萄牙语和西班牙语,所以语言障碍使许多相关国家未能成为笔者的研究对象。

四、研究方法

本书运用的研究方法主要有文献分析法、案例分析法和比较研究法。

一是文献分析法。文献资料研究是开展法学研究的重要方法之一。笔者主要从国内外学者对国际投资合同中稳定性条款的相关分析着手，根据相关问题所涉及的具体法律规范，对相关文献资料、法律条文进行收集、整理、翻译、总结、分析，通过对相关文献的研究了解国际投资合同及国内法中稳定性条款的发展、现状、利弊和应用情况，获得更多的启示和经验，以对我国今后海外投资合同中稳定性条款的适用不断完善。

二是案例分析法。在大量的国际投资仲裁案件中，稳定性条款成为争论的焦点。笔者尽可能收集仲裁庭在处理涉及稳定性条款的案件中所形成的材料，通过详细分析仲裁庭推理的方式和过程阐述稳定性条款的效力及在实践中的应用。

三是比较研究法，它是国际法学研究中重要的研究方法之一，要求明晰比较对象，从而进行有针对性的材料收集和对比研究。笔者将典型发展中国家的稳定性条款及不同仲裁庭的分析进行比较，还对国际投资条约进行横向和纵向的比较分析。其中，横向分析是对一国签订的不同国际投资协定进行比较，了解该国签订的国际投资协定中可持续发展语言的规定及例外条款与稳定性条款适用优先的情况；纵向分析是对不同国家国际投资协定的情况进行分析，了解国际社会的整体情况。

第一章 稳定性条款概述

稳定性条款是一种风险管理工具，在世界的各种行业中普遍使用，尤其在能源、采掘业的长期投资合同及公共基础设施、基本服务合同中比较常见。这些项目通常以特许经营协议（Concession Agreements）、产量分成协议（Production Sharing Agreements, PSAs）[1]、建筑经营与转让（Build-Operate and Transfer, BOT）协议等形式组织。通常情况下，稳定性条款是投资者与东道国签订的合同中的条款，用于应对项目开展期间东道国的法律变化等风险，但并非所有国际投资合同都包含稳定性条款。稳定性条款有时会被整合到国际投资合同的各个部分中，有时只是国际投资合同中的一个或多个条款。[2]部分国家的国内立法也涉及稳定性条款，但国际投资协定中鲜有稳定性条款。

第一节 稳定性条款的发展及目的

随着国外投资热潮的兴起，稳定性条款受到越来越多的重视，而且因限制

---

[1] "Production Sharing Agreements"有"产品分成协议"和"产量分成协议"两种翻译方法，笔者采用"产量分成协议"。据此，下文的"Production Sharing Contracts"译为"产量分成合同"。

[2] SHEMBERG A. Stabilization Clauses and Human Rights: A Research Project Conducted for IFC and the United Nations Special Representative of the Secretary-General on Business and Human Rights: IFC/SRSG Research Paper [R/OL]. (2009-05-27) [2024-07-03]. https://www.ifc.org/en/insights-reports/2000/publications-loe-stabilization--wci--1319577941106.

东道国行使规制权而备受争议并不断演进。稳定性条款不仅包含在国际投资契约中，属于约定稳定性条款，还包含在东道国国内法和国际投资协定中，属于法定稳定性条款。

一、稳定性条款的缘起及发展

稳定性条款最初出现在东道国与外国投资者订立的投资契约中，在特定项目的背景下管理缔约各方的权利和义务，规定东道国未经另一方当事人同意不得通过立法或任何其他方式更改国际投资合同。❶ 实际上，稳定性条款并没有统一的定义。❷ 根据其名称可知，稳定性条款是投资者提出的，用于稳定东道国对投资项目的经济产生负面影响的行为，但其内容并非恒定、统一和静态。❸ 由于发展中国家不能通过足够稳定、详细的立法管理自然资源和能源投资项目的外国投资，所以多数发展中国家签订的国际投资合同中使用稳定性条款。❹ 就约定稳定性条款而言，它是一种合同保护，通过被纳入外国投资者与东道国签订的投资契约，东道国授予外国投资者开发某些项目的特许权。

以石油行业为例，国际石油公司（International Oil Companies，IOCs）需要应对其与东道国签订的石油投资合同中财务条款发生变更的风险，这些风险

---

❶ BROWNLIE I. Principles of Public International Law [M]. 7th ed. Oxford: Oxford University Press, 2008: 550.

❷ BISHOP R D. International Arbitration of Petroleum Disputes: The Development of a Lex Petrolea [M]// BERG A J V D. Yearbook of Commercial Arbitration: Volume XXIII, Netherlands: Kluwer Law International, 1998: 1158.

❸ UMIRDINOV A. The End of Hibernation of Stabilization Clause in Investment Arbitration: Reassessing Its Contribution to Sustainable Development [J]. Denver Journal of International Law and Policy, 2015(43): 455-487.

❹ GJUZI J. Stabilization Clauses in International Investment Law: A Sustainable Development Approach [M]. Cham: Springer International Publishing, 2018: 33.

第一章 稳定性条款概述

可能会对之前评估的勘探和开发项目的商业可行性产生不利影响。新冠疫情的冲击使国际大型石油公司削减了在勘探和生产等方面资金的支出。❶ 虽然反对者声称因稳定性条款限制了东道国的立法主权及对自然资源的永久主权而反对其使用，但是发展中国家似乎倾向于接受外国投资者将稳定性条款纳入其石油投资合同的要求。这些条款规定了至少在形式上禁止东道国单方面通过立法或行政措施修改投资合同的条款。❷

从第一次世界大战之后至第二次世界大战之前，由于拉丁美洲的国有化损害了在拉丁美洲投资的美国公司的经济利益，美国公司开始将稳定性条款纳入投资合同，这些条款的目的是确保东道国提供的激励政策或优惠措施将在合同规定的有效期内发挥作用。❸ 20 世纪中叶，在特许经营协议中加入稳定性条款以防止东道国政府没收投资项目或单方面采取其他类似干预的做法已得到公认。❹ 石油价格暴跌导致国有化浪潮，而且产油国改变了其石油法规。约定稳定性条款可以帮助国际石油公司维护其利益。冻结条款在 20 世纪 70 年代和 80 年代的仲裁案件中普遍存在，并且一直沿用至今。❺ 其间，跨国公司与发展中国家之间的主要冲突来自二者不同的利益需求，跨国公司希望合同关系稳定和

---

❶ 李雯昕, 孙竹, 张麒麟. 疫情背景下国际大石油公司风险投资战略调整 [J]. 国际经济合作, 2021（1）: 84-89.

❷ DELOITTE. Stabilisation Clauses in International Petroleum Contracts Illusion or Safeguard? [EB/OL]. [2024-07-03]. https://www.deloitte.com/content/dam/Deloitte/ug/Documents/tax/tax_StabilisationClauses_2014.pdf.

❸ BISHOP R D. International Arbitration of Petroleum Disputes: The Development of a Lex Petrolea [M]//BERG A J V D. Yearbook of Commercial Arbitration: Volume XXIII, Netherlands: Kluwer Law International, 1998: 1158.

❹ CROCKETT A. Stabilisation Clauses and Sustainable Development: Drafting for the Future [M]// BROWN C, MILES K. Evolution in Investment Treaty Law and Arbitration. 2nd ed. Cambridge: Cambridge University Press, 2023: 518.

❺ TOJIBOEV A. The Role of Stabilization Clause in Investment Contract [J]. Review of Law Sciences, 2018, 2 (2): 37-41.

25

可预测，而东道国政府则希望合同关系可以更灵活。[1]稳定性条款已从相对标准、笼统的承诺发展为更加多样化、复杂的工具，从规定东道国政府不征用投资者的资产演变为管理与投资项目相关的非商业风险。

由于"资源民族主义"崛起，所以发展中国家要求重新谈判有关国际法和调整国内法律规定。[2]冻结条款使投资项目免于适用新法律，虽然冻结条款可能会使受到损害的投资者比在没有该条款的情况下获得更多的赔偿，但如今已很少使用。因为冻结条款要求东道国的任何更改都要优先考虑投资者的利益，所以其执行存在一定程度的问题[3]，而且无法很好地解决外国投资者与东道国之间的危机，也干扰国家出于公共利益行使主权，因而受到很多批判。[4]传统的稳定性条款不仅无法有效地解决实践中出现的法律问题，还很容易受到意识形态批评。[5]此外，早期的稳定性条款未能对中东和北非地区部分国家所采取的石油国有化措施起到威慑作用，因而外国投资者迫切需要更为实用的稳定机制。[6]

国际投资条约的数量呈爆炸性增长[7]，特别是广泛纳入公平公正待遇条款，

---

[1] UMIRDINOV A. The End of Hibernation of Stabilization Clause in Investment Arbitration: Reassessing Its Contribution to Sustainable Development [J]. Denver Journal of International Law and Policy, 2015(43): 455-487.

[2] CAMERON P D. Stabilization and the Impact of Changing Patterns of Energy Investment [J]. Journal of World Energy Law and Business, 2017(10): 389-403.

[3] MANIRUZZAMAN A F M. The Pursuit of Stability in International Energy Investment Contracts: A Critical Appraisal of the Emerging Trends [J]. Journal of World Energy Law and Business, 2008, 1(2): 121-157.

[4] MANIRUZZAMAN A F M. The Pursuit of Stability in International Energy Investment Contracts: A Critical Appraisal of the Emerging Trends [J]. Journal of World Energy Law and Business, 2008, 1(2): 121-157.

[5] ADARALEGBE B. Stabilizing Fiscal Regimes in Long-Term Contracts:Recent Developments from Nigeria [J]. Journal of World Energy Law and Business, 2008, 1(3): 239-246.

[6] Liberian Eastern Timber Corporation v. The Government of the Republic of Liberia, Award, 31 March 1989, ICSID Reports, 1989(2): 343-396.

[7] 蒋海波，张庆麟. 晚近投资条约对规制权的表达：内涵、目的及原则 [J]. 国际商务研究，2019，40（4）：36-44.

第一章　稳定性条款概述

由此产生的合理期待在一定程度上减轻了投资者对传统稳定性条款的依赖。在外国投资者的权益受到东道国政策环境变化的不利影响时，各方越来越倾向于采用可以通过对合同进行调整和修订以保护外国投资者权益的条款。[1] 这些条款被称为经济稳定性条款（Economic Stabilization Clauses）或经济均衡条款（Economic Balancing Clauses）[2]，经济均衡条款是冻结条款的现代化版本。[3] 投资者的偏好从冻结条款逐渐转向具有明确补偿机制的经济均衡条款主要有两个原因：一是对投资者而言经济补偿是最可能的违约补救措施；二是经济均衡条款最可能可执行，因为其对国家立法权的影响较小。[4] 如今，外国投资者不仅在与发展中国家政府签订的投资合同中广泛使用稳定性条款，而且在与经济合作与发展组织（Organization for Economic Co-operation and Development，OECD）的某些成员国政府签订的投资合同中广泛使用稳定性条款。[5] 更具灵活性的"现代"稳定性条款尚未成为国际投资仲裁庭的主题。除此之外，部分国家的国内法也包含稳定性条款，如《阿塞拜疆共和国外国投资保护法》（1992）第10条、《越南社会主义共和国投资法》（以下简称《越南投资法》）第13条。[6] 有的国际投资协定也包含稳定性条款，如巴基斯坦签订的一些国际投资协定。[7]

---

[1] CHIOMA E E. Examining the Crucial Impact of a Well-drafted Stabilisation and Renegotiation Clause on Production-sharing Agreements [J]. International Energy Law Review, 2015(5): 212-218.

[2] CHIOMA E E. Examining the Crucial Impact of a Well-drafted Stabilisation and Renegotiation Clause on Production-sharing Agreements [J]. International Energy Law Review, 2015(5): 212-218.

[3] PEŠTERIĆ M, ANDRIJAŠEVIĆ B. Stabilisation Clauses and State Aid [EB/OL]. (2020-03-24) [2024-06-20]. https://bdkadvokati.com/stabilisation-clauses-and-state-aid/.

[4] CLINCH D, WATSON J. Stabilisation Clauses-Issues and Trends [EB/OL]. (2010-06-30) [2024-06-20]. https://www.lexology.com/library/detail.aspx?g=c5976193-1acd-4082-b9e7-87c0414b5328.

[5] VIELLEVILLE D E, VASANI B S. Sovereignty over Natural Resources Versus Rights Under Investment Contracts: Which One Prevails? [J]. Transnational Law Dispute Management, 2008(5): 8-17.

[6] 本书将涉及的不同国家有关外国投资的法律统称为"外资法"。

[7] KHAN A N, MUNIR B, AHMAD N. Critical Analysis of Bilateral Investment Treaties in Pakistan [J]. Journal of Research Society of Pakistan, 2020, 57(3): 163-169.

国际投资法视域下的稳定性条款研究

在国际投资仲裁实践中，稳定性条款似乎在美国独立石油公司诉科威特案（Aminoil v. Kuwait）❶后消失了。从20世纪80年代初开始，稳定性条款进入休眠状态。这有几个主要原因。首先，第三世界的国有化浪潮已经结束，东道国对大型投资项目的直接国有化大大减少。❷其次，苏维埃社会主义共和国联盟解体，外国投资者对解体后产生的国家投资展开激烈竞争。此外，许多发展中国家放开了其之前急切保护的重要产业，并允许外国投资直接进入。随后，石油和天然气价格的飞涨及新兴经济体对自然资源的强烈需求导致资源民族主义重新出现，这使得东道国法制受到意识形态的更多影响。资源民族主义意味着东道国利用国家资源来获得最大的国家利益，对外国直接投资的国有化时有发生，已经签订的投资合同重新谈判或被废除，跨国公司税收负担增加。在这种投资环境下，稳定性条款在国际投资仲裁中再次出现。❸

二、稳定性条款的主要目的及其应对的风险

稳定性条款的主要目的是应对东道国对外国投资者造成的各种风险，包括政治风险、财政风险等，同时增强国际投资合同的法律确定性并吸引外国投资。

（一）稳定性条款的主要目的

稳定性条款的主要目的是在国际能源和自然资源开发项目生命期内，约

---

❶ The American Independent Oil Company v. The Government of the State of Kuwait, Ad-hoc Arbitration, 23 June 1979.

❷ 王国军，王德宝. 我国海外投资保险制度优化研究——基于政治风险防控的视角 [J]. 金融与经济，2016（6）：77-82.

❸ UMIRDINOV A. The End of Hibernation of Stabilization Clause in Investment Arbitration: Reassessing Its Contribution to Sustainable Development [J]. Denver Journal of International Law and Policy, 2015(43): 455-487.

28

束缔约国，以使缔约国不会干涉投资者的利益。阿卜杜拉·法鲁克指出，稳定性条款旨在向外国投资者提供保护以使其避免政治风险，确保法律确定性，并鼓励外国投资。❶一方面，发展中国家在谈判中讨价还价的能力较弱，缺乏资金或技术支持，同时面临与其他发展中国家之间吸引外国投资的竞争。另一方面，外国投资者对东道国政府采取征收措施的恐惧持续不断。为了吸引外国投资，这些国家倾向于在与外国投资者签订的投资合同中纳入稳定性条款。❷

为了促进谈判，外国投资者和东道国政府处于相互依赖的关系中。为了管理这种动态关系并减少东道国采取单方面行动的风险，方法之一是在投资合同中纳入稳定性条款，以平衡当事方的利益并确保投资的吸引力。❸一国或一个国家实体是合同的当事方之一，这意味着该缔约国凭借立法和行政权力处于更有利的地位，国家契约需要纳入某些条款以保护外国投资者的利益免受任意不必要的干预。

约定稳定性条款作为国际投资合同中的一项内容，其目的是稳定投资合同提供的条件，并使外国投资者免于今后东道国法律变更或政府采取的其他行动可能导致的损害。❹尤其是在国际能源和自然资源开发项目的生命期内，约定稳定性条款可以约束缔约国对投资者利益的干涉。在国际投资合同中纳入稳定性条款是投资者和东道国双方的需求。对外国投资者而言，稳定性条款可以提供保障，从而减少他们对东道国政府没收投资财产的强烈担忧。对东道国政

---

❶ UMIRDINOV A. The End of Hibernation of Stabilization Clause in Investment Arbitration: Reassessing Its Contribution to Sustainable Development [J]. Denver Journal of International Law and Policy, 2015(43): 455-487.

❷ 陈宏兵.论"稳定条款"对投资者的保护作用 [J].外交评论，1998（2）：93-97.

❸ THAIB W S. Tax Stabilization Clause in Oil and Gas Industry [J]. Advances in Economics, Business and Management Research, 2018(59): 360-362.

❹ TOJIBOEV A. The Role of Stabilization Clause in Investment Contract [J]. Review of Law Sciences, 2018, 2 (2): 37-41.

府而言，稳定性条款可以满足外国投资者对资产安全的需求，从而吸引外国投资。虽然有观点认为稳定性条款可能会束缚东道国的立法主权，但仲裁裁决通常认可其效力，表明它们寻求至少在短期内实现合同稳定。

（二）稳定性条款应对的风险

稳定性条款的目的是使投资项目免受法律和财政环境的不利影响，主要是非商业风险。在能源和自然资源领域，投资者面临重大的政治风险和经济风险。外国投资者的前期投资成本非常高，但只能在相当长的周期内收回。法律和监管框架的稳定性、可预测性对在法律和制度体系不稳定的东道国进行投资的外国投资者而言至关重要，因为他们一方面面临着巨大的资本风险，另一方面通常非常不信任东道国政府，而此种不信任又是非常合理的。❶ 当前，国际能源和采掘业的投资合同包含稳定性条款已成为共识。稳定性条款保护有关缔约方的利益，防止任何一方未事先获得另一方同意而单方面终止或修改协议，或者禁止东道国变更国内法及为此变更提供应对方式。

一方面，东道国采取的监管活动、新设税种、特许权使用费等，可能会削弱投资项目的盈利能力及其对外国投资者的吸引力。另一方面，东道国正在寻找对投资者更具吸引力并刺激他们投资的方法。因此，投资者与东道国均在寻求具有功能价值的稳定机制，确保勘探和开发的成本、租金等稳定并可预测。❷

1. 政治风险

大多数发展中国家法律体系薄弱，政治风险高。❸ 稳定性条款维护意欲在

---

❶ WALDE T, NDI G K. Stabilizing International Investment Commitments: International Law Versus Contract Interpretation [J]. Texas International Law Journal, 1996(3): 215-267.

❷ THAIB W S. Tax Stabilization Clause in Oil and Gas Industry [J]. Advances in Economics, Business and Management Research, 2018(59): 360-362.

❸ 王国军，王德宝.我国海外投资保险制度优化研究——基于政治风险防控的视角 [J]. 金融与经济，2016（6）：77-82.

第一章　稳定性条款概述

与其母国具有不同社会经济条件和法律实践的国家进行投资的外国投资者的利益。在诸多风险中，外国投资者更多担心东道国的政治不稳和治理不善。为了避免政治、法律、财务等风险，投资者通常要求东道国政府提供法律担保，稳定性条款成为优先选择。21 世纪初，由于外国投资者所面临的政治风险有时会渗入以前被认为稳定的领域，因此稳定性条款比以往任何时候都是应对政治风险的更重要的法律工具。

安德鲁·古兹曼（Andrew Guzman）认为，发展中国家吸引外国投资最主要的潜在障碍之一是发展中国家政府可能以有害于外国投资者获利能力的方式改变其政治体制。政策的稳定对在能源、采矿、基础设施等行业投资的外国投资者而言尤其重要，因为外国投资者一旦在这些行业投资，就很难在东道国之外进行重新部署[1]，如采矿业的投资者无法轻易转移矿山的矿石及为矿山开采提供服务的重型设备，而且重新部署固定资产的成本很高。如果东道国决定提高投资者开采矿山的特许权使用费率，那么即使此变更违反了特许经营协议的条款和投资者的合理预期，投资者也只能接受不利的政策变更。因此，投资者在决定进行投资时希望东道国向他们提供可靠的保证，不会以违反投资协议和投资者最初期望的方式改变其投资政策。[2]

国际石油公司要求发展中国家提供稳定性条款是以发展中国家法治不健全或者不会按照期望的方式行事为前提的。拉丁美洲、非洲和中东地区的石油部门通常是政府收入的主要来源。因此，国际石油公司担心新政府会轻易进行"新殖民主义剥削"，以期更高的经济租金份额。[3]

---

[1] 王国军，王德宝.我国海外投资保险制度优化研究——基于政治风险防控的视角 [J]. 金融与经济，2016（6）：77-82.

[2] YACKEE J W. Pacta Sunt Servanda and State Promises to Foreign Investors Before Bilateral Investment Treaties: Myth and Reality [J]. Fordham International Law Journal, 2008, 32(5): 1550-1613.

[3] CAMERON P D. International Energy Investment Law: The Pursuit of Stability [M]. 2nd ed. Oxford: Oxford University Press, 2021: 29.

2. 法律风险

为开发各种类型的项目，东道国政府会与外国投资者签订投资协议，通常利用公私伙伴关系（Public-Private Partnerships，PPP）模式开发项目。风险管理至关重要，因为大多数 PPP 项目都是资本密集型项目，并且通过债务融资，所以保证项目的财务可行性非常关键。任何 PPP 项目的关键任务之一是在投资者与东道国之间将风险分配给最有能力管理此类风险的一方。❶

大多数项目合同的有效期很长，在合同有效期内，适用于该合同的法律和法规可能会发生变化，东道国政府可能会改变其政策，尤其是发展中国家。一些政策变化可能会对项目的经济性产生不利影响，甚至直接干扰长期合同的履行。因此，有必要为政府和投资者提供一些保护，使它们免受未来不可预见的情况和重大变化的影响。❷

国内法规制定较早且已过时、相关法规不足或缺乏及采用拼凑的方式与投资者达成协议的内容，东道国的上述情况常常导致投资者担忧其法律框架的不稳定。石油、天然气及铁矿石等大型矿产项目的新发现会给部分低收入国家带来挑战，这些发现考验其法律框架的适应性及监管机构的能力。这些国家有时迫切需要进行法律改革，尤其是在需要建立税收管理制度的地区。❸

法律变更是外国投资者经常面临的风险之一。为应对东道国单方面变更合同权利的问题，大量国际投资合同都包含稳定性条款，为外国投资者提供法律保护，并在项目的整个生命周期内确保法律的确定性。东道国在投资协议谈判时通过在合同中加入稳定性条款减轻投资者可能面临的法律变更风险。稳定性条款的作用是确保投资合同不会被变更并保持稳定。自投资协议签订之日起，

---

❶ BODART S Y. Dispute Prevention Approaches in PPP Projects-Practical Issues [J]. Construction Law Journal, 2014, 30(3): 139-150.

❷ THAIB W S. Tax Stabilization Clause in Oil and Gas Industry [J]. Advances in Economics, Business and Management Research, 2018(59): 360-362.

❸ CAMERON P D. Stabilization and the Impact of Changing Patterns of Energy Investment [J]. Journal of World Energy Law and Business, 2017(10): 389-403.

稳定性条款排除东道国及其行政机构变更的任何后续立法或行政命令适用于协议，无论东道国的这些法律变化对投资者更有利还是更不利。[1]

通常受东道国国内法管辖的合同执行后，政治和经济状况的变化可能导致东道国改变法律，可能是适应情势变化的真正的法律改革，也可能是政府以反复无常或机会主义的方式改变法律。[2]稳定性条款对东道国政府以影响投资合同的方式修改国内法的权力施加一些限制，包括规定发生不利的法律变更时应给投资者以赔偿。从某种意义上说，稳定性条款可以把法律变更的风险分配给最有可能避免发生这种变化的当事方。从另一种意义上说，稳定性条款试图在某种程度上解决国家因行使主权权力而影响其与投资者的合同关系所造成的特殊风险。

法律变更也是稳定性条款的重要触发因素，其定义非常广泛，不同的稳定性条款规定不同。例如，巴基斯坦关于私营部门发电项目政府示范协议中的"法律变更"规定，在签订本协议之后，巴基斯坦任何公共部门实体通过、颁布、废除、修改或重新解释巴基斯坦的任何法律，包括公共部门实体作出的最终有约束力和不上诉的决定。[3]在某些情况下，稳定性条款还包括影响合同经济平衡的国际法的变更。

3. 行业风险

由于能源和采矿项目需要大量的初始资本和较长的投资回报期，因此这些项目依赖于投资条件的稳定，从而稳定投资的成本—收益平衡，这在无追索权融资（non-resource finance）中尤其重要，因为贷方仅有权从项目利润中获得

---

[1] THAIB W S. Tax Stabilization Clause in Oil and Gas Industry [J]. Advances in Economics, Business and Management Research, 2018(59): 360-362.

[2] 王国军，王德宝.我国海外投资保险制度优化研究——基于政治风险防控的视角 [J].金融与经济，2016（6）：77-82.

[3] Private Power and Infrastructure Board of Pakistan. Standard Implementation Agreement [EB/OL]. (2006-05-15) [2024-07-03]. https://www.ppib.gov.pk.

贷款的偿还，而不能从借方的其他资产中获得偿还。[1]

发展中国家能源部门的投资非常复杂，充满风险。石油合同本就容易受到交易条款变化的影响，无论是对石油或天然气价格波动的反应，还是因政府换届而采取的政策转变，或是国家行使对自然资源的主权并改善财务收益的愿望。[2]石油行业的投资者通常是国际石油公司。一般来说，在初始谈判阶段，东道国及国际石油公司的利益是截然相反的。[3]国际石油公司寻求合同的稳定性、财务的可预测性和可强制执行的国际投资争端解决机制，而东道国希望确保监管和立法的灵活性、最大的税收优惠及国内法律救济。

虽然东道国拥有自然资源，但是国际石油公司拥有技术、资金、管理和设备。当国际石油公司在资源丰富的国家投资时，它们已经进行大量的尽职调查，以审查东道国的财政、税收、法律制度及地质情况。国际石油公司深知勘探、开发油气资源的风险。当前的商业制度、法律制度决定了国际石油公司规模大、资本密集、风险高、投资周期长的财政模式和盈利模式，国际石油公司可能会耗资数十亿美元，投资周期长达数十年，且数年内不会产生任何回报。一方面，一旦双方发生争议，国际石油公司无法退出，基本只能任由东道国摆布。另一方面，拥有丰富矿产资源的东道国往往是发展中经济体，经常受到政治、经济危机的困扰，甚至面临政治风险。他们采取财政激励措施，以吸引国际石油公司为成功开采矿产资源提供所需的资金、专业知识和管理。[4]

---

[1] PEŠTERIĆ M, ANDRIJAŠEVIĆ B. Stabilisation Clauses and State Aid [EB/OL]. (2017-05-30) [2024-06-20]. https://bdkadvokati.com/stabilisation-clauses-and-state-aid/.

[2] 李雯昕，孙竹，张麒麒. 疫情背景下国际大石油公司风险投资战略调整 [J]. 国际经济合作，2021（1）：84-89.

[3] PATE T J. Evaluating Stabilization Clauses in Venezuela's Strategic Association Agreements for Heavy-Crude Extraction in the Orinoco Belt: The Return of a Forgotten Contractual Risk Reduction Mechanism for the Petroleum Industry [J]. Inter-American Law Review, 2009 (40): 347-381.

[4] EMEKA J N. Anchoring Stabilizing Clauses in International Petroleum Contract [J]. The International Lawyer, 2008, 42 (4): 1317-1338.

在石油行业中，随着时间的流逝，国际市场的价格可能会发生波动，对东道国原本有利可图的安排在几年后可能会突然变得不受欢迎。❶这种现象被称为"过时的讨价还价"，通常用于投资者试图确保一旦进行投资后东道国不会采取机会主义行动时所面临的困境。❷从历史发展来看，东道国与国际石油公司议价能力的平衡在很大程度上取决于石油的价格。在20世纪70年代石油价格飙升期间，东道国相对于外国投资者处于优势地位，对外国投资采取了广泛的国有化。20世纪90年代石油价格下跌时，许多国家为国际石油公司提供了更多的利益，主要采取财政激励措施。但是，随着2008年年初石油价格飞涨，一些拉丁美洲国家对其境内的外国石油公司采取了强硬态度，如委内瑞拉、玻利维亚、厄瓜多尔等。❸油价在2008年年底下跌至每桶32美元左右，东道国需要依赖外国投资者的技术和资金援助以稳定石油市场，而不得不再次改变对国际石油公司的态度。❹因此，国际石油公司迫切需要找到能够更有效地降低风险的稳定性机制。

毫无疑问，石油和天然气合同受到许多动态因素的影响，如市场条件、国家政治的稳定性、特定国家的经济治理状况等。在北海被发现后不久，作为欧洲发达国家的挪威改变了税率，将其提升至原税率的两倍。挪威因其稳定的治理和政策而闻名。稳定性条款为国际石油公司提供了减少或管理这些风险的手段。

---

❶ COALE M T B. Stabilization Clauses in International Petroleum Transactions [J]. Denver Journal of International Law and Policy, 2002, 30(2): 217-237.

❷ VERNON R. Sovereignty at Bay: The Multinational Spread of U.S. Enterprises [J]. Thunderbird International Business Review, 1971, 13(4): 1-3.

❸ 谭小芬，王睿贤. 积极应对国际油价下跌对经济的影响 [EB/OL].（2020-03-24）[2024-06-20]. http://energy.people.com.cn/n1/2020/0324/c71661-31645711.html.

❹ PATE T J. Evaluating Stabilization Clauses in Venezuela's Strategic Association Agreements for Heavy-Crude Extraction in the Orinoco Belt: The Return of a Forgotten Contractual Risk Reduction Mechanism for the Petroleum Industry [J]. Inter-American Law Review, 2009 (40): 347-381.

第二节　稳定性条款的类型及适用

　　稳定性条款起初出现在投资者与东道国签订的国家契约中，随后，东道国国内法和部分国际投资协定也纳入稳定性条款。当然，稳定性条款更多出现在国家契约中，东道国国内法和国际投资协定中仅有少量稳定性条款。笔者将国际投资协定和东道国国内法中的稳定性条款称为法定稳定性条款，将投资契约中的稳定性条款称为约定稳定性条款。

　　从涉及内容上看，稳定性条款可以分为财政性质的稳定性条款、具有法律性质或监管性质的稳定性条款。财政稳定性条款与政府收入有关，涉及税收、特许权使用费、关税和其他费用。相比之下，法律稳定性条款范围更广，涵盖非财政性质的法律和法规，如适用于投资项目的采矿法、劳动法和环境法等。更进一步说，稳定性条款可以分为财产稳定性条款、财政制度稳定性条款，以及有关劳工立法、进出口规定、外汇管制及一般立法和缔约的稳定性条款。❶

　　财政稳定性条款较为常见，出现在从发达国家到发展中国家的各种政体的重大工业项目合同中。这是因为各国政府清楚税收和特许权使用费是可以更容易拉动鼓励外国投资进入本国的杠杆。有关立法的稳定性条款较少见。一是因为从政策角度看监管与经济生存能力的联系不那么明显，二是因为政府通常不愿意与外国投资者签订限制其立法主权的条款。但是，重要的长期采矿项目的协议通常包含有关立法的稳定性条款。❷

　　通常来看，根据对东道国立法权的限制情况，稳定性条款可以分为三类，

---

❶ 陈宏兵.论"稳定条款"对投资者的保护作用[J].外交评论，1998（2）：93-97.
❷ LUTTREL S, MURPHY A. Stabilisation Provisions in Long-Term Mining Agreements [EB/OL]. (2019-07-31) [2024-06-20]. https://www.lexology.com/library/detail.aspx?g=ec1b0b7c-a4a1-4904-9b50-2d9ad11862eb.

第一章 稳定性条款概述

即冻结条款（freezing clauses）、经济均衡条款和混合条款（hybrid clause）。[1] 不同类型的稳定性条款不是互斥的，而是可以不同形式组合。原则上，这种分类方式既适用于约定稳定性条款，又适用于法定稳定性条款。目前，根据资料可查的法定稳定性条款多为冻结条款，经济均衡条款强调投资合同的经济平衡，主要适用于投资合同。下面对冻结条款和经济均衡条款的介绍以约定稳定性条款为主。

一、冻结条款

冻结条款是稳定性条款的传统形式，也是经典的稳定性条款，曾是国际投资项目中比较流行的形式。[2] 冻结条款在大量国际投资项目中被使用，发挥了保护投资者的重要作用。本部分所指的冻结条款是严格意义的稳定性条款和无形条款。长期以来，虽然传统稳定性条款尽量保证合同双方之间投资项目的确定性和可预测性，但是由于它们固有的适应新情况的缺陷，所以无法成为稳定性条款的首选类型。此外，严格意义的稳定性条款和无形条款直接与国家立法主权相冲突，常常与东道国的宪法框架相抵触，并限制合同双方重新谈判新条款和条件的能力。随着国际投资环境的变化，冻结条款的使用减少，而经济均衡条款的使用增加。

（一）严格意义的稳定性条款

严格意义的稳定性条款（stabilisation clauses stricto sensu）是冻结条款的一

---

[1] GEHNE K, BRILLOR. Stabilization Clauses in International Investment Law: Beyond Balancing and Fair and Equitable Treatment: Working Paper No. 2013/46 [R/OL]. [2024-07-03]. https://www.wti.org/media/filer_public/c7/83/c783ecf8-11cf-4e3c-88c4-6214f8f7b51e/stab_clauses_final_final.pdf.

[2] HOWSE R. Freezing Government Policy: Stabilization Clauses in Investment Contracts [EB/OL]. (2011-04-04) [2024-06-20]. http://www.iisd.org/itn/2011/04/04/freezing-government-policy-stabilization-clauses-in-investment-contracts-2/.

国际投资法视域下的稳定性条款研究

种形式，该类条款规定合同的管辖法律应是合同签署时的缔约国法律，从而阻止了缔约国法律的后续修改对合同的适用。❶严格意义的稳定性条款是一种更传统的做法，试图对东道国的立法权限施加绝对的阻碍。此类条款可写为："在协议整个期间内，自协议签订之日冻结东道国的国内法。"严格意义的稳定性条款表明东道国后续立法将不适用于协议各方之间的关系，该条款的范围也可能包含随后生效的法院决定❷，使其无法对投资者生效。严格意义的稳定性条款规定，如果新立法与协议条款发生冲突，以后者为准，符合法律不可追溯性原则。❸

严格意义的稳定性条款规定，自合同签订之日起东道国新颁布的法律不对合同适用，从而避免对投资项目产生影响。❹严格意义的稳定性条款往往会冻结政府的监管选择，阻碍了东道国行使立法主权和对其自然资源的永久主权，因此从维护东道国监管自主权的角度而言，严格意义的稳定性条款的效力及可执行性尚不确定。❺有的严格意义的稳定性条款规定，合同应作为现行或后续立法的特别法适用，或后续立法仅在与投资合同一致的情况下适用。❻

---

❶ PAASIVIRTA E. Participation of States in International Contracts and Arbitral Settlement of Disputes [M]. Helsinki: Finnish Lawyer's Publishing Co., 1990: 323.

❷ MANIRUZZAMAN A F M. The Pursuit of Stability in International Energy Investment Contracts: A Critical Appraisal of the Emerging Trends [J]. Journal of World Energy Law and Business, 2008, 1(2): 121-157.

❸ FARUQUE A A. Validity and Efficacy of Stabilisation Clauses: Legal Protection vs. Functional Value [J]. Journal of International Arbitration, 2006, 23(4): 317-336.

❹ HOWSE B R. Freezing Government Policy: Stabilization Clauses in Investment Contracts [EB/OL]. (2011-04-04) [2024-06-20]. http://www.iisd.org/itn/2011/04/04/freezing-government-policy-stabilization-clauses-in-investment-contracts-2/.

❺ HOWSE B R. Freezing Government Policy: Stabilization Clauses in Investment Contracts [EB/OL]. (2011-04-04) [2024-06-20]. http://www.iisd.org/itn/2011/04/04/freezing-government-policy-stabilization-clauses-in-investment-contracts-2/.

❻ GEHNE K, BRILLOR. Stabilization Clauses in International Investment Law: Beyond Balancing and Fair and Equitable Treatment: Working Paper No. 2013/46 [R/OL]. [2024-07-03]. https://www.wti.org/media/filer_public/c7/83/c783ecf8-11cf-4e3c-88c4-6214f8f7b51e/stab_clauses_final_final.pdf.

在具有开创意义的阿莫科国际金融公司诉伊朗案（Amoco v. Iran，以下简称"阿莫科公司诉伊朗案"）❶中，"冻结条款"被定义为冻结了国家法律体系中自合同签署之日起被选定为合同适用法律的条款，以防止该法律体系的任何未来变更对合同适用。❷换言之，这些条款将特定时期东道国的法律，如合同生效时的法律，作为适用法律纳入协议。此处的冻结条款正是严格意义的稳定性条款。严格意义的稳定性条款的程度各不相同，如有的条款把稳定性限制在特许权使用费或所得税之类的财政方面。❸

严格意义的稳定性条款在 20 世纪七八十年代早期的投资合同、仲裁案件中很常见❹，虽然后来由于其在一定程度上被认为妨碍东道国行使立法主权而变得不那么普遍，但是这并不意味着严格意义的稳定性条款已被淘汰。如今，安哥拉、柬埔寨、圭亚那、伊拉克、哈萨克斯坦、马耳他、波兰和突尼斯所签订的合同中仍采用某类形式的严格意义的稳定性条款。❺

严格意义的稳定性条款的一个典型示例可以在 1989 年的《突尼斯产量分成合同范本》(*Tunisian Model Production Sharing Contract*) 中找到，该条款规定："承包商应遵守本合同的规定及东道国适当制定的与本合同相符或不相抵触所有法律法规。缔约双方还同意不适用可能与本合同的规定相抵触或不符的新

---

❶ Amoco International Finance Corporation v. The Government of the Islamic Republic of Iran, National Iranian Oil Company, National Petrochemical Company and Kharg Chemical Company Limited, IUSCT Case No. 56, 17 November 1981.

❷ Amoco International Finance Corporation v. The Government of the Islamic Republic of Iran, National Iranian Oil Company, National Petrochemical Company and Kharg Chemical Company Limited, IUSCT Case No. 56, 17 November 1981, Partial Award No. 310-56-3, 14 July 1987: 166.

❸ CAMERON P D. International Energy Investment Law: The Pursuit of Stability [M]. 2nd ed. Oxford: Oxford University Press, 2021: 105.

❹ TOJIBOEV A. The Role of Stabilization Clause in Investment Contract [J]. Review of Law Sciences, 2018, 2 (2): 37-41.

❺ CAMERON P D. International Energy Investment Law: The Pursuit of Stability [M]. 2nd ed. Oxford: Oxford University Press, 2021: 106.

的法律规定、修改或解释。"❶ 许多法定稳定性条款是严格意义的稳定性条款，如1992年《阿塞拜疆共和国外国投资保护法》第10条"防止立法变更的保证"规定："如果阿塞拜疆共和国未来的立法会恶化投资条件，那么投资实施时的立法将在10年内适用于投资者"❷；1996年《乌克兰外国投资制度法》第8条"对立法变更的保证"规定："如果乌克兰有关外国投资的后续特别立法改变了本法第二部分规定的外国投资保护的条款和条件，应外国投资者的要求，政府通过本法对外国投资保护的保证自新法施行之日起适用十年。"❸ 值得一提的是，这两部国内法规定的稳定性条款都在本条其他款项中排除了对东道国公共利益规制权的限制。

（二）无形条款

无形条款是冻结条款的一个子类别，也被称为"禁止单方面更改条款"，旨在防止缔约一方对合同进行单方面修改，并且规定对合同进行任何修改需要双方的同意。❹ 在法律性质方面，因为它为缔约双方提供了讨论的程序机制❺，所以更加体现缔约双方的共识性。❻ 无形条款的典型版本之一是"除非经双方书面同意，否则不得废除、修正或修改本合同的任何方面"❼。

---

❶ CAMERON P D. International Energy Investment Law: The Pursuit of Stability [M]. 2nd ed. Oxford: Oxford University Press, 2021: 106.

❷ Law on the Protection of Foreign Investments of the Azerbaijan Republic, Law No. 57 of 1992, Article 10.1.

❸ The Law of Ukraine on the Regime of Foreign Investments (1996), Article 8.1.

❹ CAMERON P D. International Energy Investment Law: The Pursuit of Stability [M]. 2nd ed. Oxford: Oxford University Press, 2021: 108.

❺ CAMERON P D. International Energy Investment Law: The Pursuit of Stability [M]. 2nd ed. Oxford: Oxford University Press, 2021: 108.

❻ FARUQUE A A. Typologies, Efficacy and Political Economy of Stabilisation Clauses: A Critical Appraisal [J/OL]. Transnational Dispute Management, 2007(5) [2024-07-03]. https://www.transnational-dispute-management.com/article.asp?key=1062.

❼ FARUQUE A A. Typologies, Efficacy and Political Economy of Stabilisation Clauses: A Critical Appraisal [J/OL]. Transnational Dispute Management, 2007(5) [2024-07-03]. https://www.transnational-dispute-management.com/article.asp?key=1062.

第一章 稳定性条款概述

无形条款禁止当事方单方面修改合同，并且仅允许经各方同意后进行修改。当东道国的法律变更可能会改变当事方合同条款时，则不适用于该合同。[1] 无形条款重点不在于"冻结"法律，而是将冻结的重点放在合同上。正如卡梅伦教授所指出的那样，这种方法的优势是它为各方之间就协议的未来建立了讨论甚至可能是谈判的程序机制。[2]

无形条款在实践中应用的例子之一是德士古海外石油公司和加州亚洲石油公司（以下简称"德士古公司等"）诉利比亚案（Texaco v. Libya）[3]，该案涉及的特许经营协议包含无形条款。该条款规定："利比亚政府将采取一切必要步骤，以确保公司享有本特许经营协议赋予的所有权利。除非经过双方的共同同意，否则不得变更本特许经营协议明确创建的合同权利。在整个有效期内，本特许经营协议均应根据签署之日生效的石油法和法规解释。……未经公司同意，这些法律规定的任何修改或废除均不得影响公司的合同权利。"[4]

严格意义的稳定性条款和无形条款是学术辩论的主要对象[5]，学界直到2000年仍未达成共识，且辩论一直没有结束。无形条款与严格意义的稳定性条款的主要区别是，后者旨在保护投资者免受东道国通过现行法律的变更或新法规的颁布对合同进行的立法干预，而无形条款旨在保护投资者避免东道国单方面行

---

[1] DOLZER R, SCHREUER C. Principles of International Investment Law [M]. 2nd ed. Oxford: Oxford University Press, 2012: 83.

[2] CAMERON P D. International Energy Investment Law: The Pursuit of Stability [M]. 2nd ed. Oxford: Oxford University Press, 2021: 108.

[3] Texaco Overseas Petroleum Company/California Asiatic Oil Company v. The Government of the Libyan Arab Republic, Award on the Merits, 19 January 1977.

[4] Texaco Overseas Petroleum Company/California Asiatic Oil Company v. The Government of the Libyan Arab Republic, Award on the Merits, 19 January 1977, para.70.

[5] BROWN R. The Relationship Between the State and the Multinational Corporation in the Exploitation of Resources [J]. International and Comparative Law Quarterly, 1984, 33(1): 218-229.

使权利更改或修改合同。❶严格意义的稳定性条款与无形条款之间最主要的区别是后者要求对协议条款进行任何修改都须当事方之间的相互同意。无形条款规定了应对东道国法律变更影响已经达成协议条款的折中方案。与严格意义的稳定性条款不同，无形条款考虑到东道国可能需要更改已经达成的协议条款，但这种变更不得单方面完成。

二、经济均衡条款

经济均衡条款的主要目的是保护投资者免受东道国国家法律变化可能引起的财务后果，并在当事方之间建立经济平衡。❷经济均衡条款的作用是作为赔偿条款。当东道国的行为对投资项目的经济情况产生不利影响时，东道国需要向投资者提供适当的补偿，从而确保合同的经济平衡。当东道国颁布的任何立法或采取的任何行政措施增加了投资项目的成本时，经济均衡条款要求各缔约方谈判以确定这种变更的经济后果，或自动调整合同条款，东道国将相应地赔偿投资者。因此，经济均衡条款旨在减轻东道国的这些行为对投资者的不利影响，而非限制东道国后续立法或者采取其他监管措施的范围。换言之，经济均衡条款并不排除东道国颁布新的法律规定，而是阻止东道国对外国投资者执行这些新的法律规定。根据经济均衡条款，东道国应承担因其法律变更而造成投资者财务损失的赔偿责任。❸

---

❶ FARUQUE A A. Typologies, Efficacy and Political Economy of Stabilisation Clauses: A Critical Appraisal [J/OL]. Transnational Dispute Management, 2007(5) [2024-07-03]. https://www.transnational-dispute-management.com/article.asp?key=1062.

❷ TOJIBOEV A. The Role of Stabilization Clause in Investment Contract [J]. Review of Law Sciences, 2018, 2 (2): 37-41.

❸ PEŠTERIĆ M, ANDRIJAŠEVIĆ B. Stabilisation Clauses and State Aid [EB/OL]. (2017-05-30) [2024-06-20]. https://bdkadvokati.com/stabilisation-clauses-and-state-aid/.

（一）经济均衡条款的形式

经济均衡条款形式多样，无论在触发保护措施的变更方面，还是所提供保护的性质和范围。前者包括现有法律适用范围在内的法律变更，后者包括对基础合同的货币补偿或补偿性修订。❶ 经济均衡条款主要有 3 种形式，即规定经济均衡（Stipulated Economic Balancing, SEB）、非特定经济均衡（Non-Specified Economic Balancing, NSEB）、谈判经济均衡（Negotiated Economic Balancing, NEB）。❷ 这些形式通常与冻结条款结合在一起运用。

规定经济均衡条款以预定的方式自动修改合同。《厄瓜多尔产量分成合同范本（2002）》包含规定经济均衡条款的典型例子。该条款规定，如果对税收制度进行修改，包括新设税种、劳动参与或其解释的变更，对本合同的经济产生影响，则相应的因素将包含在生产份额百分比中，以吸收指定承包商税负或劳动参与的增加或减少。该校正因子将由双方计算，并由能源和矿业部批准。❸

虽然非特定经济均衡条款可以进行自动调整，但是没有规定自动调整的性质，也不需要双方达成共识。非特定经济均衡条款的一个例子是 1999 年 4 月 19 日阿塞拜疆国家石油公司与库拉谷发展有限公司（Kura Valley Development Company Ltd.）、索卡尔石油公司（Socar Oil Affiliate）签订的关于阿塞拜疆巴达尔地区及其相邻的预期构筑物勘探、开发和产量分成的协议。该条款规定，任何法律变更或政府行为对承包商在本协议项下的权利或利益产生不利或有利影响，均应调整本协议的条款，以重新建立双方的经济平衡，并且如果承包商

---

❶ GEHNE K, BRILLOR. Stabilization Clauses in International Investment Law: Beyond Balancing and Fair and Equitable Treatment: Working Paper No. 2013/46 [R/OL]. [2024-07-03]. https://www.wti.org/media/filer_public/c7/83/c783ecf8-11cf-4e3c-88c4-6214f8f7b51e/stab_clauses_final_final.pdf.

❷ MANIRUZZAMAN A F M. The Pursuit of Stability in International Energy Investment Contracts: A Critical Appraisal of the Emerging Trends [J]. Journal of World Energy Law and Business, 2008, 1(2): 121-157.

❸ MANIRUZZAMAN A F M. The Pursuit of Stability in International Energy Investment Contracts: A Critical Appraisal of the Emerging Trends [J]. Journal of World Energy Law and Business, 2008, 1(2): 121-157.

的权利或利益受到不利影响,则应赔偿承包商及其受让人由此引起的任何不利、经济状况恶化、损失或损害。❶

就谈判经济均衡条款而言,双方有义务谈判以对协议进行必要的修改。这种经济均衡条款可以在 2002 年埃及和埃及通用石油公司与多佛投资有限公司签订的《苏伊士湾东瓦迪阿拉巴地区石油勘探和开发特许权协议》❷中找到。该条款规定发生稳定性条款的触发条件,双方应及时对石油价格进行必要的调整或磋商。❸

虽然经济均衡条款的形式较少且趋于一致,但根据当事方的起草及国家法律也可能会有很多不同的表述。就合同经济平衡的范围而言,保护健康、安全和环境通常被认为是有效的例外。❹因此,在世界范围内很难找到一个统一的经济均衡条款模型,并且实践可能会因项目领域、各方需求和地理位置而有所不同。然而这三种经济均衡条款形式的共同点是,并非试图防止东道国改变法律,而试图解决这种改变对最初达成的交易的经济影响,并在某种程度上建立一个框架来保持平衡。❺

(二)经济均衡条款中的重新谈判要求及补偿

重新谈判是每种经济均衡条款固有的过程。不进行重新谈判就无法实现合同的经济平衡,因此重新谈判这一过程机制是经济均衡条款保持投资项目稳定

---

❶ MANIRUZZAMAN A F M. The Pursuit of Stability in International Energy Investment Contracts: A Critical Appraisal of the Emerging Trends [J]. Journal of World Energy Law and Business, 2008, 1(2): 121-157.

❷ Concession Agreement of 2002 for Petroleum Exploration and Exploitation Between Egypt & Egyptian General Petroleum Corp and Dover Investments Ltd (East Wadi Araba Area Gulf of Suez), Article XIX.

❸ MANIRUZZAMAN A F M. The Pursuit of Stability in International Energy Investment Contracts: A Critical Appraisal of the Emerging Trends [J]. Journal of World Energy Law and Business, 2008, 1(2): 121-157.

❹ MANIRUZZAMAN A F M. The Pursuit of Stability in International Energy Investment Contracts: A Critical Appraisal of the Emerging Trends [J]. Journal of World Energy Law and Business, 2008, 1(2): 121-157.

❺ CAMERON P D. International Energy Investment Law: The Pursuit of Stability [M]. 2nd ed. Oxford: Oxford University Press, 2021: 109.

第一章　稳定性条款概述

的核心要素。虽然进行了精心谈判和不同程度的合同担保，但是在实践中最终约有一半的长期基础设施投资合同最终通过各方重新谈判，从而对原始合同条款进行了重大修改。❶

经济均衡条款的出现不应被视为"万能药"。❷ 有的学者否认经济均衡条款比传统冻结条款更有效。有的学者认为经济均衡条款包含这样一种逻辑，即东道国在国际投资合同生效之日后单方面修改，则可以避免国际投资仲裁。该条款不能保证双方将通过重新谈判的方式商定原协议应如何修改的细节，特别是在非特定经济均衡条款和谈判经济均衡条款下。即使在规定经济均衡条款的情况下，东道国也可能拒绝执行该规定，特别是东道国投资协议签署后废除了先前稳定化的法律。❸

经济均衡条款有时规定，投资者因法律变更而产生的额外成本将由国家以规定的方式承担。例如，就石油和天然气行业的产量分成合同而言，经济均衡条款规定可能要求减少国家的生产份额，以抵消因法律变更而带来的外国投资者的成本。有的经济均衡条款没有提及为恢复经济均衡而应采取的具体步骤。

2000 年的《BTC❹—土耳其共和国东道国政府协议》[*BTC-Turkey Host Government Agreement*（HGA）]包含经济均衡条款。该条款规定，如果一项新的监管措施规定或对现有措施的新解释对投资项目造成损害，那么土耳其

---

❶ UMIRDINOV A. The End of Hibernation of Stabilization Clause in Investment Arbitration: Reassessing Its Contribution to Sustainable Development [J]. Denver Journal of International Law and Policy, 2015(43): 455-487.

❷ UMIRDINOV A. The End of Hibernation of Stabilization Clause in Investment Arbitration: Reassessing Its Contribution to Sustainable Development [J]. Denver Journal of International Law and Policy, 2015(43): 455-487.

❸ ALEXANDER F. Comment on Articles on Stabilization by Piero Bernardini, Lorenzo Cotula and AFM Maniruzzaman [J]. Journal of World Energy Law and Business, 2009, 2(3): 243-258.

❹ BTC 是指 Baku-Tbilisi-Ceyhan，即巴库—第比利斯—杰伊汉，是一条重要石油管道的途经地区，详细信息请见 BTC Pipeline，网址为 https://www.bil.gov.tr/about-btc?AspxAutoDetectCookieSupport=1，最后访问日期为 2024 年 6 月 20 日。

45

政府必须恢复经济平衡或进行补偿。❶ 与该项目相关的 2000 年的《BTC—格鲁吉亚东道国政府协议》(*BTC-Georgia HGA*)和《BTC—阿塞拜疆东道国政府协议》(*BTC-Azerbaijan HGA*)中也包含类似的规定。1997 年的《AGIP/英国石油/Etal—哈萨克斯坦"卡沙甘"产量分成合同》(*AGIP/British Petroleum/Etal-Kazakhstan "Kashagan" Production-Sharing Agreement*)和 2003 年的《西非天然气管道国际项目协议》(*West African Gas Pipeline International Project Agreement*)也包含经济均衡条款。

经济均衡条款有时将补偿作为唯一的补救办法,但是更常见的方法是约束当事方就投资协议或其他法律文书进行谈判调整,以恢复合同的整体经济地位。❷ 经济均衡条款的关键在于其程序性,而非其产生的实质性结果,由此产生的问题是经济均衡条款能否强制执行。如果所有条款仅意味着要达成协议,那么经济均衡条款将会在许多法律制度下失效。但是,正如仲裁庭在美国独立石油公司诉科威特案中所指出的那样,"谈判的义务不是达成协议的义务"❸。这就是为什么经济均衡条款的触发机制、谈判程序及谈判的主题均已明确规定至关重要,且该条款与具有约束力的争议解决程序相关,该程序不依赖当事人的同意。❹

(三)经济均衡条款与冻结条款的比较

冻结条款和经济均衡条款之间存在一些关键的差异。冻结条款禁止政府制定任何与投资合同条款相抵触的法律,且不允许东道国对可能影响项目的立法

---

❶ The Host Government Agreement Between the Government of Turkey and the MEP Participants (19 October 2000), Article 21.1.

❷ BURNETT H G, BRET L A. Arbitration of International Mining Disputes: Law and Practice [M]. Oxford: Oxford University Press, 2017: 263.

❸ The Government of the State of Kuwait v. The American Independent Oil Company (Aminoil), Final Award, 24 March 1982, para. 24.

❹ LUTTREL S, MURPHY A. Stabilisation Provisions in Long-Term Mining Agreements [EB/OL]. (2019-07-31) [2024-06-20]. https://www.lexology.com/library/detail.aspx?g=ec1b0b7c-a4a1-4904-9b50-2d9ad11862eb.

第一章　稳定性条款概述

进行任何更改。对发展中国家而言，冻结条款是不利的，因为立法主权受到对外国投资者法律稳定性承诺的限制。虽然存在这一问题，但是一些国家仍继续将冻结条款作为吸引外国投资进入其经济的工具。

经济均衡条款规定，在法律或环境发生不利变化时投资者有权重新谈判合同，或拥有因财政状况或法律制度变更导致不利后果而获得赔偿的权利。此类条款的目的是通过提供一种适应变化环境的机制来调和投资者对稳定的渴望与东道国行使立法主权及其灵活性的需求，从而减少了双方冲突和陷入僵局的风险。与传统的冻结条款不同，根据国际法，现代稳定性条款具有约束力，这是公认的。但是，由于经济均衡条款尚未成为特定仲裁或司法审查的主题，因此关于此类条款解释和执行的现代法理学受到限制。

许多学者认为，经济均衡条款代表了更现代的稳定性条款类型，因为它们为合同条款有关的法律变更提供了谈判和调整的空间。投资者必须遵守签署投资合同后通过的新法律，但是东道国需要补偿或恢复原始协议条款义务。这可能会造成先进入该部门的投资者与后进入该部门的投资者之间利益不均衡的现象，先进入的投资者受到更多的优待。但是，东道国的立法主权受到了尊重，东道国仅需对投资合同中有稳定性条款的投资者承担补偿责任，减轻了东道国的经济负担。此外，经济均衡条款允许双方达成最适合的合规性或延迟新法律的适用。外国投资者更倾向于采用经济均衡条款，而不是冻结条款，因为经济均衡条款不限制东道国制定新法或变更现行法律的主权，也不限制损害赔偿，所以更有可能执行。经济均衡条款规定了更清晰的框架，提供了尽快解决冲突的可能性。各方之间的这种平衡及经济均衡条款的应用增加了潜在缔约方的利益。因此，经济均衡条款的目的是寻求避免立法中新变化之后可能出现的特定经济问题的办法。该类条款不限制国家颁布新的立法，而是赋予当事方真诚谈判的义务，旨在恢复原始协议的经济平衡。❶由于市场波动不断、价格不稳定，

---

❶ TOJIBOEV A. The Role of Stabilization Clause in Investment Contract [J]. Review of Law Sciences, 2018, 2 (2): 37-41.

47

各国和投资者都发现，冻结条款所保障的法律稳定不能维护各方的利益，经济均衡条款所保障的项目平衡更可行。❶

冻结条款、经济均衡条款和混合条款可以成为投资者因东道国合同违约而根据国际投资协定提出条约保护的正式工具。如果正式索赔的结果是金钱赔偿，那么所有类型稳定性条款的影响将是相似的，它们可能会影响东道国对投资者实行新的社会和环境管制的能力。由于一些混合条款和经济均衡条款只规定当事各方在发生争端时进行真诚的谈判，所以目前尚不清楚这些条款将如何正式执行，以及它们是否可能导致金钱赔偿。❷东道国政府执行新的社会和环境法律的能力对投资者的影响取决于是否在混合条款下给予豁免及如何设计对遵守新法律的补偿。❸

三、稳定性条款的适用

（一）从行业部门角度分析

稳定性条款在以石油、天然气和硬矿物的开采为中心的行业中大量使用，这些行业的特点是投资周期长、经济租金高、商品价格波动大且价值高。世界所有稳定性条款的一半出现在与采掘业项目（如石油、天然气、矿产）有关的合同中，另外四分之一出现在基础设施项目合同中，其余大部分出现在运输项

---

❶ DOLZER R, SCHREUER C. Principles of International Investment Law [M]. 2nd ed. Oxford: Oxford University Press, 2012: 77.

❷ SHEMBERG A. Stabilization Clauses and Human Rights: A Research Project Conducted for IFC and the United Nations Special Representative of the Secretary-General on Business and Human Rights: IFC/SRSG Research Paper [R/OL]. (2009-05-27) [2024-07-03]. https://www.ifc.org/en/insights-reports/2000/publications-loe-stabilization--wci--1319577941106.

❸ SHEMBERG A. Stabilization Clauses and Human Rights: A Research Project Conducted for IFC and the United Nations Special Representative of the Secretary-General on Business and Human Rights: IFC/SRSG Research Paper [R/OL]. (2009-05-27) [2024-07-03]. https://www.ifc.org/en/insights-reports/2000/publications-loe-stabilization--wci--1319577941106.

第一章 稳定性条款概述

目合同中。❶ 国际投资合同中稳定性条款通常运用于工业项目，如基础设施开发或公共服务项目等。这些项目通常需要大量的投资，并且可能对东道国的发展具有重要意义。❷

1. 能源领域的稳定性条款

投资政策的摇摆不定在国际能源行业中极其常见。❸ 哈佛大学教授约翰·鲁吉（John Ruggie）主导的关于人权与稳定的报告指出，"投资者和律师（包括代表国家和投资者的律师）观察到，国家有时会接受广泛的稳定性条款及其他一些似乎倾向于保护投资者的条款，作为确保大型投资项目稳定并进一步吸引外国投资的方式"❹。托马斯·瓦德（Thomas Waelde）指出，不会改变既定的投资立法制度的承诺以有史以来最广泛的形式重新出现，成为促进外国投资政策的重要工具。❺

除国际公法协议之外，广义上的国际能源投资法还包括国家与投资者之间的投资合同，特别是外国投资者与东道国政府之间缔结的特许经营协议。❻ 这些合同受东道国国内法律或当事方同意的法律管辖❼，不被视为国际公法的一部

---

❶ CLINCH D, WATSON J. Stabilisation Clauses-Issues and Trends [EB/OL]. (2010-06-30) [2024-06-20]. https://www.lexology.com/library/detail.aspx?g=c5976193-1acd-4082-b9e7-87c0414b5328.

❷ TOJIBOEV A. The Role of Stabilization Clause in Investment Contract [J]. Review of Law Sciences, 2018, 2 (2): 37-41.

❸ 田晓云. 中国企业海外矿业投资法律风险防范研究 [J]. 商业时代，2014（19）：104-107.

❹ SHEMBERG A. Stabilization Clauses and Human Rights: A Research Project Conducted for IFC and the United Nations Special Representative of the Secretary-General on Business and Human Rights: IFC/SRSG Research Paper [R/OL]. (2009-05-27) [2024-07-03]. https://www.ifc.org/en/insights-reports/2000/publications-loe-stabilization--wci--1319577941106.

❺ WALDE T, NDI G K. Stabilizing International Investment Commitments: International Law Versus Contract Interpretation [J]. Texas International Law Journal, 1996(3): 215-267.

❻ DOLZER R, SCHREUER C. Principles of International Investment Law [M]. 2nd ed. Oxford: Oxford University Press, 2012: 72.

❼ CAMERON P D. International Energy Investment Law: The Pursuit of Stability [M]. 2nd ed. Oxford: Oxford University Press, 2021: 101.

49

国际投资法视域下的稳定性条款研究

分。但是，外国投资者尝试将这些合同"国际化"。虽然很难通过合同中的法律选择条款实现这一目标，但国际投资协议可以通过保护伞条款引入投资者与国家之间的合同。因此，双边投资协定或区域投资协定将涵盖违反特许经营协议的情况。

更重要的是，这将使投资者可以根据投资协定通过投资者与国家之间的国际投资仲裁处理违反这些合同的情况，而投资者与国家之间的合同违约通常通过商事仲裁解决。❶能源投资领域通常包含所谓稳定性条款，这些条款要求东道国政府不得更改国内法，以免损害投资者利益。这些义务往往会"冻结"政府的监管选择，因此从维护监管自主权的角度来看尤其成问题。❷稳定性条款对促进发展中国家能源部门吸引外资的重要性不容小觑。虽然国际石油公司担忧这些资本密集、长期投资项目的稳定性，但是东道国提供给外国投资者的稳定性条款内容必须是合理的。❸

对投资者不成比例的有利交易可能取得适得其反的效果，因为它可能引发东道国政治的不稳定，使国际石油公司无法获得项目的预期收益。❹此外，国际石油公司不应该将稳定性条款的效力视为理所当然。如果没有经过适当起草的仲裁条款提供投资合同的国际法连接点、适用的国际法和仲裁地，则国际石油公司可能陷入国内仲裁和诉讼的泥潭，导致稳定性条款无法发挥应

---

❶ DOLZER R, SCHREUER C. Principles of International Investment Law [M]. 2nd ed. Oxford: Oxford University Press, 2012: 155.

❷ DOLZER R, SCHREUER C. Principles of International Investment Law [M]. 2nd ed. Oxford: Oxford University Press, 2012: 155.

❸ DELOITTE. Stabilisation Clauses in International Petroleum Contracts Illusion or Safeguard? [EB/OL]. [2024-07-03]. https://www.deloitte.com/content/dam/Deloitte/ug/Documents/tax/tax_StabilisationClauses_2014.pdf: 10.

❹ 王国军，王德宝. 我国海外投资保险制度优化研究——基于政治风险防控的视角 [J]. 金融与经济，2016（6）：77-82.

50

第一章 稳定性条款概述

有的效用。❶

因此，国家将在某些情况下为潜在的投资者提供慷慨的条件，如吸引"先行者"希望发现石油，当其邻国提供稳定性条款及油价低迷时鼓励外国投资者投资石油行业。随着许多东道国的经济租金下降，并有可能在一段时间内持续下降，这种过度补偿的风险增加，最终导致要求重新谈判并经常引起争端。资源很少或尚未得到证实的国家很可能采用稳定性条款。❷

在这种情况下，作为向国际投资者提供要约的一部分，稳定性条款是向外国投资者保证合同稳定性的典型机制，可能是使政府在资本竞争中，尤其是与邻国的竞争中获得竞争优势的有效方式。提供稳定性条款可能仅足以促使有风险偏好的投资公司与东道国签订投资合同。❸

2. 矿业部门的稳定性条款

传统上，外国采矿项目面临的较严峻的政治风险形式是国有化，即东道国政府获得该项目的所有权并在没有公平补偿的情况下驱逐外国所有者。❹但是，近几十年，直接国有化的风险有所下降，这在很大程度上是由于全球投资者与国家之间的争端解决机制的发展。当前，国外采矿项目面临的最大政治风险是，东道国通过变更适用于该项目的法律和法规或使其在经济上不可行，而不是直接征收该项目。东道国的此类措施包括特许权使用费和税收的增加及劳动和环境法规的急剧变化。在极端情况下，东道国甚至可能通过旨在使投资者合同中某些条款无效的法律，或者使合同被东道国政府单方面修改。借鉴20世

---

❶ DELOITTE. Stabilisation Clauses in International Petroleum Contracts Illusion or Safeguard? [EB/OL]. [2024-07-03]. https://www.deloitte.com/content/dam/Deloitte/ug/Documents/tax/tax_StabilisationClauses_2014.pdf: 10.

❷ CAMERON P D. Stabilization and the Impact of Changing Patterns of Energy Investment [J]. Journal of World Energy Law and Business, 2017(10): 389-403.

❸ CAMERON P D. Stabilization and the Impact of Changing Patterns of Energy Investment [J]. Journal of World Energy Law and Business, 2017(10): 389-403.

❹ 王楠.我国石油行业海外投资风险变化及应对[J].宏观经济管理，2020（7）：72-77.

国际投资法视域下的稳定性条款研究

纪国际石油公司的经验,矿业公司多年来一直试图通过在与东道国政府签订的长期投资协议中加入稳定性条款以管理法律变更的风险。❶

无形条款的业务范围可以追溯到具有开创性的勒那金矿有限公司诉苏维埃社会主义共和国联盟(以下简称"苏联")案(Lena Goldfields v. Soviet Union)❷,该案是律师在该领域提供咨询的重要参考。在这一著名的采矿案中,勒那金矿有限公司与苏联政府签订的特许经营协议第76条规定,苏联政府承诺,除非经勒那金矿有限公司同意,否则不得通过命令、法令或其他单方面行为对特许经营协议进行任何改动。❸

(二)从法律部门角度分析

稳定性条款涉及不同的行业部门和法律部门,有的稳定性条款适用范围比较广,而有的稳定性条款仅适用于东道国的某个或某些法律部门。

由于国际投资合同是东道国和外国投资者谈判的结果,因此其形态和合同术语不是绝对的。不同稳定性条款的用语差异很大,触发事件不同,所提供保护的性质和范围也不同。稳定性条款触发保护的事件包括法律内容的变更,或者现有法律适用范围的更广泛变更;其保护的性质和范围包括货币补偿、相关合同的补偿性修订。稳定性条款将要求东道国不要对该条款中涉及的领域改变其一般法律制度。❹税收是合同稳定性的主要威胁,是较常见的领域和关键问题

---

❶ LUTTREL S, MURPHY A. Stabilisation Provisions in Long-Term Mining Agreements [EB/OL]. (2019-07-31) [2024-06-20]. https://www.lexology.com/library/detail.aspx?g=ec1b0b7c-a4a1-4904-9b50-2d9ad11862eb.

❷ Lena Goldfields Co. Ltd. v. Union of Soviet Socialist Republics, Award, 2 September 1930.

❸ NUSSBAUM A. The Arbitration Between the Lena Goldfields Ltd. and the Soviet Government [J]. Cornell Law Review, 1950 (36): 31-53.

❹ DOLZER R, SCHREUER C. Principles of International Investment Law [M]. 2nd ed. Oxford: Oxford University Press, 2012.

52

第一章 稳定性条款概述

之一。❶ 谢尔盖·帕乌绍克、金色东方封闭式股份公司及东方石油天然气封闭式股份公司诉蒙古国案（Sergeu v. Mongolia）❷ 所适用的稳定性条款仅涉及蒙古国的税法，其规定国家与投资者为在一定程度上和一定时期内稳定或冻结投资者应缴纳的税款和（或）其他影响此类税款的立法、法规或行政措施而达成协议。劳工、自由转让、财产、进出口规定，甚至影响深远的一般性立法和合同框架，都是稳定性条款可能涵盖的其他潜在领域。❸ 近年来，稳定性条款也受到保护健康、环境、人权相关法律的明确限制。例如，《巴库—第比利斯—杰伊汉管道协议》(*Baku-Tbilisi-Ceyhan Pipeline Agreement*) 中的人权承诺涉及合同的稳定性条款，该条款规定东道国政府为履行任何国际人权条约、劳工或健康、安全、环境等义务合理地采取措施，对投资者的投资产生影响或者改变投资合同的经济平衡时，投资者不得根据经济均衡条款或其他类似规定寻求赔偿。❹

冻结所有法律的稳定性条款仅在项目位于东亚和太平洋、中东和北非及撒哈拉以南非洲大部分地区的合同或者投资者来自这些地区的投资合同中很常见。这种冻结条款在OECD成员国的项目中并不常见，OECD成员国签订的合同往往包含不同形式的经济均衡条款。❺

法律稳定性条款中经常使用的是税收稳定性条款。税收稳定性条款是一种

---

❶ CAMERON P D. Stabilization and the Impact of Changing Patterns of Energy Investment [J]. Journal of World Energy Law and Business, 2017(10): 389-403.

❷ Sergeu Paushok, CJSC Golden East Company and CJSC Vostokneftegaz Company v. The Government of Mongolia, Ad hoc/UNCITRAL, Award on Jurisdiction and Liability, 2011, para. 97.

❸ WOLFGANG P. Stabilization Clauses in State Contracts [J]. International Business Law Journal, 1998(8): 875-891.

❹ GEHNE K, BRILLOR. Stabilization Clauses in International Investment Law: Beyond Balancing and Fair and Equitable Treatment: Working Paper No. 2013/46 [R/OL]. [2024-07-03]. https://www.wti.org/media/filer_public/c7/83/c783ecf8-11cf-4e3c-88c4-6214f8f7b51e/stab_clauses_final_final.pdf.

❺ SHEMBERG A. Stabilization Clauses and Human Rights: A Research Project Conducted for IFC and the United Nations Special Representative of the Secretary-General on Business and Human Rights: IFC/SRSG Research Paper [R/OL]. (2009-05-27) [2024-07-03]. https://www.ifc.org/en/insights-reports/2000/publications-loe-stabilization--wci--1319577941106.

53

国际投资法视域下的稳定性条款研究

应对可能对项目的财务可行性产生不利影响的税收法律变更风险的机制。税收稳定性条款旨在使协议和基础项目的税收条款不受政府随后的任何立法或行政不利行为的影响。❶ 因此,在投资协议期间或投资者与东道国协商确定的其他期间,税收稳定性条款确保东道国法律在影响投资企业的经济和财务绩效的范围内保持不变。税收稳定性条款并不排除一国颁布新的立法,而是阻止该国对另一缔约方执行新的税收法规。稳定性条款在税收领域发挥了比任何其他法律领域都重要的作用。

当然,在特定合同中,投资者与东道国在稳定和征税问题上达成的最终平衡将取决于参与者的身份、项目的性质及有关国家的经济、法律和政治历史。但是,无论是投资者与东道国签订的合同中包含的税收稳定性条款,还是多年来国际仲裁庭对此类条款的解释和运用方式,都体现了税收稳定性条款的重要性。

东道国应遵守税收稳定性条款❷,税收稳定性条款在许多石油、天然气合同中得到了广泛的应用,其主要目的只是维持合同税收条款的现状,限制合同当事人在未经另一方同意的情况下作出改变合同法律的决定。考虑到油气田开发和勘探的敏感性,这些条款不仅有利于外国投资者的利益,而且有利于东道国的利益。主张税收稳定性条款可以在合同的整个有效期内冻结合同条款是不现实的,因为现在大多数合同都插入了一个调整条款,使双方能够真诚地重新谈判合同条款。❸

(三)从地域适用角度分析

发达国家提出了转型期国家存在法律不稳定的问题,主张其本国投资者与这些国家签订的投资契约纳入稳定性条款,但是并不认为其本国内存在缺乏稳

---

❶ MANIRUZZAMAN A F M. Some Reflections on Stabilization Techniques in International Petroleum, Gas and Mineral Agreements [J]. International Energy Law Taxation Review, 2005(4): 96.

❷ 崔晓静,陈镜先.《外商投资法》中的税收法律问题研究[J]. 中国法律评论,2020(3):197-206.

❸ THAIB W S. Tax Stabilization Clause in Oil and Gas Industry [J]. Advances in Economics, Business and Management Research, 2018(59): 360-362.

54

第一章 稳定性条款概述

定的问题。因此，稳定性条款主要在发展中国家的国内法或者其作为东道国签署的投资契约中规定。❶ 由于大部分国际投资契约不公开，所以统计约定稳定性条款的地域适用存在一定难度，但针对OECD成员国的研究在一定程度上可以说明发达国家和发展中国家对稳定性条款的态度。法定稳定性条款大多在非洲、中亚、拉丁美洲等地区的部分国家的国内法中规定。

联合国国际金融公司（International Finance Corporation，IFC）对稳定性条款研究后发现，OECD成员国很少同意在与外国投资者签订的合同中采用稳定性条款，因其国内宪法不允许前任政府缔结约束下一届政府的协议。❷ 发达市场经济体的政府认为，它们不受与外国投资者签订的合同的约束，因为这与它们的宪法框架相反。❸

虽然OECD的《跨国企业准则》❹和《联合国人权指南》❺不鼓励使用稳定性条款，但一些外国投资者继续寻求稳定性条款的保护，希望免受东道国国内法不可预测和代价高昂的变化的影响。❻ OECD成员国的投资合同通常不使用冻结条款，

---

❶ PEREIRA E G, STĂNESCU C, ZULHAFIZ W, et al. Host Granting Instrument Models: Why Do They Matter and for Whom [J]. Oil and Gas, Natural Resources, and Energy Journal, 2020, 6(1): 23-97.

❷ CAMERON P D. International Energy Investment Law: The Pursuit of Stability [M]. 2nd ed. Oxford: Oxford University Press, 2021: 17.

❸ UMIRDINOV A. The End of Hibernation of Stabilization Clause in Investment Arbitration: Reassessing Its Contribution to Sustainable Development [J]. Denver Journal of International Law and Policy, 2015(43): 455-487.

❹ Organisation for Economic Cooperation and Development, Guidelines for Multinational Enterprises, § II(A)(5).

❺ United Nations Human Rights Office of the High Commissioner. Principles for Responsible Contracts: Integrating the Management of Human Rights Risks Into State-Investor Contract Negotiations [R/OL]. [2024-07-03]. https://www.ohchr.org/sites/default/files/Documents/Publications/Principles_ResponsibleContracts_HR_PUB_15_1_EN.pdf.

❻ CORDES K Y, JOHNSON L, SZOKE-BURKE S, et al. Legal Frameworks & Foreign Investment: A Primer on Governments' Obligations [EB/OL]. [2024-07-03]. https://scholarship.law.columbia.edu/sustainable_investment_staffpubs/30.

国际投资法视域下的稳定性条款研究

而是用经济均衡条款解决特定监管风险。在 OECD 成员国之间签订的投资合同中，稳定性条款的范围通常仅限于歧视性法规，并且可能不包括涉及公共利益的法规，如环境法规、社会法规等。相反，OECD 成员国与其非成员国签订的合同涵盖所有监管变化的全面经济均衡条款，无论其具有歧视性效果或善意动机。❶

有的发展中国家非常拒绝使用稳定性条款。例如，印度的外国投资管理方式是从双边投资协定（Bilateral Investment Treaties，BITs）中排除保护伞条款及不主张在投资合同中使用稳定性条款。❷

第三节 稳定性条款的效力

国际社会对稳定性条款效力的争论由来已久，至今仍无统一的意见。本部分对稳定性条款效力的分析主要集中在国际学说上。对稳定性条款效力的探讨主要集中在"无效说"与"有效说"之间的争论，我国学者提出"限制有效说"❸。近年来，国际法学者结合可持续发展理念，对稳定性条款的效力进行了新的研究。

一、有效说及其依据

（一）主权限制论

有的学者主张，东道国可以根据本国公法框架签订国际投资合同，放弃行

---

❶ GEHNE K, BRILLOR. Stabilization Clauses in International Investment Law: Beyond Balancing and Fair and Equitable Treatment: Working Paper No. 2013/46 [R/OL]. [2024-07-03]. https://www.wti.org/media/filer_public/c7/83/c783ecf8-11cf-4e3c-88c4-6214f8f7b51e/stab_clauses_final_final.pdf.

❷ SINGH K. An Analysis of India's New Model Bilateral Investment Treaty [M]//SINGH K, IGLE B. Rethinking Bilateral Investment Treaties: Critical Issues and Policy Choices. New Delhi: KS Designers, 2016: 81-100.

❸ 刘素霞. 国际能源投资合同稳定性条款研究 [M]. 北京：中国社会科学出版社，2018：165.

56

第一章 稳定性条款概述

使其他公法特权。因此，东道国通过承担稳定性条款的合同义务，给予合同的私人缔约方某些立法豁免。❶ 东道国在与外国投资者签订的投资契约中纳入稳定性条款以稳定投资契约适用的国内法，实际上是一种对本国国家主权的自我限制。正如德士古公司等诉利比亚案仲裁庭指出的那样，被申请人利比亚通过在特许经营协议中纳入稳定性条款的方式约束其主权行使，并授予申请人不可收回的权利，这并非利比亚对主权的放弃，而是行使主权的一种方式，因此本案中的稳定性条款有效。❷

自然资源永久主权并非国际强行法规则，或者不能适用于国家契约。❸ 有的学者否认自然资源永久主权的国际强行法性质，但不能因稳定性条款限制了东道国的经济主权而主张稳定性条款无效。虽然有的学者不否认自然资源永久主权的国际强行法地位，但也不主张依据自然资源永久主权原则否定稳定性条款的效力。❹

多数国际投资仲裁裁决的一致观点是，不能只基于国家主权就宣布稳定性条款无效。联合国大会决议也委婉地放弃了主权论点。联合国大会关于自然资源永久主权的决议❺或《各国经济权利和义务宪章》均未包含任何暗示一国在行使主权时可放弃自愿作出的合同承诺的语言，而是明确要求各国真诚遵守为开

---

❶ FARUQUE A A. Validity and Efficacy of Stabilisation Clauses: Legal Protection vs. Functional Value [J]. Journal of International Arbitration, 2006, 23(4): 317-336.

❷ Texas Overseas Petroleum Co.v. Lybian Arab Republic, 53 ILR389, 1977: 476-477.

❸ 肯尼迪·加斯顿，梁雯雯.自然资源永久主权与外资法：21世纪的新关系 [J].武大国际法评论，2019，3（3）：1-30.

❹ 杨卫东，郭堃.国家契约中稳定条款的法律效力认定及强制性法律规范建构 [J].清华法学，2010，4（5）：118-127.

❺ United Nations General Assembly-Seventeenth Session. General Assembly Resolution 1803 (XVII): Permanent Sovereignty over Natural Resources: U.N. Doc. A/5217 (1962) [R/OL]. (1962-12-14) [2024-07-03]. https://documents.un.org/doc/resolution/gen/nr0/193/11/pdf/United Nations General Assembly-Seventeenth Sessionnr019311.pdf.

57

国际投资法视域下的稳定性条款研究

发自然资源而签订的外国投资合同。❶对自然资源的永久主权不应被理解为给予国家不受限制的权力；国家始终受到诚信原则的限制，应尊重其他国家根据国际法享有的权利，不造成跨界污染及承担利用对自然资源的永久主权造福其人民的义务。❷

（二）契约必守原则

契约必守原则（The Doctrine of Pacts Aunt Servanda）规定出现在国际公约中，《维也纳条约法公约》（*Vienna Convention on the Law of Treaties*，VCLT）第26条规定："凡有效之条约对其各当事国有拘束力，必须由各国善意履行。"合同需要遵守契约原则，任何合同都应被各缔约方善意地履行。❸契约必守原则不是过分刻板、形式主义的原则，也不意味着无论在任何情况下及承诺的内容如何，对国家运作或生存的影响有多么严重，国家都必须严格遵守其向投资者作出的承诺。契约必守原则必须在所有案件中都适用是错误的。没有合同法是绝对的，没有法律原则是无条件适用的。❹如果承诺依据国际法推进国际经济合作，则一国在行使自然资源永久主权权利时也会因贸易、投资、环境等各项国际条约义务而自愿限制这一权利，这是由"条约必须遵守"这一国际法最高规范决定的。❺

---

❶ FARUQUE A A. Validity and Efficacy of Stabilisation Clauses: Legal Protection vs. Functional Value [J]. Journal of International Arbitration, 2006, 23(4): 317-336.

❷ PERREZ F X. Cooperative Sovereignty: From Independence to Interdependence in the Structure of International Environmental Law [M]. Hague: Kluwer Law International, 2000: 97-107.

❸ THAIB W S. Tax Stabilization Clause in Oil and Gas Industry [J]. Advances in Economics, Business and Management Research, 2018(59): 360-362.

❹ YACKEE J W. Pacta Sunt Servanda and State Promises to Foreign Investors Before Bilateral Investment Treaties: Myth and Reality [J]. Fordham International Law Journal, 2008, 32(5): 1550-1613.

❺ 龚向前.发展权视角下自然资源永久主权原则新探[J].中国地质大学学报（社会科学版），2014，14（2）：66-74，139.

第一章　稳定性条款概述

由于稳定性条款是在缔约双方自愿同意的情况下订立的，因此双方必须将其视为有效的承诺。此外，禁止反悔原则不允许一国否定其自愿采取的、外国投资者所依赖的立场。❶ 关于稳定性条款有效性的另一个论点是，即使在制定对自然资源永久主权原则后，各国仍将其纳入国际投资合同。这说明自然资源永久主权原则与契约必守原则之间没有矛盾，而是可以共存的。❷

二、无效说及其依据

（一）经济主权论

20 世纪 40 年代末，国际投资协定大多为保护外国投资者规定了严格的投资保护措施，发展中国家担心这些规则会剥夺它们对本国自然资源的控制权，因此坚持享有对外国投资实施征收的权力，发达国家对此表示反对。❸ 1945 年至 1990 年，新独立的国家追求摆脱殖民统治，不仅寻求政治独立，而且寻求经济独立，试图最大程度控制自己的自然资源，因此提出了对自然资源永久主权的理论。这是新独立国家从中获得将外国资产国有化的权利的原则。❹

国家对自然资源的永久主权原则在 1962 年联合国大会第 1803 号决议通过的《关于自然资源之永久主权宣言》中被提出。根据该原则要求，东道国应为

---

❶ FARUQUE A A. Validity and Efficacy of Stabilisation Clauses: Legal Protection vs. Functional Value [J]. Journal of International Arbitration, 2006, 23(4): 317-336.

❷ FARUQUE A A. Validity and Efficacy of Stabilisation Clauses: Legal Protection vs. Functional Value [J]. Journal of International Arbitration, 2006, 23(4): 317-336.

❸ 杨卫东，郭堃. 国家契约中稳定条款的法律效力认定及强制性法律规范建构 [J]. 清华法学，2010，4（5）：118-127.

❹ NG'AMBI P S, CHISANGA K M G. International Investment Law and Gender Equality: Stabilization Clauses and Foreign Investment [M]. London: Routledge, 2021: 2.

59

了本国的发展和本国人民的福祉行使主权。❶虽然其法律地位仍被少数学者怀疑，但许多国际法律文件纳入自然资源永久主权原则，如 80 多项联合国大会决议、国际条约、仲裁报告，其已逐步发展为被普遍认为是习惯法的原则。❷自然资源永久主权原则是各国不能通过契约形式排除的国际强行法规则。❸

在与外国投资者发生争端时，许多发展中国家借此主张稳定性条款无效，因为自然资源永久主权原则具有强制法的性质，这是一种习惯规范，不能减损。❹反对稳定性条款有效性的另一个论点是稳定性条款限制了国家主权，也限制了国家立法权，导致权力平衡转移给私人投资者，损害了国家利益。在涉及压倒一切的公共利益的特殊情况下，一国可以无视此类自愿合同承诺，但该国必须非歧视、善意地行事。❺

（二）越权论

越权论（Ultra Vires）主张，立法权是国家立法机构的专属权力，若其未事先授权或事后追认，则政府或其他国家实体处分立法权的行为无效，因此东道国与外国投资者在国际投资合同中签订的稳定性条款构成越权和违宪，自始无效。❻稳定性条款不得与任何宪法和立法要求相抵触，与国内法相抵触的稳

---

❶ United Nations General Assembly-Seventeenth Session. General Assembly Resolution 1803 (XVII): Permanent Sovereignty over Natural Resources: U.N. Doc. A/5217 (1962) [R/OL]. (1962-12-14) [2024-07-03]. https://documents.un.org/doc/resolution/gen/nr0/193/11/pdf/United Nations General AssemblySeventeenth Sessionnr019311.pdf.

❷ 龚向前. 发展权视角下自然资源永久主权原则新探 [J]. 中国地质大学学报（社会科学版），2014，14（2）：66-74，139.

❸ SORNARAJAH M. The Settlement of Foreign Investment Disputes [M]. Hague: Kluwer Law International, 2000: 210.

❹ FARUQUE A A. Validity and Efficacy of Stabilisation Clauses: Legal Protection vs. Functional Value [J]. Journal of International Arbitration, 2006, 23(4): 317-336.

❺ FARUQUE A A. Validity and Efficacy of Stabilisation Clauses: Legal Protection vs. Functional Value [J]. Journal of International Arbitration, 2006, 23(4): 317-336.

❻ SORNARAJAH M. The Settlement of Foreign Investment Disputes [M]. Hague: Kluwer Law International, 2000: 210.

第一章　稳定性条款概述

定性条款不能获得国际法的保护。❶

在立陶宛恢复独立及随后石油供应中断后，立陶宛在苏联时期建造的炼油厂遇到运营困难，立陶宛政府迫切希望为其找到西方战略投资者以维持运营，并授予外国投资者一些特殊权利和豁免，整个交易在当地居民中极不受欢迎。议会反对派成员在立陶宛宪法法院对立陶宛政府授予外国投资者的特权和豁免的合宪性提出质疑，尤其是《立陶宛共和国关于"布廷格斯油库""马热基亚伊油库"和"输油管道"股份公司重组的法律》(Republic of Lithuania's Law on the Reorganisation of the Joint-Stock Companies "Būtinges Nafta" "Mažeikiu Nafta" and "Naftotiekis"，以下简称《立陶宛重组法》）第3条第4款的规定是否违反《立陶宛共和国宪法》。❷ 立陶宛宪法法院认为，只有议会才能通过关于国家基本财产责任的决定，且宪法法院早先的判决已指出分权原则使政府无法就国家责任作出决定，而国家责任是议会的专属权限。因此，宪法法院得出结论，《立陶宛重组法》第3条第4款违反了《立陶宛共和国宪法》第128条第1款及第5条第1款规定的分权原则。❸

此外，立陶宛宪法法院指出，立陶宛政府给予外国投资者的特权和豁免，允许政府由国家预算承担赔偿外国投资者损失的义务，即使这种损失可能是因立陶宛共和国法律的变化，包括试图执行宪法的规范而造成的。《立陶宛共和国宪法》第46条规定，国家应规范经济活动，以服务于一般福利及宪法规定的法治原则。因此，立陶宛宪法法院得出结论，宪法的执行不得受到任何条件的阻碍，授予稳定性条款的法律与宪法第4条、第46条冲突，稳定性条

---

❶ DIAS D. Stability in International Contracts for Hydrocarbons Exploration and Some of the Associated General Principles of Law: From Myth to Reality [J/OL]. Oil, Gas and Energy Law, 2010, 8(4) [2024-07-03]. https://www.ogel.org/article.asp?key=3053#citation.

❷ MARTINKUTE I. Constitutional Validity of Stabilisation Clause: Experience of Lithuania [EB/OL]. (2015-10-06) [2024-06-20]. https://www.linkedin.com/pulse/constitutional-validity-stabilisation-clause-inga-martinkute.

❸ The Constitutional Court of the Republic of Lithuania Ruling of 18 October, 2000: 31-32.

61

款无效。❶

然而立陶宛宪法法院回避了主权国家为何不能承诺赔偿投资者因法律变更而造成的损失的哲学和概念分析，其所依据的宪法原则如此笼统，以至于可以得出任何结论。试图引入稳定性条款的法律或投资契约违背了立陶宛宪法法院法官的正义感和公平感，公众对外国投资者享有不公平特权的强烈抗议可能在宪法法院法官的推理和态度中起到了一定的作用。立陶宛宪法法院选择了最简单的方式，完全否定经济平衡稳定性条款。❷

（三）情势变迁论

情势变更原则（The Doctrine of Rebus Sic Stantibus）是对契约必守原则的折中调和。若订立国际条约或投资契约的客观事实发生了无法且不可预见的根本变化，条约关系或契约关系出现重大失衡，则各当事方有权调整甚至终止条约关系或合同关系。有的学者认为，稳定性条款不能在发生情势变更时继续约束东道国行使立法权，因此该条款自始无效。❸

在一定程度上，情势变更原则是对自然资源永久主权的补充。东道国在其领土内修改法律是其固有的、不可剥夺的权力。外国投资者在东道国领土内勘探、开发自然资源时，东道国对其领土内的自然资源享有永久主权，也有权变更其领土内的法律。该原则在如今的实践中已获得重要依据。❹

---

❶ MARTINKUTE I. Constitutional Validity of Stabilisation Clause: Experience of Lithuania [EB/OL]. (2015-10-06) [2024-06-20]. https://www.linkedin.com/pulse/constitutional-validity-stabilisation-clause-inga-martinkute.

❷ MARTINKUTE I. Constitutional Validity of Stabilisation Clause: Experience of Lithuania [EB/OL]. (2015-10-06) [2024-06-20]. https://www.linkedin.com/pulse/constitutional-validity-stabilisation-clause-inga-martinkute.

❸ 杨卫东，郭堃. 国家契约中稳定条款的法律效力认定及强制性法律规范建构 [J]. 清华法学，2010，4（5）：118-127.

❹ THAIB W S. Tax Stabilization Clause in Oil and Gas Industry [J]. Advances in Economics, Business and Management Research, 2018(59): 360-362.

第一章　稳定性条款概述

笔者认为，不应置疑稳定性条款的效力，而应增加稳定性条款的触发条件和效用。如果稳定性条款是非永久性的并可撤销，而且不会过多地限制国家主权，稳定性条款就会被广泛接受。需要限制稳定性条款的有效期限。然而根据阿莫科公司诉伊朗案仲裁庭的裁决，长达35年的稳定性条款是对国家主权的永久性限制。❶国际投资仲裁庭在双方自愿同意的情况下以积极的方式对待稳定性条款。❷

稳定性条款只有与国际法的强制性规范兼容时，才能在国际法下有效。许多评论员历来认为，稳定性条款在国际法下是无效的，因为国际法规范规定，国家对其无法外包的自然资源拥有永久主权。但是，近年来，仲裁庭越来越认为稳定性条款是有效的。如今流行的观点是，稳定性条款不会限制国家的主权。相反，一国同意受稳定性条款约束的协议被视为对该国主权的有效行使。

第四节　稳定性条款的效用

稳定性条款的效用涉及保护外国投资者的合法利益与尊重东道国规制权之间的平衡。下面从预期效用和各类稳定性条款的具体效用两个方面分析，还将探讨稳定性条款对绿色国际投资的影响。

一、稳定性条款的预期效用

来自新兴经济体的东道国坚定地认为，稳定性条款可能会阻碍其立法主权

---

❶ Amoco International Finance Corporation v. The Government of the Islamic Republic of Iran, National Iranian Oil Company, National Petrochemical Company and Kharg Chemical Company Limited, IUSCT Case No. 56, Partial Award No. 310-56-3, 14 July 1987, para. 163.

❷ DOLZER R, SCHREUER C. Principles of International Investment Law [M]. 2nd ed. Oxford: Oxford University Press, 2012: 75.

63

和对自然资源的永久主权，但它们在与外国投资者签订的投资合同中纳入了稳定性条款。❶ 冻结条款还受到部分社会学家的批评，被指责可能破坏东道国根据国际人权法履行其人权义务的意愿和能力，特别是在健康与安全、劳动和就业及文化遗产和环境保护方面。❷

稳定性条款并非仅对外国投资者有利。从投资者的角度来看，稳定性条款成为一种风险缓解工具，可以保护外国投资免受诸如国有化、征收或过时讨价还价等主权风险的影响，避免东道国因情况变化对投资者施加新的要求。这些条款也可能旨在使投资者与环境和社会立法隔离，对投资者来说具有越来越重要的经济意义。但是，有的东道国已将稳定性条款视为促进有利投资环境的一种方式❸，也可以从稳定性条款的使用中受益。❹

稳定性条款增加了投资的确定性和可预测性，这是长期投资项目成功的关键因素。例如，石油开采是资本密集型项目，收回投资所需的时间比大多数行业要长得多。投资回报还可能受到服务合同类型的影响。❺ 东道国法律后续的任何更改都可能会极大地改变项目的经济性。限制东道国单方面修改法律的立法特权，可以提高项目收益的确定性和可预测性。❻

---

❶ DELOITTE. Stabilisation Clauses in International Petroleum Contracts Illusion or Safeguard? [EB/OL]. [2024-07-03]. https://www.deloitte.com/content/dam/Deloitte/ug/Documents/tax/tax_StabilisationClauses_2014.pdf: 8.

❷ CAMERON P D. International Energy Investment Law: The Pursuit of Stability [M]. 2nd ed. Oxford: Oxford University Press, 2021: 23.

❸ CAMERON P D. International Energy Investment Law: The Pursuit of Stability [M]. 2nd ed. Oxford: Oxford University Press, 2021: 23.

❹ THAIB W S. Tax Stabilization Clause in Oil and Gas Industry [J]. Advances in Economics, Business and Management Research, 2018(59): 360-362.

❺ 戚凯. 中国对伊拉克石油投资的风险分析 [J]. 阿拉伯世界研究，2017（3）：86-103.

❻ DELOITTE. Stabilisation Clauses in International Petroleum Contracts Illusion or Safeguard? [EB/OL]. [2024-07-03]. https://www.deloitte.com/content/dam/Deloitte/ug/Documents/tax/tax_StabilisationClauses_2014.pdf: 8.

第一章　稳定性条款概述

虽然面临国际社会各方的不少批评，但是稳定性条款仍继续在采掘业中发挥重要作用，因为该类条款可以使外国投资者避免政治风险，并赋予外国投资者法律的确定性，这两方面原因共同促进了外国投资者对资源国的石油勘探、开发投资，特别是在发展中国家。有的观点认为，稳定性条款可以促进外国对国际能源部门的投资。20世纪80年代后期，许多发展中国家寻求更多的外国投资参与其采掘业。❶发展中国家逆转了许多贸易保护主义政策，急于改革财政法律，并提供包括稳定措施在内的激励措施，以吸引外国投资。❷

对于项目的其他利益相关者，如贷款人，稳定性条款是投资项目可融资性的一个基本要素，特别是在新兴市场，贷款人认为稳定性条款至少有助于协议财政条款的稳定。❸通过在相关协议中加入稳定性条款，尤其是在新兴市场中，由项目融资资助的许多石油开采企业在有限追索权下的可偿还性也得到增强。在某些情况下，国际银行家、金融家在为项目提供资金之前坚持要求在投资协议中加入稳定性条款，认为稳定性条款有利于抵制可能会侵吞项目收益、最终损害其偿还债务能力的立法或行政行为。❹

学者对税收稳定性条款是否限制东道国颁布法律等问题展开讨论。这些问

---

❶ 王国军，王德宝.我国海外投资保险制度优化研究——基于政治风险防控的视角[J].金融与经济，2016（6）：77-82.

❷ DELOITTE. Stabilisation Clauses in International Petroleum Contracts Illusion or Safeguard? [EB/OL]. [2024-07-03]. https://www.deloitte.com/content/dam/Deloitte/ug/Documents/tax/tax_StabilisationClauses_2014.pdf: 8.

❸ SHEMBERG A. Stabilization Clauses and Human Rights: A Research Project Conducted for IFC and the United Nations Special Representative of the Secretary-General on Business and Human Rights: IFC/SRSG Research Paper [R/OL]. (2009-05-27) [2024-07-03]. https://www.ifc.org/en/insights-reports/2000/publications-loe-stabilization--wci--1319577941106.

❹ DELOITTE. Stabilisation Clauses in International Petroleum Contracts Illusion or Safeguard? [EB/OL]. [2024-07-03]. https://www.deloitte.com/content/dam/Deloitte/ug/Documents/tax/tax_StabilisationClauses_2014.pdf: 8.

题主要存在于石油生产国，无论是发达国家还是发展中国家。有的学者认为，税收稳定性条款不会限制东道国执行新法，因为这是东道国的固有主权。合同条款也不是一成不变的，因为双方都可以在合同有效期内随时同意更改合同的某些条款。但是，稳定性条款对东道国具有约束力。作为主权国家，东道国也不能不考虑外国投资者的利益并获得他们的同意就颁布新的立法。❶

基于合同神圣性原则的稳定对石油和天然气公司与政府的谈判尤为重要。❷原则上，特许经营协议可以确保在相互约束的安排中纳入稳定性条款。如果东道国政府试图单方面改变特许权的规定，就希望能在合同的稳定性方面进行适当的弱化。同样，当公司不可避免地要求改变特许权时，政府也可以提出纳入稳定性条款的论点，尽管这种可能性在实践中很少出现。❸

二、不同类型稳定性条款的效用

稳定性条款的效用在很大程度上取决于该条款的形式。稳定性条款保证了合同基本条款的稳定性，这些条款与投资者的投资回报有关，如劳动立法、公司治理、外汇管制条例等。稳定性条款禁止东道国对外国投资的征用或国有化，保留双方最初商定的合同条款和条件，而不是任何一方对合同进行修改。因此，根据国内法和国际法，东道国将石油项目国有化或没收，或单方面更改或终止载有稳定性条款的合同，应被视为非法行为。❹

---

❶ THAIB W S. Tax Stabilization Clause in Oil and Gas Industry [J]. Advances in Economics, Business and Management Research, 2018(59): 360-362.

❷ 周亚光. 论再谈判条款对国际能源合同非稳定性之保障 [J]. 理论与现代化，2013（6）：84-90.

❸ STĂNESCU C G, PEREIRA E G, KOENCK A. Petroleum Concessions, Licenses and Leases: "Same-Same but Different"? [J]. LSU Journal of Energy Law and Resources, 2020, 8(1): 95-125.

❹ SALIH M S, YAMULKI A. Stabilisation and Renegotiation Clauses in Iraqi Kurdistan Oil and Gas Contracts: A Comparative Study [J]. Journal of Law, Policy and Globalization, 2020 (100): 101-117.

（一）冻结条款的效用

严格意义的稳定性条款的效用在于其能否将投资合同的法律性质改为"飞地"（enclave status），或者东道国对投资项目的国有化或征用及单方面变更或终止载有稳定性条款的合同的行为是否应被视为非法。

严格意义的稳定性条款能否禁止东道国对外国投资国有化或征用尚无定论。一种基于"有约必守"的极端解释认为，稳定性条款禁止一国以其他方式合法国有化。因此，违反稳定性条款将外国投资项目国有化是一种不法行为，除非东道国的情况发生了根本变化。这一观点得到了德士古公司等诉利比亚仲裁案的支持，该案仲裁庭指出，被申请人采取的国有化措施是对稳定性条款的违反，构成国际法规定的非法行为。❶ 然而有的仲裁庭认为国有化始终是合法行为，稳定性条款不能取消一国根据国际法实行国有化的权利。

虽然无形条款限制了东道国更改投资合同条款的行政能力，但隐含地允许为了当事方的更大利益，经双方同意，对合同条款的更改作出调整。违反无形条款将被视为违约，因此违约方必须向受影响的一方支付赔偿金。但是，权利和义务的范围包括因这种违约行为而产生的赔偿金，一般由仲裁庭根据当事各方的意图、单方面变更的合同条款和条件及迫使该缔约方做出这种改变的情况确定。

由于稳定性条款不能阻止东道国为压倒一切的公共目的行使其不可剥夺的立法权力，因此有的观点认为东道国违反冻结条款的主要法律后果是向外国投资者支付赔偿。无论是与东道国政府还是与东道国国有企业订立合同，这一主张都同样适用。具体履行或恢复原状是违反冻结条款的适当补救措施。由于违反冻结条款的适当补救措施是对所遭受的实际损失进行赔偿，包括利润损失、预期收益等，因此在实践中赔偿金存在不确定性。

冻结条款旨在冻结适用法律，但并不总是保护外国投资者的利益，特别是

---

❶ Texaco Overseas Petroleum Co. and California Asiatic Oil Company v. Libya, Arbitrage Ad Hoc, Sentence Arbitrale Au Fond, 19 January 1977, para. 62.

当东道国通过有利于外国投资者的立法时。在这种情况下，严格意义的稳定性条款可能会损害外国投资者的利益，而更倾向于保护东道国的利益。

（二）经济均衡条款的效用

经济均衡条款本质上是补救性的，它侧重于赔偿东道国立法的经济后果，而不是阻止立法的实施，寻求向受影响的外国投资者提供适当的补偿，从而重新调整合同关系，以免东道国法律或政策的变更给外国投资者造成损失。❶ 经济均衡条款越来越受欢迎，这是因为它们的限制性做法，以及它们试图在国家立法自由的相互冲突的权利与私人投资者的合理期待之间达成妥协。虽然经济均衡条款并不一定排除新法规改变合同适用法律的可能性，但旨在弥补此类法规的负面影响。

经济均衡条款的主要目的是确保合同订立时所设想的经济平衡。这种均衡是基于各种因素的，包括合同中术语本身的定义、周围环境及当事人在合同关系中自愿作出的任何调整。后续立法对合同经济均衡的影响可以通过赔偿金或其他公平解决办法减轻，包括双方同意的对合同条款的修改。❷

经济均衡条款是一种更为灵活的手段，体现了国家行使立法和监管的权力，以及通过调整合同关系、提供补偿的方式实现可行性和持续性之间的妥协。这种灵活性也是其在许多发展中国家和转型期经济体中日益流行的原因。此外，有的经济均衡条款试图阻止制定可能对合同经济平衡产生不利影响的法规。如何评估新监管的经济影响是一个微妙的问题。在这方面，可以建议使用合同的经济均衡标准评估新法规的负面影响，从而避免根据国际法确定赔偿的复杂过程，并帮助当事人避免诉诸昂贵的仲裁。❸

---

❶ 朱伟东. "一带一路"背景下中阿投资争议的解决途径 [J]. 西亚非洲，2018（3）：3-22.

❷ FARUQUE A A. Validity and Efficacy of Stabilisation Clauses: Legal Protection vs. Functional Value [J]. Journal of International Arbitration, 2006, 23(4): 317-336.

❸ FARUQUE A A. Validity and Efficacy of Stabilisation Clauses: Legal Protection vs. Functional Value [J]. Journal of International Arbitration, 2006, 23(4): 317-336.

三、稳定性条款对绿色国际投资的影响

如果制定不当，稳定性条款可能会限制东道国改善社会或环境标准的能力。许多投资协议的期限很长，而多数国家目前的社会和环境保障措施还有欠缺。可持续发展所需的经济、社会和环境因素之间的平衡不断发展，如随着社会需求和敏感性的变化，发现新的危害或发明可以更有效地减轻社会、环境风险的新技术。对正在进行的投资可能产生不利影响的法律变更的例子包括碳税以应对气候变化、禁止使用有害化学物质、对土地征用或通过磋商提出更严格的要求。在公共财政紧张的情况下，东道国仍然有义务向投资者赔偿因这些措施造成的损失，这将导致东道国政府很难采取保护人或环境所需的行动。❶

稳定性是应对政治风险的重要手段，在绿色国际投资中稳定性条款发挥作用的前提之一是绿色国际投资中政治风险突出。毫无疑问，政治风险是可再生能源投资的主要障碍。❷ 金融风险是可再生能源行业高管关注的首要问题，但是政治风险或改变可再生能源公共政策的监管风险紧随其后。当前，可再生能源投资领域的激励机制是导致政治风险的重要原因，而外国投资者严重依赖激励机制。东道国采用的主要激励机制是固定电价（Feed-In-Tariffs, FITs）制度，该制度可确保可再生能源生产商在固定时期内获得固定的能源价格，旨在降低投资者的财务风险，并且确实提供了更高的安全性，但并非旨在避免政治风险。塔卢斯教授（Professor Talus）认为，实际上依靠补贴使能源投资者特别容

---

❶ COTULA L. Rethinking Investor-State Contracts Through a Sustainable Development Lens [EB/OL]. (2011-10-07) [2024-06-20]. https://www.iisd.org/itn/en/2011/10/07/rethinking-investor-state-contracts-through-a-sustainable-development-lens/.

❷ 郭朝先，刘芳．"一带一路"产能合作新进展与高质量发展研究 [J]. 经济与管理，2020，34（3）：27-34.

易受到政策变化的影响❶，政府的变动或意外的费用上涨会破坏对投资计划的支持。此外，正如莉亚·斯托克斯（Leah Stokes）指出的那样，与其他政府补贴（如化石燃料补贴）不同，固定电价制度非常引人注目，因此在一个国家的财政状况恶化时更容易成为目标❷，这是全球金融危机之后在欧洲几个国家发生的情况。在其他国家，如澳大利亚，可再生能源的投资环境也不稳定。❸

但是，这种特定种类的政治风险正越来越少地成为可再生能源的障碍。可再生能源的成本最终将低于传统发电的价格，一旦达到这个临界点，固定电价制度将不再被需要。❹ 2015 年，几种可再生技术已经达到了临界点。最近的许多报告表明，在世界某些地区，陆上风能现在可以竞争性地提供电力，而无须用化石燃料发电。❺ 通常被认为是最昂贵的可再生能源形式的太阳能光伏技术正迅速赶上风电技术。虽然像固定电价制度这样的激励计划发挥了重要作用，但对于创建可再生能源投资的商业案例而言它们变得越来越不必要。当该部门不再需要政府支持时，作为防止补贴变动的保护措施就将烟消云散。❻

---

❶ TALUS K. Introduction-Renewable Energy Disputes in the Europe and Beyond: An Overview of Current Cases [J/OL]. Transnational Dispute Management, 2015, 13(3) [2024-07-03]. https://www.transnational-dispute-management.com/article.asp?key=2215.

❷ STOKES L C. The Politics of Renewable Energy Policies: The Case of Feed-In-Tariffs in Ontario, Canada [J]. Energy Policy, 2013(56): 490-500.

❸ TIENHAARA K. Does the Green Economy Need Investor-State Dispute Settlement? [EB/OL]. (2015-11-28) [2024-06-20]. https://www.iisd.org/itn/en/2015/1/28/does-the-green-economy-need-investor-state-dispute-settlement/.

❹ MENDONCA M, JACOBS D, SOVACOOL K B. Powering the Green Economy: The Feed-In Tariff Handbook [M]. London: Earthscan, 2010: xxiii.

❺ International Renewable Energy Agency. Renewable Power Generation Costs in 2014 [R/OL]. [2024-06-20]. https://www.irena.org/-/media/Files/IRENA/Agency/Publication/2015/IRENA_RE_Power_Costs_2014_report.pdf.

❻ TIENHAARA K. Does the Green Economy Need Investor-State Dispute Settlement? [EB/OL]. (2015-11-28) [2024-06-20]. https://www.iisd.org/itn/en/2015/1/28/does-the-green-economy-need-investor-state-dispute-settlement/.

第一章 稳定性条款概述

稳定性条款是应对政治风险的有效对策的假设基于这样的观念,即稳定性条款既可以起到威慑东道国的作用,又可以为投资者提供保险。如果国家在进行投资后改变了"游戏规则",则投资者可以依据稳定性条款通过 ISDS 寻求货币补偿。从绿色经济的角度来看,威慑无疑更为重要。❶

本章小结

稳定性条款是一种风险管理工具,尤其是能源、采掘业、基础设施或公共服务行业的中长期资本密集型项目。稳定性条款随着外国投资热潮的兴起被更多采用,因东道国对自身规制权的重视而备受争议并不断演进。从来源看,稳定性条款可以分为约定稳定性条款和法定稳定性条款。从类型看,稳定性条款可以分为冻结条款、经济均衡条款和混合条款。国际社会对稳定性条款效力的争论由来已久,至今仍无统一的意见,相关观点主要有无效说和有效说。稳定性条款的效用涉及保护外国投资者的合法利益和尊重东道国规制权能否平衡。随着可持续发展理念对国际投资影响的深入,绿色国际投资兴起,稳定性条款似乎对绿色国际投资起到阻碍作用,因此稳定性条款需要"绿色化"以在保护外国投资者利益和尊重东道国规制权之间寻求平衡,从而适应可持续发展。

---

❶ TIENHAARA K. Does the Green Economy Need Investor-State Dispute Settlement? [EB/OL]. (2015-11-28) [2024-06-20]. https://www.iisd.org/itn/en/2015/1/28/does-the-green-economy-need-investor-state-dispute-settlement/.

第二章　国内法视角下的稳定性条款

　　本章章名之所以写为"国内法视角",是因为本章第一节讨论法定稳定性条款的适用情况,并介绍典型国家法定稳定性条款的有关规定,这些分析主要依据东道国的国内法。此外,对稳定性条款的法律效力和效用进行分析时,需要考虑其来源是立法还是投资契约,并考虑它们的准据法。[1]说到准据法,不可避免地会涉及国内法。与法律规定不同,投资契约是当事人协商一致的结果,而许多法律规定对当事人具有强制约束力。第二节探讨国内法对约定稳定性条款效力的影响。就法定稳定性条款而言,东道国国内法是影响其效力的关键因素。在某些情况下,法定稳定性条款的效力还受国际法要素的影响,将在第三章中涉及。确定准据法是约定稳定性条款经常遇到的问题,尤其是如今合同通常可以通过数种方式确定管辖法律。投资契约的管辖法律不仅可能是东道国国内法或者国际法,而且可能是二者的结合。适用于投资契约的准据法的确定及其对所载约定稳定性条款的影响,引发了关于约定稳定性条款法律地位的许多争论。第三节分析稳定性条款与东道国规制权之间的冲突,这一问题在各国追求可持续发展的今天日益凸显,这也是稳定性条款绿色化的动因之一。

---

[1] GJUZI J. Stabilization Clauses in International Investment Law: A Sustainable Development Approach [M]. Cham: Springer International Publishing, 2018: 183.

第二章 国内法视角下的稳定性条款

第一节 法定稳定性条款的国内法规制

本节分析法定稳定性条款的适用情况,并详细分析典型国家的适用情况。这些国家,有的长期在其国内法中规定了稳定性条款,有的通过立法改革纳入稳定性条款。近年来,俄罗斯和蒙古国对法定稳定性条款进行了改革,使其更加符合可持续发展的要求,并保障东道国规制权的行使。

一、法定稳定性条款的适用情况

许多国家在其国内法律中规定了稳定性条款❶,尤其是发展中国家。通过在外商投资法、外商投资法案或合资企业法❷中建立外商投资适用的特殊法律制度,东道国明确了允许外国投资的类型及可能获得的激励措施。笔者分析了联合国贸易和发展会议的投资政策中心(Investment Policy Hub)官网公示的100多个国家的投资法,其中1992年《阿塞拜疆共和国外国投资保护法》❸、1996年《乌克兰外国投资制度法》❹、1997年《密克罗尼西亚联邦外国投资保护法》❺、2012年《马里共和国投资法典》❻、2013年《蒙古国投资法》❼、

---

❶ MANIRUZZAMAN A F M. National Laws Providing for Stability of International Investment Contracts: A Comparative Perspective [J]. Journal of World Investment and Trade, 2007, 8(2): 233-241.

❷ 本书将不同国家规制外国投资或者外商投资的国内法统称为"外资法",外资法包括但不限于此处所提及的外商投资法、外商投资法案或合资企业法。

❸ Law on the Protection of Foreign Investments of the Azerbaijan Republic (1992), Article 10.

❹ The Law of Ukraine on the Regime of Foreign Investments (1996), Article 8.

❺ Foreign Investment Act of Federated States of Micronesia (1997), Section 218.

❻ Loi No. 2012-016 / Du 27 Fev 2012 Portant Code Des Investissements du La République du Mali., Article 8.

❼ Law on Investment of Mongolia (2013), Article 13.

2014年《越南投资法》❶和2019年《乌兹别克斯坦共和国投资和投资活动法》（以下简称"《乌兹别克斯坦投资法》"）❷规定了法定稳定性条款。

1998年的《乌兹别克斯坦外国投资者权利保障与措施法》[*On Guarantees and Measures for the Protection of Rights of Foreign Investors of Uzbekistan*, L. No. 611-1（1998）]第3条第4款为稳定性条款，有效期为10年，若乌兹别克斯坦的随后立法使投资条件恶化，则对外国投资者有利的新法规定仍可以酌情适用。虽然该法被2019年《乌兹别克斯坦投资法》取代，自2020年1月起失效，但其稳定性规定在2019年的新投资法中得以保留。1994年《哈萨克斯坦外商投资法》（以下简称"1994年《外商投资法》"）第6条的稳定性条款有效期为10年，规定法律变更对外国投资者的投资产生不利影响时，东道国应支付充分有效的补偿，排除对哈萨克斯坦在确保国防潜力、国家安全、生态安全及公共卫生和道德方面法律变更的适用。

虽然不少国内法中使用稳定性条款，但是东道国仍然不能提供绝对有效的稳定性条款，而且一些投资者在投资开始时就严重依赖稳定性条款以获得其所提供的必要的经济优惠。税收稳定性条款对吸引小规模投资者进入东道国是必不可少的。然而东道国政府通常根据条件将税收稳定性条款作为谋取利益的战略武器。这些条款除一些例外情况和更狭窄的适用范围之外，保证一定时期内外国投资者可以享受税收减免，并稳定了适用于投资者的法律。国内法与国家契约的各种稳定性条款之间也存在相互关系。换句话说，国内法中的稳定性条款有助于阐明合同中的稳定性条款。在伯灵顿资源公司诉厄瓜多尔案（Burlington v. Ecuador）❸中，仲裁庭指出，被申请人厄瓜多尔也意识到申请人伯灵顿所依据的涉案投资协议抄录了《碳氢化合物法》的某些规

---

❶ Law on Investment of Viet Nam (2014), Article 13.

❷ The Law on Investments and Investment Activity of Uzbekistan (2019), Article 19.

❸ Burlington Resources INC. v. Republic of Ecuador, ICSID Case No. ARB/08/5.

定。因此，这些法律规定可能会因在涉案投资协议中被复制而阐明了投资协议的含义，即《碳氢化合物法》可能有助于在税收稳定性条款中确立合同的"经济"含义。❶

在绿色科技能源公司诉意大利案（Greentech Energy v. Italy）❷中，申请人以能源账户监管计划中的《2007年2月19日经济发展部的部长法令》（*Ministerial Decree of 19 February 2007 from the Ministry of Economic Development, Conto* II）为例，指出该法令明确地向投资者保证了恒定的税率。Conto II 第6条第1款规定："根据本款所示表格确定的税费自该电站投入运营之日起二十年有效，且在整个二十年期间内应按照现行货币保持不变。"另外，Conto II 第6条第2款规定，在上述20年的合法招标期中，完税价格应保持不变。作为进一步说明，申请人援引了根据 Conto II 与马尔塔诺太阳能公司达成的《能源服务经纪协议》（GSE❸ *Agreement*）第2条。该条款规定，自2011年2月9日起20年期限内，将按适用货币的定期分期付款计算，本协议中提及的光伏电站的激励电价为0.346欧元/千瓦·时，该电价将高于正常市场价格。❹

二、典型国家的法定稳定性条款

俄罗斯、中亚、拉丁美洲、非洲地区部分国家石油和矿产资源丰富，不

---

❶ UMIRDINOV A. The End of Hibernation of Stabilization Clause in Investment Arbitration: Reassessing Its Contribution to Sustainable Development [J]. Denver Journal of International Law and Policy, 2015(43): 455-487.

❷ Greentech Energy Systems A/S, NovEnergia II Energy & Environment (SCA) SICAR, and NovEnergia II Italian Portfolio SA v. The Italian Republic, SCC Arbitration V (2015/095).

❸ GSE 是 Gestore dei Servizi Energetici [formerly, Gestore della rete di trasmissione nazionale Spa ("GRTN")] 的缩写，即能源服务经纪。

❹ Greentech Energy Systems A/S, NovEnergia II Energy & Environment (SCA) SICAR, and NovEnergia II Italian Portfolio SA v. The Italian Republic, SCC Arbitration V (2015/095), Final Award, 23 December 2018, paras. 409-410.

国际投资法视域下的稳定性条款研究

仅能源和采矿业的投资契约中经常使用稳定性条款,其国家立法中也规定了稳定性条款。本部分将介绍俄罗斯、蒙古国、乌克兰等国家和地区的法定稳定性条款。

(一)俄罗斯的法定稳定性条款

俄罗斯一贯支持稳定性条款。例如,《俄罗斯联邦法》(Federal Law of Russia)第 17 条第 2 款有关产量分成协议的规定,在协议有效期内,俄罗斯联邦或地方法律使投资人的商业成果恶化时,应对协议进行修正,以保证投资人获得根据签署协议时有效的俄罗斯联邦法律、联邦主体法律和地方政府机构的行为可能得到的商业结果。作出此类修正的程序应由协议规定。❶

2020 年 4 月 1 日,俄罗斯新的第 69-Φ3 号《联邦保护和促进投资法》(Federal Law No.69-Φ3 on the Protection and Promotion of Investment)生效❷,它并不是取代俄罗斯联邦现有的投资制度,而是引入的一种新的投资激励手段,即在公共实体与国内外私人投资者之间签订的投资的保护和促进协议(Investment Protection and Promotion Agreements, IPPA)中,旨在提供与进口关税、国家支持措施和规范土地使用的规则及生态和使用税费有关的稳定性条款。这一举措不局限于特定投资部门,但是合格投资需要满足某些最低资本要求,具体要求取决于所涉及的部门。❸任何一方均可发起签署投资协议。私营公司可以通过向有关当局提交申请启动此程序,而俄罗斯当局可以通过公开招

---

❶ Federal Law 225-FZ 1995 concerning production sharing agreements as amended by Law 19-FZ of January 7, 1999, Barrows Basic Oil Laws and Contracts (Russia and NIS Countries), Supp. No. 35: 99-100.

❷ UNCTAD. World Investment Report 2020: International Production Beyond the Pandemic[M]. New York: United Nations, 2020: 101.

❸ State Contracts with Private Investors on the Protection and Promotion of Investment Introduced [EB/OL]. (2020-04-01) [2024-06-20]. https://investmentpolicy.unctad.org/investment-policy-monitor/measures/3519/russian-federation-state-contracts-with-private-investors-on-the-protection-and-promotion-of-investment-introduced.

标启动该程序。在俄罗斯签订的所有投资协议信息都可以通过公共登记册公开获得。❶ 俄罗斯公共实体指从俄罗斯中央到地方各级政府,在避免发生争端时缔约方就措施能否属于东道国产生争议。但是,该法案并未规定投资的最小金额或 IPPA 的最长期限,针对国家当局的不同行为或决定,制定了适用于投资项目的稳定性条款的特定规则。虽然该法案没有对 IPPA 规定投资额、投资周期的上限和下限,但是投资金额的高低将直接影响稳定性条款的有效期限及国家支持措施的期限和程度。该法案包含有关适用稳定性条款的详细规定,且规定 IPPA 必须包含稳定性条款的有效期。❷ 该法案对稳定性条款有效期的规定较他国的规定更加细致,是根据具体情况确定稳定性条款的有效期,而不是笼统地"一刀切",更加符合实际情况。稳定性条款是根据投资保护协议授予项目公司的关键担保。❸

私人投资者签订投资协议的主要动机是协议中规定的稳定性条款。投资协议中稳定性条款的范围视情况而定,具体取决于投资金额、经济部门及参与该项目的俄罗斯当局的级别。稳定性条款的期限取决于投资价值和缔约政府的级别。在联邦一级实施的投资额超过 100 亿卢布的项目,将有权获得新投资法规定的最高级别的稳定措施,最长期限为 20 年;若项目投资额低于 50 亿卢布,则投资协议中稳定性条款的有效期限不能超过 6 年;若项目投资额超过 50 亿

---

❶ STRIZH V, JOSEFSON J A, ROTAR A. Russia Adopts New Investment Law [EB/OL]. (2020-04-30) [2024-06-20]. https://www.morganlewis.com/pubs/2020/04/russia-adopts-new-investment-law.

❷ ARISTOVA N, SOLAREV I, SKRIPNIKOV I.Package of Bills on Investment Protection and Promotion and the Development of Investment Activity in Russia Passed by the State Duma: Main Points [EB/OL]. (2020-03-27) [2024-06-20]. https://assets.ey.com/content/dam/ey-sites/ey-com/en_ru/topics/tax/tax-messenger/2020/03/ey-package-of-bills-on-investment-protection-and-promotion-and-thedevelopment-of-investment-activity-27-march-2020-law-eng.pdf?download.

❸ GORTSUNYAN R. Legal Alert on Federal Law No. 69-FZ Dated 1 April 2020 on the Protection and Encouragement of Capital Investments [EB/OL]. (2020-07-07) [2024-07-03]. https://www.rgp.legal/wp-content/uploads/2020/07/RGP-Alert-on-the-Law-on-the-Protection-and-Encouragement-of-Investments-ENG.pdf.

卢布不足100亿卢布，则投资协议中稳定性条款的最长期限为15年。由于投资协议的期限根据某些条件可能会延长6年，所以稳定性条款的最长有效期为26年。❶

该法案还对稳定性条款的适用范围进行了规定。只有与投资项目有关的活动，才能获得稳定性保证。如果投资者除了投资项目之外还从事其他活动，则必须分别记录投资项目和其他活动的情况。该法案列出了一些不适用稳定性条款的例外情况。针对不同国家的不同措施，稳定性条款规定了不同的有效期。在稳定性条款的整个有效期内，提高出口关税税率的举措不适用于IPPA的私人缔约方，修改给予国家支持措施的决定及更改国家支持措施的时间或金额的决定也不适用于IPPA的私人缔约方。如果IPPA在此期间生效，那么废除获得公共土地地块权利的理由或改变此类土地地块租金计算方式的行为在3年内不适用于IPPA。增加税率或扩大确定对环境造成负面影响的费用、税费、回收费和环境税的评估基础的行为，自生效之日起3年内不适用于有效的IPPA。税法规定适用于执行项目的实体，但要遵守这些法律规定的特殊考虑。❷

稳定性条款包括与土地使用法规、分区标准、各种纳税条件（企业所得税、企业财产税、运输税、其他税费）和出口关税有关的问题。❸无论投资规模如何，该法案所规定的稳定性条款都不适用于赌博、烟酒、液体燃料、油气

---

❶ SPITSYNA T A, NATALIYA V B, MARGOLINA E V. State Promotion of Investment Activity in Russia [J]. Journal of Contemporary Issues in Business and Government, 2021, 27(1): 3489-3499.

❷ ARISTOVA N, SOLAREV I, SKRIPNIKOV I.Package of Bills on Investment Protection and Promotion and the Development of Investment Activity in Russia Passed by the State Duma: Main Points [EB/OL]. (2020-03-27) [2024-06-20]. https://assets.ey.com/content/dam/ey-sites/ey-com/en_ru/topics/tax/tax-messenger/2020/03/ey-package-of-bills-on-investment-protection-and-promotion-and-thedevelopment-of-investment-activity-27-march-2020-law-eng.pdf?download.

❸ SAPIR E, KARACHEV I A. Challenges of a New Investment Policy: Investment Promotion and Protection [J]. Finance: Theory and Practice, 2020, 24(3): 118-131.

第二章 国内法视角下的稳定性条款

勘探和生产（液化天然气除外）、批发和零售业、受俄罗斯中央银行监管的金融机构及住宅物业、办公商区处所和贸易中心的建设或重建。❶ 该法案授予投资者在政府当局违反稳定性条款的情况下要求损害赔偿的权利。❷ 俄罗斯通过立法的形式对稳定性条款的期限和范围进行了详细的规定，同时注意东道国必须履行的环境保护和人权义务。

（二）蒙古国的法定稳定性条款

蒙古国是一个资源丰富的国家，发展前景广阔。丰富的矿产储藏推动该国经济和社会的快速发展。尽管如此，蒙古国仍需采取进一步措施以确保有效利用采矿业产生的收入并致力于可持续发展，特别是实现包容性增长和减贫。❸

2013 年《蒙古国投资法》规定了法定稳定性条款。蒙古国议会于 2012 年 5 月制定《蒙古国战略重要领域企业外商投资管理法》（*Law of Mongolia on the Regulation of Foreign Investment in Business Entities Operating in Sectors of Strategic Importance*，以下简称"《战略实体外商投资法》"）后，该国的外国投资急剧下降，在很大程度上是由于该法在国际上的接受程度不高。为了恢复外国投资环境，蒙古国家大呼拉尔议会通过了新的投资法，自 2013 年 11 月 1 日起生效，以取代《战略实体外商投资法》和 1993 年《蒙古国外商投资法》

---

❶ STRIZH V, JOSEFSON J A, ROTAR A. Russia Adopts New Investment Law [EB/OL]. (2020-04-30) [2024-06-20]. https://www.morganlewis.com/pubs/2020/04/russia-adopts-new-investment-law.

❷ ARISTOVA N, SOLAREV I, SKRIPNIKOV I.Package of Bills on Investment Protection and Promotion and the Development of Investment Activity in Russia Passed by the State Duma: Main Points [EB/OL]. (2020-03-27) [2024-06-20]. https://assets.ey.com/content/dam/ey-sites/ey-com/en_ru/topics/tax/tax-messenger/2020/03/ey-package-of-bills-on-investment-protection-and-promotion-and-thedevelopment-of-investment-activity-27-march-2020-law-eng.pdf?download.

❸ United Nations Conference on Trade and Development. Investment Policy Hub: Mongolia [DS/OL]. [2024-07-03]. https://investmentpolicy.unctad.org/investment-policy-review/142/mongolia.

（*Foreign Investment Law of Mongolia*），同时力求弥补《战略实体外商投资法》的不足。新的投资法涵盖外国投资和国内投资，但不包括某些类型的投资，如国际组织、非政府组织、私人捐赠和赠款等。外国私人投资者无须政府批准即可进行投资，旧的外商投资法规定的所有政府批准要求均不再有效，即使许可或其他批准要求可能仍会根据特定行业的立法适用。除非出于公共利益和获得充分的市场补偿，否则禁止没收财产。❶

除了外商投资法和 BITs 规定的适用于外国投资者的权利与担保之外，计划进行大型项目的投资者还可以使用单独的稳定协议。该类协议仅限于财政领域，对超过 2000 万美元（或等值蒙古图格里克）的投资提供 10 年的稳定性条款，对超过 5000 万美元的投资提供 15 年的稳定性条款。❷ 稳定协议由感兴趣的合格投资者直接与财政部谈判。迄今为止，此类协议很少签订，主要是矿业公司签订的。虽然稳定协议限制了国家的政策空间，带来了一些行政上的困难，但当投资环境存在明显的不确定性时通常会被用来获得投资者的信心。❸

应投资者要求，某些投资者有资格以稳定证书（stabilisation certificates）或投资协议（investment agreements）的形式享受税收稳定福利。税收稳定证书使其持有人有权在企业所得税、关税、增值税和矿产特许权使用费等投资税收待遇方面保持稳定。该证书的适用期限一般为 5~18 年，具体取决于投资的行业、金额及投资的地区。如果符合某些条件，那么某些项目的税收稳定证书期限可延长 1.5 倍。如果在税收稳定证书有效期内根据一般法律适用的税率降低，那么证书持有人将有权获得降低的税率。税收稳定证书由蒙古国投资局颁

---

❶ VIVERITO J, HANKIN M. Mongolia's New Investment Law [EB/OL]. (2014-10-14) [2024-06-20]. https://www.ifr1000.com/NewsAndAnalysis/Mongolias-new-investment-law/Index/918.

❷ DIANA S K. With New Law, Mongolia Opens to Investors [EB/OL]. (2013-11-21) [2024-06-20]. https://www.lexology.com/library/detail.aspx?g=ed891f87-75a1-4671-9859-34df63ee2fb4.

❸ UNCTAD, Investment Policy Review: Mongolia: 40.

第二章　国内法视角下的稳定性条款

发，该机构还负责投资支持和促进活动，并监督证书持有人的活动，法律规定成立指定的理事会以审查税收稳定证书的要求是否得到满足。批准税收稳定证书的要求是投资额达到相关门槛，已经根据法律要求进行环境影响评估，投资应创造新的永久性就业机会和引进创新技术。投资于烟草和酒精相关活动的投资者不能从税收稳定中获益。❶这意味着并不是所有领域的投资都可以获得稳定性条款的保障，而是规定了相应的条件。这些条件乍看起来与可持续发展理念不冲突，这也是一项值得各国采用的制定稳定性条款的技术。首先，稳定仅限于税收制度的稳定，并不干涉东道国的公共利益规制权；其次，不是所有外国投资都可以获得税收稳定保障，而是明确了相应的条件，保障了蒙古国的经济利益。

税收稳定证书的起始投资额取决于投资部门和投资地区。全国任何地方矿业、重工业或基础设施项目投资可能高达 300 亿蒙古图格里克，而蒙古国西部某些地区进行的其他类型的投资可能低至 20 亿蒙古图格里克。拟议投资超过 5000 亿蒙古图格里克的投资者可申请与蒙古国政府签订投资协议，以获得商业环境和税收稳定及法律保障和其他利益，而不是获得税收稳定证书。❷投资协议的稳定期可以长于投资法的规定。❸

表 2-1 为矿产、重工业和基础设施发展部门稳定证书的范围，投资法不包括原子能部门的投资，原子能部门受《原子能法》管辖。表 2-2 涵盖所有其他部门稳定证书的范围。

---

❶ VIVERITO J, HANKIN M. Mongolia's New Investment Law [EB/OL]. (2014-10-14) [2024-06-20]. https://www.iflr1000.com/NewsAndAnalysis/Mongolias-new-investment-law/Index/918.

❷ VIVERITO J, HANKIN M. Mongolia's New Investment Law [EB/OL]. (2014-10-14) [2024-06-20]. https://www.iflr1000.com/NewsAndAnalysis/Mongolias-new-investment-law/Index/918.

❸ DIANA S K. With New Law, Mongolia Opens to Investors [EB/OL]. (2013-11-21) [2024-06-20]. https://www.lexology.com/library/detail.aspx?g=ed891f87-75a1-4671-9859-34df63ee2fb4.

表 2-1　矿产、重工业和基础设施发展部门稳定证书的范围

投资额/10亿蒙古图格里克	稳定框架周期/年					投资到位周期/年
	乌兰巴托	中部地区	中西部地区	东部地区	西部地区	
30~100	5	6	6	7	8	2
100~300	8	9	9	10	11	3
300~500	10	11	11	12	13	4
500及以上	15	16	16	17	18	5

数据来源：DIANA S K. With New Law, Mongolia Opens to Investors，网址为 https://www.lexology.com/library/detail.aspx?g=ed891f87-75a1-4671-9859-34df63ee2fb4。

表 2-2　其他部门稳定证书的范围

投资额/10亿蒙古图格里克					稳定框架周期/年	投资到位周期/年
乌兰巴托	中部地区	中西部地区	东部地区	西部地区		
10~30	5~15	4~12	3~10	2~8	5	2
30~100	15~50	12~40	10~30	8~25	8	3
100~200	50~100	40~80	30~60	25~50	10	4
200及以上	100及以上	80及以上	60及以上	50及以上	15	5

数据来源：DIANA S K. With New Law, Mongolia Opens to Investors，网址为 https://www.lexology.com/library/detail.aspx?g=ed891f87-75a1-4671-9859-34df63ee2fb4。

蒙古国投资局可根据投资者的要求，将投资期限延长两年。此外，稳定证书的有效期可延长为法定期限的1.5倍，这需要满足该投资项目计划生产或制造的产品有助于蒙古国社会和经济的长期可持续发展，计划投资价值根据可行性研究超过5000亿蒙古图格里克及项目开发周期必须持续3年以上3个条件。❶

蒙古国提供税收稳定性条款是为了引入高科技和其他技术，并创造稳定的投资场所。蒙古国的税收稳定性条款注意了环境影响评估。为获得税收稳定性证明，除了满足蒙古国规定的投资要求之外，投资者还需要进行环境影响评

---

❶ DIANA S K. With New Law, Mongolia Opens to Investors [EB/OL]. (2013-11-21) [2024-06-20]. https://www.lexology.com/library/detail.aspx?g=ed891f87-75a1-4671-9859-34df63ee2fb4.

第二章 国内法视角下的稳定性条款

估。❶即使是符合环境影响评估的项目，它对环境造成的损害并非在项目整个周期内都处于可接受的范围。随着时间的流逝，原本符合环境影响评估的项目可能不再符合新的环境影响评估标准。蒙古国是否保留发布新的环境影响评估标准的权利对其规制权非常重要。此处所指的环境影响评估标准对于蒙古国还是国际通用的标准也非常重要。值得肯定的是，蒙古国注意到投资项目可能对环境产生影响，但是不知道这一规定对蒙古国环境实际产生的影响如何。

（三）乌克兰的法定稳定性条款

乌克兰起初并未规定稳定性条款，而是自2011年立法后采用的，2020年又通过新法进行修正。乌克兰国会修订了第575-97-BP号《电力工业法》（*Law on Electric Power Industry*），该法第17条第1款引入了可再生能源承购的额外国家担保。这项所谓"稳定性条款"规定，国家应保证在整个固定电价补贴期间（截至2030年）承担强制性承购义务，将对合格的可再生能源（不包括高炉气、焦炉气等）产生的且尚未直接出售给消费者或配电公司的所有电量适用固定电价，并按照法律规定的程序为此类电力提供充分及时的货币结算。因此，乌克兰国家电力监管委员会现在有权执行国家政策，该政策旨在通过批准可再生能源电力购买协议等方式促进乌克兰的可再生能源电力市场发展。❷

2020年7月31日，乌克兰总统签署《关于修改乌克兰的法律以改善对可再生能源电力生产支持的第810-Ⅸ号法案》（*On Amending Certain Laws of Ukraine to Improve Support of the Production of Electric Power from Renewable Energy Sources, Law No. 810-IX*），国会于2020年7月21日通过了该法。该法于2020年8月1日生效，其中有关平衡市场的部分条款于2021年1月1日生

---

❶ UNCTAD. World Investment Report 2020: International Production Beyond the Pandemic [M]. New York: United Nations, 2020: 216.

❷ MARTINENKO O, RADCHENKO V, KOLVAKH V. Stabilisation Clause Introduced for Renewable Energy Feed-In Tariffs [EB/OL]. (2011-06-07) [2024-09-14]. https://www.lexology.com/library/detail.aspx?g=9fa01548-1884-4c8e-82f9-2dbb1434d318.

83

效。该法主要源于乌克兰政府从 2020 年 6 月 10 日起签署的备忘录中针对可再生能源生产商的承诺，旨在解决市场中现有的问题。该法大幅度修改固定电价制度，规定《乌克兰外国投资制度法》应包含稳定性条款，该国保证不修改适用于可再生能源生产商的法律，但关于税收、公共秩序、国防、环境保护和国家安全的法律不受稳定性条款的限制。自该法生效之日起，稳定性条款生效，有效期至 2029 年 12 月 31 日。乌克兰还保证在 2029 年 12 月 31 日前不改变或取消适用固定电价费率，并且不会以可能造成损失、损害或无法实现可再生能源生产商合法预期收入的方式改变或应用递减系数。❶

较之前的法定稳定性条款而言，乌克兰最新的法定稳定性条款不仅保留了东道国的关键国家利益方面的规制权，而且明确规定有效期。

（四）中亚国家的法定稳定性条款

中亚国家经常将稳定性条款作为一种监管激励措施。所有中亚国家都制定了包含稳定性条款的投资法。这些稳定性条款通常被作为在风险环境中吸引外国投资的不可或缺和有说服力的工具。❷

虽然中亚国家在其外商投资法中提供了稳定性条款，但在范围上有所不同。在 1994 年《外商投资法》中，稳定性条款仅限于国家与投资者签订的投资契约，而土库曼斯坦、塔吉克斯坦、乌兹别克斯坦的稳定性条款可以适用于所有外国投资。因此，塔吉克斯坦、土库曼斯坦、乌兹别克斯坦的外资法中稳定性条款的范围比哈萨克斯坦的范围更广。此外，稳定性条款仅限于一定时期，土库曼斯坦、塔吉克斯坦、乌兹别克斯坦的外资法规定稳定性条款的有效

---

❶ KURDYDYK O, PSHENYCHNIUK D. Ukrainian Parliament Adopted Law Aimed at Feed-In Tariff Reduction [EB/OL]. (2020-08-05) [2024-06-20]. https://www.dlapiper.com/en/ukraine/insights/publications/2020/08/ukrainian-parliament-adopted-law/.

❷ MUMINOV F. Protection of Foreign Investment in Central Asia [J]. Russian Law Journal, 2019, 7(4): 125-150.

期为投资之日起 10 年。❶

在其他中亚国家，通常的做法是国家与投资者签订的投资契约包含稳定性条款。从投资者的角度来看，这些条款可以被视为保护投资者权利的有效机制，尤其是在缺乏透明度和可预测性的国家。有的观点认为，国际投资协定会干扰东道国的监管自主权，而国家与投资者签订的投资契约包含有关监管稳定性的承诺，这些承诺设计得更为狭窄，定义也更为明确，更有利于尊重东道国的规制权。❷

（五）非洲国家的法定稳定性条款

广泛形式的稳定性条款见于非洲的采掘业，这些稳定性条款成为投资者对非洲国家提出索赔的重要依据，如 AGIP 公司诉刚果案（AGIP v. Congo）❸、利比里亚东部木材公司诉利比里亚案（LETCO v. Liberia）❹、德士古公司等诉利比亚案。❺

非洲国家通常把稳定性条款放在特许权使用费制度中，或者产量分成合同中，二者略有差异。在特许权使用费制度中，财政收入制度主要或全部由适用法律规定，石油投资契约中的稳定性条款范围和形式可能会受到更大的限制。而在产量分成合同中，合同定义了部分或大部分财政工具，可以更有效地纳入稳定性条款。❻产量分成合同中通常包含经济均衡条款，具体规定为"国家向

---

❶ MUMINOV F. Protection of Foreign Investment in Central Asia [J]. Russian Law Journal, 2019, 7(4): 125-150.

❷ MUMINOV F. Protection of Foreign Investment in Central Asia [J]. Russian Law Journal, 2019, 7(4): 125-150.

❸ AGIP Company v. People's Republic of the Congo, ICSID Case No. ARB/77/1.

❹ Liberian Eastern Timber Corporation (LETCO) v. Government of the Republic of Liberia, ICSID Case No. ARB/83/2.

❺ Texaco Overseas Petroleum Company/California Asiatic Oil Company v. The Government of the Libyan Arab Republic, Award on the Merits, 19 January 1977.

❻ Committee of Experts on International Cooperation in Tax Matters Twentieth Session. Update of the Handbook on Selected Issues for Taxation of the Extractive Industries by Developing Countries: E/C.18/2020/CRP. 16 [R]. New York, 2020.

承包人保证，在合同期限内，法律、经济、税收、海关和财政条件保持稳定。然而在遵守合同经济平衡的前提下，如果法律发生变化，双方应设法就法律、经济、税收、海关和金融条件达成协议，从而保持本合同的经济平衡"❶。

苏丹共和国1998年的《石油资源法》是规范其石油资源开发和管理的主要立法之一。虽然该法是苏丹共和国起草、通过的，但南苏丹共和国继续适用该法，因为稳定性条款要求石油资源的利用保持不变。❷该法主要涉及国家对石油资源所有权的问题，以及对石油公司进行勘探和生产的规定。1998年的《石油资源法》没有对这些作业对环境造成的影响给予太多关注。

尼日利亚使用稳定性条款比较多。尼日利亚国家石油公司与荷兰皇家壳牌石油公司于1993年签订的产量分成合同包含混合类型的稳定性条款。该合同第19.2条规定："如果尼日利亚任何政府部门或政府机构在本合同生效日期后颁布或变更任何法律法规或任何规则、程序、指南、指示、指令或政策，对承包商的权利和义务或经济利益产生重大不利影响，双方应尽最大努力同意对本合同进行修改，以补偿此类变更的影响。"❸

（六）欧洲国家的法定稳定性条款

欧洲联盟（以下简称"欧盟"）不主张使用稳定性条款，即使其内部成员在国际投资协定或者国内法中规定了法定稳定性条款。波斯尼亚和黑塞哥维那（以下简称"波黑"）的《外国直接投资法》载有稳定性条款。该法第19条规定，本法生效后，与波黑外国直接投资有关的、与本法相抵触或不符合本法

---

❶ Committee of Experts on International Cooperation in Tax Matters Twentieth Session. Update of the Handbook on Selected Issues for Taxation of the Extractive Industries by Developing Countries: E/C.18/2020/CRP. 16 [R]. New York, 2020.

❷ NALULE V R. Energy Transitions and the Future of the African Energy Sector:Law, Policy and Governance [M]. Cham: Springer, 2021: 439.

❸ IDORNIGIE P O. The Relationship Between Losing Sovereignty and Stabilization Clause in an Investment Agreement [EB/OL]. (2020-07-30) [2024-06-20]. https://nials.edu.ng/?s=The+Relationship+Between+Losing+Sovereignty+and+Stabilization+Clause+in+an+Investment+Agreement.

第二章 国内法视角下的稳定性条款

的法律和条例不得适用，不得侵犯给予外国投资者的权利和特权及根据之前的法律法规承担对外国投资者的义务。但是，外国投资者可以在本法施行之日起 120 日内书面声明适用新法的规定。❶ 该法定稳定性条款是冻结条款，冻结自外国投资者订立合同时的法律法规，法律的变化不影响其之前获得的权利。❷ 该法第 20 条规定，保障外国投资者根据本法进行投资的权利。这两条规定为外国投资者提供了波黑法律的确定性和可预测性。❸

第二节　约定稳定性条款的国内法规制

国际法学对约定稳定性条款效力的争议较大。本节介绍约定稳定性条款的承载主体，即投资契约，随后基于东道国国内法对约定稳定性条款效力的分析从国内法对约定稳定性条款效力判断的适用性、判断路径和越权原则三个方面展开，并对约定稳定性条款的效力进行批判性思考。

一、约定稳定性条款的承载主体——投资契约

作为约定稳定性条款承载主体的投资契约与普通的商事合同具有不同的特点，其效力认定也不同于普通的商事合同。约定稳定性条款效力的认定离不开投资契约效力的认定。

国家契约实际上是一种经济发展合同。❹ 笔者所说的投资契约属于国家契约的一种，是外国投资者与东道国就资源开发、基础设施建设等具有公共利益

---

❶ Law on the Policy of Foreign Direct Investment (1998) of Bosnia and Herzegovina, Article 19.
❷ Law on the Policy of Foreign Direct Investment (1998) of Bosnia and Herzegovina, Article 20.
❸ GLAVANITS J, HORVÁTHY B, LÁSZLÓ K. The Influence and Effects of EU Business Law in the Western Balkans: Conference Proceedings of the 1st EU Business Law Forum [M]. Győr: Széchenyi István University, 2018: 94.
❹ 王贵国. 国际投资法 [M]. 北京：法律出版社，2008：77.

性质的投资签署的国家契约。契约的当事人地位不平等，契约内容涉及公共利益，且有权机关无须同签署契约的私人当事方协商即可单方面撤销该契约。

国家契约经历了不同发展阶段，分别是租让特许协议、合同制特许协议和BOT特许协议。租让特许协议出现比较早，实际上为外国石油公司进行资源掠夺提供了途径。第二次世界大战后，在现代租让制发展的同时，石油合同逐渐发展起来，成为国家契约的新形式，主要有4种类型。❶

法治社会的理想状态是权利与权力平衡，这需要现实的考量。❷因为国家与投资者地位的不对等和不稳定性有关，所以投资者迫切需要稳定性条款以稳固其与东道国签订的国家契约。低收入、中等收入国家经常使用投资契约，为农业、采掘业、林业或可再生能源项目等土地和自然资源投资提供特许权。❸投资契约中的稳定性条款可能仍是吸引外国投资的必要工具，并在短期内弥补投资环境的挑战。❹

国家契约的成立及稳定受国家权力的影响。协议通常载有"政府有权中止、变更、解除合同"的条款。实际上，"授权"或"特许"的给予及撤销都是由国家权力决定。❺能否将国际投资协定的保护范围扩大为国家契约，取决于国际投资协定中投资定义的范围、从其适用范围中排除某些国家契约及该协定的争端解决规定在多大程度上适用于国家契约。❻国家契约可被解释为国家或其授权机构与外国公民或法人之间订立的合同。目前，就目的而言，国家实体可被定义

---

❶ 余劲松. 国际投资法[M]. 第6版. 北京：法律出版社，2022：93-98.

❷ 湛中乐，肖能. 论政治社会中个体权利与国家权力的平衡关系——以卢梭社会契约论为视角[J]. 政治与法律，2010（8）：2-12.

❸ SZOKE-BURKE S, CORDES K Y. Mechanisms for Consultation and Free, Prior and Informed Consent in the Negotiation of Investment Contracts [J]. Northwestern Journal on International Law & Business, 2020, 41(1): 49-87.

❹ MUMINOV F. Protection of Foreign Investment in Central Asia[J]. Russian Law Journal, 2019, 7(4): 125-150.

❺ 杜萱. 对国家契约非稳定性的探讨[J]. 法律科学（西北政法学院学报），2012，3（3）：146-153.

❻ United Nations Conference on Trade and Development. State Contracts [M]. New York: United Nations, 2004: 1.

第二章 国内法视角下的稳定性条款

为在国家范围内通过法规建立并能控制经济活动的任何组织。国家契约中较常见的形式是自然资源开发合同,也称为"特许协议"。此类协议在发展中国家的自然资源部门中占有重要地位。从历史发展来看,这些部门为国内经济提供了重要的收入来源,并且通常由国家控制,因此进入该部门的外国投资者必须与受国家控制的实体订立合同。国家契约可能与强有力的公共政策考虑有关,通常需要通过公法法规和政府酌处权管理合同。国际投资协定的目的之一是在双方之间建立解决冲突的规范。国际投资协定通常不是为了保护单个合同而由各方进行谈判,而是要确保东道国国内投资运营结构的稳定性。[1]

除了维护国家政策空间之外,国际投资协定还可以引入某些规定,以寻求确立国家对签订国家契约的外国投资者的职责。极少数国际投资协定条款旨在影响国家契约的实质内容。[2] 约定稳定性条款是指投资者与东道国之间私人契约中的合同条款,该条款解决了东道国在整个项目周期内法律变化的问题。约定稳定性条款通常出现在东道国与投资者签订的特许经营协议、产量分成协议及 BOT 协议中,笔者将这些协议统称为"投资契约"。

石油特许权协议将石油和天然气资源的所有权授予开发这些资源的国际石油公司。历史上,该类协议长期授予外国投资者对大片区域的专有权,且规定其仅需支付一些较小的税费、年费或特许权使用费。一个著名的例子是 1901 年波斯通过的《达西特许协议》(*D'Arcy Concession Agreement*)授予持有人的专属权几乎覆盖整个国家,期限为 60 年,不承担向国家缴纳任何税务的责任。伊拉克、沙特阿拉伯和科威特授予的特许权也有类似的条款。[3] 产量分成合同是外国石油公司(承包商)与指定的国有企业(缔约国)之间达成的合同协

---

[1] United Nations Conference on Trade and Development. State Contracts [M]. New York: United Nations, 2004: 3-4, 6.

[2] United Nations Conference on Trade and Development. State Contracts [M]. New York: United Nations, 2004: 11-12.

[3] PEREIRA E G, STĂNESCU C, ZULHAFIZ W, et al. Host Granting Instrument Models: Why Do They Matter and for Whom [J]. Oil and Gas, Natural Resources, and Energy Journal, 2020, 6(1): 23-97.

议，授权承包商按照规则在特定区域（合同区域）内进行石油勘探和开采。缔约国拥有根据现行法律规则授予承包商在许可证区域内从事石油业务的特定排他性许可，或承包商在全国范围内从事石油业务的一般排他性授权。该类协议的条款完全取决于国家与石油公司之间的谈判，协议通常包含稳定性条款。

20世纪初，阿塞拜疆是世界石油工业的中心，其石油产量约占世界总产量的一半。然而，20世纪下半叶形势发生了变化，由于苏联对西伯利亚的石油投资，巴库的石油产量停滞不前。20世纪80年代，苏联的自由化和改革形成了一定的外国投资机会，特别是在苏联的自然资源方面。这引起了跨国石油公司的关注。外国公司的代表开始访问包括阿塞拜疆在内的苏联石油资源丰富的地区。1991年后，里海盆地出现了一些新的石油和天然气生产国，其中包括阿塞拜疆。里海国家的碳氢化合物资源已成为吸引大量外国投资的关键，也是这些国家政治和经济发展的主要依靠。这些国家开发油气田的主要合同形式是产量分成协议。❶

20世纪90年代，里海地区新建立的沿海国家经济薄弱，不仅缺乏资金，而且缺乏有效开发其自然资源所需的必要技术知识和熟练劳动力。1991年后面临经济危机，阿塞拜疆难以负担实现新的石油和天然气项目所需的现代基础设施。所有这些因素使阿塞拜疆无法采用除产量分成协议以外的其他类型生产合同，因为产量分成协议可能会对东道国更为有利。阿塞拜疆的所有产量分成协议均包含广泛的稳定性条款，将冻结与经济平衡结合在一起。阿塞拜疆政府禁止将不利的法律变更应用于投资合同。如果法律修正案导致投资条件恶化，则投资时存在的法律将继续适用10年。❷稳定性条款是实现投资契约国际化的重要条款。❸

---

❶ BABAYEVA F. The Nature of Product Sharing Agreements in Azerbaijan [EB/OL]. (2016-09-10) [2024-06-20]. https://old.enerpojournal.eusp.org/the-nature-of-product-sharing-agreements-in-azerbaijan/.

❷ BABAYEVA F. The Nature of Product Sharing Agreements in Azerbaijan [EB/OL]. (2016-09-10) [2024-06-20]. https://old.enerpojournal.eusp.org/the-nature-of-product-sharing-agreements-in-azerbaijan/.

❸ AYALEW D T. A Comparative Legal Analysis of the Application of Force Majeure and Hardship Clauses in Ethiopia and China in Light of International Law in Situations of COVID-19 Pandemic: The Law and Practice [J/OL]. (2020-10-27) [2024-07-03]. http://dx.doi.org/10.2139/ssrn.3713625.

第二章 国内法视角下的稳定性条款

由于给予外国投资较低的特许权使用费率和慷慨的免税，所以坦桑尼亚的矿业部门大量亏损。投资合同包含的稳定性条款使坦桑尼亚政府的税收制度不得不保持50年稳定。❶ 2007年，坦桑尼亚与加拿大巴里克（Barrick）公司达成协议，在坦桑尼亚北部进行新的采矿业务。该协议要求坦桑尼亚政府将现行税率维持25年，且该公司可以选择以相同条件续期25年。如果坦桑尼亚政府以使该公司"处境更糟"的方式更改条款，则该公司可以根据合同获得补偿。❷其他国家也有类似的做法，如哥伦比亚推出了法律稳定合同（legal stability contracts）来提振投资者信心。❸

伯灵顿诉厄瓜多尔案争端方之间的产量分成合同包含稳定性条款。管辖第7号区块的产量分成合同第11.12条规定："税制的调整：如果对税制进行调整、新设或取消本合同未预见的新税种，而对本合同的经济性产生影响，生产分成百分比中将包含一个校正因子，以吸收税收增加或减少的影响。"❹ CMS天然气输送公司诉阿根廷案（CMS v. Argentina，以下简称"CMS诉阿根廷案"）争端方之间的许可证包含两个稳定性条款：一是价格结构不会受到进一步监管或控制；二是未经TGN❺书面同意不更改许可协议基本条款

---

❶ VIS-DUNBAR D. Report Says Tanzania is Signing Bad Deals with Foreign Mining Companies [EB/OL]. (2008-11-21) [2024-06-20]. https://www.iisd.org/itn/en/2008/11/21/report-says-tanzania-is-signing-bad-deals-with-foreign-mining-companies/.

❷ VIS-DUNBAR D. Report Says Tanzania is Signing Bad Deals with Foreign Mining Companies [EB/OL]. (2008-11-21) [2024-06-20]. https://www.iisd.org/itn/en/2008/11/21/report-says-tanzania-is-signing-bad-deals-with-foreign-mining-companies/.

❸ United Nations Conference on Trade and Development. World Investment Report 2006: FDI from Developing and Transition Economies: Implications for Development [M]. Switzerland: United Nations, 2006: 25.

❹ Burlington Resources INC. v. Republic of Ecuador, ICSID Case No. ARB/08/5, Decision on Jurisdiction, 2 June 2010, para. 24.

❺ TGN为"Transportadora de Gas del Norte"的缩写，译为"北方天然气运输公司"，是一家为天然气输送成立的公司。

91

国际投资法视域下的稳定性条款研究

的义务。❶ 杜克能源国际秘鲁投资第一有限公司诉秘鲁案（Duke v. Peru，以下简称"杜克诉秘鲁案"）❷ 争端方之间的《法律稳定协议》（*Legal Stability Agreement*）第5条是稳定性条款，该条款规定："本法律稳定协议的有效期为自签署之日起10年。因此，在此期间，即使秘鲁法律进行了修改，或者修改内容对本协议一方更有利或不利，任何一方都不得单方面修改本协议。"❸

二、基于东道国国内法对约定稳定性条款效力的分析

确定约定稳定性条款的法律效力是非常复杂且存在极大争议的问题。一方面，确定其法律地位的依据来自不同的法律渊源。❹ 另一方面，该讨论涉及缔约国的立法主权和公共利益，与合同关系的长期可行性之间存在紧张关系。❺ 因此，无论是法教义学还是法理学，国际法学界都存在相反的观点。此外，各个约定稳定性条款的措辞及其法律背景都存在差异，这些因素阻碍了就约定稳定性条款的效力做出"普遍适用的标准化判断"的任何努力。❻

（一）国内法对约定稳定性条款效力判断的适用性

国家宪法原则可能会限制约定稳定性条款的效力，这取决于哪一项法律

---

❶ CMS Gas Transmission Company v. The Republic of Argentina, Case No. ARB/01/8, Award, 12 May 2005, para. 302.

❷ Duke Energy International Peru Investments No. 1 Ltd. v. Republic of Peru, ICSID Case No. ARB/03/28.

❸ Duke Energy International Peru Investments No. 1 Ltd. v. Republic of Peru, ICSID Case No. ARB/03/28, Award, para. 187.

❹ WLDE T, NDI G. Stabilizing International Investment Commitments: International Law Versus Contract Interpretation [J]. Texas International Law Journal, 1996(31): 215-267.

❺ BROWNLIE I. Principles of Public International Law [M]. 7th ed. Oxford: Oxford University Press, 2008: 550.

❻ WLDE T, NDI G. Stabilizing International Investment Commitments: International Law Versus Contract Interpretation [J]. Texas International Law Journal, 1996(31): 215-267.

第二章 国内法视角下的稳定性条款

适用于投资契约。❶ 选择东道国国内法作为投资契约的准据法可以确保东道国修改法律的主权权利，至少就投资者的尽职调查努力而言，可以表明投资者对政府根据国内法有效提供这种担保的能力产生严重怀疑。虽然仲裁具有国际性质，但是仲裁庭在审理案件时仍然可以适用东道国国内法。国内法往往被明确规定为投资仲裁庭必须适用的法律，也是判断仲裁协议的准据法之一。❷ 即使在不太受欢迎的情况下，仲裁庭通常也不可避免地必须适用国内法。因此，即使在国际投资仲裁中，认定稳定性条款的效力也无法绕开国内法。❸

有的国际投资协定规定国际投资仲裁适用的法律规定只包括国际法，而国内法则完全未被提及。尽管如此，这些国际投资协定实际上承认国内法必须适用于诸如财产权定义等问题。虽然仲裁庭指出只适用国际法，但是某些问题还是必须由国内法解决。湾景诉墨西哥案（Bayview v. Mexico）❹ 仲裁庭是为数不多的明确提出在仲裁庭被指示仅适用国际法时国内法仍应适用的仲裁庭之一。当国内法是国际仲裁适用法律的一部分时，传统立场将国内法视为国际投资仲裁程序中的事实，有的学者认为这一主张是毫无意义的。❺

然而在国际投资仲裁中，仲裁员根据国内法确定约定稳定性条款的效力存在一定问题。虽然国内法是国际投资仲裁适用法律的一部分，但国内法显然与国际法处于不同的地位。特别是，一般在国际投资条约案件中任命的国际仲裁员通常是以其在国际法方面的专长被提名的，因此不能指望他们了解有关争端

---

❶ LORENZO C. Reconciling Regulatory Stability and Evolution of Environmental Standards in Investment Contracts: Towards a Rethink of Stabilization Clauses [J]. Journal of World Energy Law and Business, 2008, 1(2): 158-179.

❷ 陈卫佐. 国际性仲裁协议的准据法确定——以仲裁协议的有效性为中心 [J]. 比较法研究，2016（2）：156-170.

❸ HEPBURN J. Domestic Law in International Investment Arbitration [M]. Oxford: Oxford University Press, 2017: 158.

❹ Bayview Irrigation District et al. v. United Mexican States, ICSID Case No. ARB(AF)/05/1.

❺ HEPBURN J. Domestic Law in International Investment Arbitration [M]. Oxford: Oxford University Press, 2017: 107.

93

的特定被申请人的国内法或任何其他可能相关的管辖法律。[1] 不同仲裁员对被申请人国内法的适用采取不同的方式。有的仲裁员根据他们可以从国际法及其本国或其熟悉的司法管辖区的法律制度的比较调查中得出的解释和法律推理。有的仲裁员可能会采取一种完全尊重被申请人就本案国内法提出的意见的态度，理由是他们没有能力对被申请人的国内法作出决定。无论如何，东道国的国内法对稳定性条款的效力分析都会产生影响。然而国际投资仲裁中国内法的适用需要在外国法律环境中得以解释，得出的结论可能不同于其在本国境内的适用。[2]

（二）基于国内法对约定稳定性条款效力判断的路径

不同投资契约的准据法可能不同，约定稳定性条款的法律效力也不同。如果投资契约的准据法是东道国国内法，则约定稳定性条款的法律效力由东道国国内法决定，因此不同国家投资契约中的稳定性条款效力可能不同。[3] 这也意味着约定稳定性条款的效力不能离开其准据法而空谈，无论是国内法还是国际法上的效力。投资契约的缔约方通常会在契约中约定准据法。如果投资契约缔约方未就该契约的效力约定准据法，则需要根据冲突规则判断投资契约的准据法，因此确定的准据法也应适用于约定稳定性条款效力的评判。[4]

由于国家契约具有公共政策的性质和特点，不同于普通涉外商事合同，当事各方的缔约能力和契约形式排他地受东道国法律支配。[5] 与普通商事契约相

---

[1] HEPBURN J. Domestic Law in International Investment Arbitration [M]. Oxford: Oxford University Press, 2017: 163.

[2] HEPBURN J. Domestic Law in International Investment Arbitration [M]. Oxford: Oxford University Press, 2017: 163.

[3] SHIHATA I F I. Legal Treatment of Foreign Investment: The World Bank Guidelines [M]. Leiden: Martinus Nijhoff Publishers, 1993: 373.

[4] 杨卫东，郭堃. 国家契约中稳定条款的法律效力认定及强制性法律规范建构 [J]. 清华法学，2010，4（5）：118-127.

[5] United Nations Conference on Trade and Development. State Contracts [M]. New York: United Nations, 2004: 6.

比，国家契约通常有格式范本，需要国家主管部门批准、审核或者备案。这也意味着其内容须经国家审查，那么其所承载的约定稳定性条款理应有效。但是，也有学者认为约定稳定性条款的效力应由其所稳定的内容决定。❶然而从私法规范约束公法规范的角度考虑，国家契约所依据的私法规范约束国家主权，稳定性条款似乎无效。

就约定稳定性条款而言，承载该条款的投资契约属于行政合同，其效力与投资契约的效力一致，东道国关于行政合同效力的有关规定是确定此类稳定性条款效力的基础。这与法定稳定性条款略有不同，承载法定稳定性条款的东道国法律经司法审查合法，法定稳定性条款才具有效力。

约定稳定性条款的效力取决于公法的规定，与公法抵触的无效。当公法规则授权东道国政府将此类条款纳入投资契约并受其约束时，约定稳定性条款应具有法律价值。❷然而在实践中，约定稳定性条款必须依据东道国国内法体系中提供其合法性授权及其与宪法关系的特定规范进行仔细审查。实际上，这意味着东道国国内法决定了稳定性条款的效力。❸约定稳定性条款应与授予该稳定性条款的国家宪法和其他立法要求保持一致❹，否则稳定性条款无效。由于各国法律体系的差异和稳定性条款的个别性，所以这一问题没有一个明确的答案。❺据此，在投资契约中，约定稳定性条款可能因阻碍东道国行使公共利益

---

❶ 杨卫东，郭堃. 国家契约中稳定条款的法律效力认定及强制性法律规范建构 [J]. 清华法学，2010, 4（5）：118-127.

❷ ERKAN M. International Energy Investment Law: Stability through Contractual Clauses [M]. Alphen aan den Rijn: Kluwer Law International, 2011: 111.

❸ GJUZI J. Stabilization Clauses in International Investment Law: A Sustainable Development Approach [M]. Cham: Springer International Publishing, 2018: 199.

❹ FARUQUE A A, SAHA N K. Sanctity of State Contracts: Revisiting Orthodox Views [J]. Transnational Dispute Management, 2010, 7(1): 321-345.

❺ BARTELS M, SILVA J E. Contractual Adaptation and Conflict Resolution, Based on Venture Contracts for Mining Projects [M]. Deventer: Kluwer Law and Taxation, 1985: 22.

国际投资法视域下的稳定性条款研究

职权而无效，从而无法给予投资者应对东道国国有化的强力保护。❶

解决约定稳定性条款合宪性问题的一种切实可行的办法是事先在投资契约中宣布这种稳定性承诺的合宪性，或规定东道国有权在宪法或其他有关法律中给予这种稳定性承诺。但是，这些方法不能绕开所有质疑的可能性。除了在宪法中宣布稳定性条款的合宪性之外，对约定稳定性条款合宪性的确认几乎不能限制立法者或行政机关的行为。东道国主管机构有权对约定稳定性条款进行合宪性审查。❷

根据后法优于前法的原则，立法者可以通过之后的立法废除其先前的立法，包括任何规定法定稳定性条款或以其他方式批准包含约定稳定性条款的投资契约的法律。❸因此，约定稳定性条款有效性的依据可能被东道国立法机关废除，从而导致其无效。❹但是，在约定稳定性条款合法授予并随后因东道国立法行为而无效的情况下，若外国投资者已合法地依靠这些约定稳定性条款进行投资，则有权获得补偿。❺

约定稳定性条款的内容违反东道国国内法或者国际公共政策则无效，但有的学者认为，由于公共政策的范围过于宽泛且不明确，由此导致约定稳定性条款无效容易侵犯外国投资者的合法权益。❻法律选择条款和仲裁条款的效力与

---

❶ 杜萱. 对国家契约非稳定性的探讨 [J]. 法律科学（西北政法学院学报），2012，3（3）：146-153.

❷ GJUZI J. Stabilization Clauses in International Investment Law: A Sustainable Development Approach [M]. Cham: Springer International Publishing, 2018: 193.

❸ CAMERON P D. Stabilisation in Investment Contracts and Changes of Rules in Host Countries: Tools for Oil & Gas Investors [R/OL]. (2006-07-05) [2024-07-03]. https://www.international-arbitration-attorney.com/wp-content/uploads/arbitrationlaw4-Stabilisation-Paper.pdf.

❹ GJUZI J. Stabilization Clauses in International Investment Law: A Sustainable Development Approach [M]. Cham: Springer International Publishing, 2018: 199.

❺ ERKAN M. International Energy Investment Law: Stability through Contractual Clauses [M]. Alphen aan den Rijn: Kluwer Law International, 2011: 111-112.

❻ 杨卫东，郭堃. 国家契约中稳定条款的法律效力认定及强制性法律规范建构 [J]. 清华法学，2010，4（5）：118-127.

投资契约的效力分割，即使投资契约无效，符合相关法律规定的法律选择条款和仲裁条款也有效。约定稳定性条款是关于实体法的，不同于关于程序法的法律选择条款和仲裁条款。

（三）越权原则

根据立法、行政和司法"三权分立"的宪法原则，约定稳定性条款可能会因越权（ultra vires）❶而被视为无效。例如，东道国行政部门与外国投资者签订的投资契约包含约定稳定性条款，其内容禁止东道国立法部门制定后续法律，或在后续立法对契约关系产生不利影响时免除后续立法对该投资契约的适用。该合同承诺将导致东道国两个独立分支机构之间的干涉，在某种程度上构成对"三权分立"原则的违反，从而使稳定性条款的有效性受到质疑。❷国际商会（International Chamber of Commerce, ICC）解决外国投资者和非洲某国家之间的一起投资争端时涉及该问题。该非洲国家的新政府主张前任政府与外国投资者签订的特许经营协议无效，因为在议会民主制中前任政府不能向投资者作出约束立法机构的为期 10 年的承诺。现任政府辩称前任政府给予外国投资者稳定性条款的行为越权，因为只有议会才能约束立法机构。但是，现任政府的主张是从国内法的角度讨论该问题，而本案仲裁庭随后指出该论点是无关紧要的，采用了一种创新的方法对合同适用国际法，直接选择适用了他国法律，避免直接解决这一问题。❸

在另一种情况下，越权原则被东道国援引，认为国家官员无权履行投资契

---

❶ MECKENSTOCK C A. Investment Protection and Human Rights Regulation, Two Aims in a Relationship of Solvable Tension [M]. Baden-Baden: Nomos Verlagsgesellschaft, 2010: 68.

❷ MECKENSTOCK C A. Investment Protection and Human Rights Regulation, Two Aims in a Relationship of Solvable Tension [M]. Baden-Baden: Nomos Verlagsgesellschaft, 2010: 68.

❸ CAMERON P D. International Energy Investment Law: The Pursuit of Stability [M]. 2nd ed. Oxford: Oxford University Press, 2021: 102.

约中的稳定性承诺。❶ 在实践中，当国内法的解释和执行存在制度分歧时，尤其是涉及东道国不同主管当局的共享权限和投资契约批准等程序要求时，约定稳定性条款的效力可能会受到国内法的质疑❷，通常在法治薄弱且国内政治问题较多的国家中发生此种情形。

立法机构和执行机构相互冲突的权限所造成的制度性障碍并非不可调和。当东道国法律明确要求立法机构批准投资契约时，当事方谈判和商定的稳定性条款当然需要东道国立法机构的批准。实际上，这赋予了投资契约及其包含的约定稳定性条款法律效力，从而加强了约定稳定性条款在东道国内法律体系中的地位。❸

在质疑东道国限制其未来立法或执行主权的能力时，特别是在限制采取与保护公共利益有关措施的情况下，越权原则格外重要。有观点认为，当事各方不得通过契约束缚立法机关与公共利益有关的立法权或行政机构的执行权。行政必要性学说（Doctrine of Executive Necessity）为这一原则提供了理论基础，尤其是在普通法国家。在1921年海王神号轮船公司诉英国国王案（Rederiaktiebolaget Amphitrite v. The King）判决中，管辖的高等法院指出政府未来的行政行为不应被束缚，而应在问题出现时根据国家的需求决定。东道国政府不能以合同形式妨碍在涉及国家福利事项上的行动自由。❹ 这一宪法原则在普通法系和大陆法系国家都是共识。❺ 如果约定稳定性条款的效力是根据东

---

❶ ERKAN M. International Energy Investment Law: Stability through Contractual Clauses [M]. Alphen aan den Rijn: Kluwer Law International, 2011: 109.

❷ CAMERON P D. International Energy Investment Law: The Pursuit of Stability [M]. 2nd ed. Oxford: Oxford University Press, 2021: 64-65.

❸ GJUZI J. Stabilization Clauses in International Investment Law: A Sustainable Development Approach [M]. Cham: Springer International Publishing, 2018: 193.

❹ Rederiaktiebolaget Amphitrite v. The King (1921) 3 KB 500 (1921) All ER Rep 542: 503.

❺ WLDE T, NDI G. Stabilizing International Investment Commitments: International Law Versus Contract Interpretation [J]. Texas International Law Journal, 1996(31): 215-267.

第二章 国内法视角下的稳定性条款

道国的国内法进行判断的,则东道国地方法院将必须在其宪法范围内运作,这将禁止他们违反立法者的意愿,即使是根据公众要求更改法律。❶

从理论上讲,国家必须在任何特定时间维护公共利益。❷根据宪法理论,国家不可能通过与私人,特别是外国私人缔约方缔结合同约束其立法权。立法机构不受自身立法的约束,有权对立法进行修改。既然如此,投资契约中的条款就不能约束国家立法权。根据宪法理论,稳定性条款可能无法发挥其作用。对外国投资者而言,国家在投资契约中保证不会将其未来的法律适用于合同不过是一种安慰。

如果主管机关订立的投资契约行使超出法律赋予的权力范围,则该投资契约可能被视为越权行为❸,导致该投资契约无效。外国投资者需要对东道国的宪法及其他法律限制进行尽职调查以解决该问题。❹如果投资契约本身不能束缚政府或立法机关,则不能通过在投资契约中加入稳定性条款达到冻结法律的效果。投资契约无法以东道国承诺不行使其立法权的方式修改、扩展宪法及其他法律所赋予政府和立法机关的权力。❺如果约定稳定性条款无效,则外国投资者无法依据其产生合法期望,进而无法依据合法期望受到国际法的保护。在此种情形下合同无效,若外国投资者未进行尽职调查,则东道国不承担责任。

基于越权原则,尤其是在奉行"三权分立"的国家,行政机关不能作出干

---

❶ PAASIVIRTA E. Internationalization and Stabilization of Contracts Versus State Sovereignty [J]. The British Yearbook of International Law, 1989, 60(1): 315-350.

❷ 张庆麟.论国际投资协定中东道国规制权的实践及中国立场[J].政法论丛,2017(6):68-77.

❸ CAMERON P D. Stabilisation in Investment Contracts and Changes of Rules in Host Countries: Tools for Oil & Gas Investors [R/OL]. (2006-07-05) [2024-07-03]. https://www.international-arbitration-attorney.com/wp-content/uploads/arbitrationlaw4-Stabilisation-Paper.pdf.

❹ WLDE T, NDI G. Stabilizing International Investment Commitments: International Law Versus Contract Interpretation [J]. Texas International Law Journal, 1996(31): 215-267.

❺ GJUZI J. Stabilization Clauses in International Investment Law: A Sustainable Development Approach [M]. Cham: Springer International Publishing, 2018: 197.

涉立法机关行使权力的承诺，司法权对议会立法之外的一切国家行为实行法律监督。[1] 该问题是横向问题，在签订投资契约时投资者就应当明确这一制度要求，并承担稳定性条款无效的后果。在投资契约有效期内，立法机关可能修法也可能不修法，投资契约纳入稳定性条款可能会限制立法机关的权力而无效。只要行政机关在越权的情况下承诺了对立法机关立法效力的限制，稳定性条款就无效。若立法机关未修法，稳定性条款就不会触发，不会发挥实际作用。有的国家国内法规定，前任政府不能作出约束下一任政府的承诺，这涉及同一国家权力机关权力的行使，可以从历史发展的角度理解。东道国政府机构在知道国内宪法或相关立法有此类强制性规定的情况下所制定的稳定性条款是无效的。然而东道国是否应承担恶意隐瞒的责任仍须进一步分析，这可能与投资者的尽职调查义务有关。

三、对约定稳定性条款效力的批判性思考

虽然国际投资仲裁庭倾向于认定约定稳定性条款有效，但是东道国国内法院会主张约定稳定性条款无效，国际法学者提出"有条件肯定说""限制有效说"等不同主张。笔者认为，约定稳定性条款的效力认定遵循确定的路径可以直接得出，虽然不能笼统认定所有约定稳定性条款的效力如何。

有的学者指出，应依据投资契约适用的法律确定约定稳定性条款的效力，如投资契约的适用法律为一国国内法，则约定稳定性条款的效力应完全依据该国国内法确定。若该国法律未对约定稳定性条款的效力问题作出规定，则不得否定约定稳定性条款的效力；若该国法律包含相应规定，应遵守其法律规定。如投资契约的适用法为国际法，则约定稳定性条款对东道国而言具有法律效力，此时违反约定稳定性条款就构成对国际法的违反，东道国可能需要承担相

---

[1] 余少祥.法律监督：中西范式的进路与分异[J].国外社会科学，2021（2）：93-101.

应的国际责任。❶有的学者主张，约定稳定性条款的效力可以根据东道国政府采取措施的性质判断。东道国政府的措施可以分为国家主权性质的措施和契约性质的措施两类，前者是国家采取的公共措施，而后者是国家作为投资契约的私主体而采取的。虽然约定稳定性条款并不能限制国家采取公共措施，但可以作为国家作出的特定承诺，从而外国投资者依其要求赔偿。❷

对上述稳定性条款效力的分析，笔者持不同的意见。就第一种观点而言，笔者认为，东道国国内法的宪法、民法、投资法、环境保护法等相关法律的法律位阶会对约定稳定性条款的效力产生影响。无论是法定稳定性条款还是约定稳定性条款，都不得与东道国宪法规定相冲突。对法定稳定性条款而言，其所在的国内法不得违反上位法。当其规定在投资法中时，其效力还可能受到东道国国内法中相对于投资法而言是特别法相关规定的制约，如东道国环境法规定投资不得违反环境法时，如果法定稳定性条款包含冻结或者限制环境法的内容，则法定稳定性条款无效。对约定稳定性条款而言，其效力也可以依据上述路径确定。前文所述"该国法律未对约定稳定性条款的效力问题作出规定"便应认定约定稳定性条款有效，这忽略了投资法、环境法等法律位阶相同法律之间未对何者优先适用作出规定的情形，此时约定稳定性条款存在因违反特别法而无效的可能。若约定稳定性条款的冻结范围未排除环境法、人权法等公共利益相关法律，则可能导致约定稳定性条款无效。即使投资契约适用国际法，也不得违反国内法的强行规定，因为投资契约无论如何都不可能摆脱东道国国内法的管辖。就第二种观点而言，约定稳定性条款本身涉及的就是稳定东道国公权力行使的有关措施，契约性的措施不应考虑在内，这部分措施引发的争端应由国际商事争端解决途径解决，而不属于国际投资争端。

---

❶ FARUQUE A A. International Law and the Internationalized Contract [J]. American Journal of International Law, 1980, 74(1): 134-141.
❷ 王斌. 论投资协议中的稳定条款——兼谈中国投资者的应对策略[J]. 政法论丛, 2010（6）: 66-71.

第三节 稳定性条款与东道国的规制权的冲突

东道国的规制权会影响约定稳定性条款效用的发挥,约定稳定性条款也会影响东道国规制权的行使。下面分析约定稳定性条款与东道国规制权之间的冲突及约定稳定性条款对东道国规制权的影响。

一、东道国的规制权

规制权不是依据国际投资协定授予的,而是属于东道国国家主权的范畴,有相应的国内法基础。❶规制权常受习惯国际法保护,尤其是作为条约中的例外条款,常见于一般国际法。因此,无论规制权是否被明确规定在国际投资协定中,都是东道国固有的权力。❷《2012年世界投资报告》对规制权作出了界定,指出权利的强制执行是东道国行使规制权的表现。❸总体而言,规制权可以从两个层面理解,即监管本国公共利益是否受到外国投资的消极影响及促进外国投资推动国内发展目标的实现。❹

国家主权是国家在其领土内行使国家职能的最高权威和独立性。主权是赋予国家根据国际法作出承诺的权利,从而体现其法律能力和自治权。它还赋予

---

❶ MANN H. The Right of States to Regulate and International Investment Law: A Comment [M]// United Nations Conference on Trade and Development. The Development Dimension of FDI: Policy and Rule-Making Perspectives. New York: United Nations, 2003: 216.
❷ 张庆麟.论国际投资协定中东道国规制权的实践及中国立场 [J]. 政法论丛,2017(6):68-77.
❸ United Nations Conference on Trade and Development. World Investment Report 2012: Towards a New Generation of Investment Policies [M]. Switzerland: United Nations, 2012: 109.
❹ 蒋海波,张庆麟.晚近投资条约对规制权的表达:内涵、目的及原则 [J]. 国际商务研究,2019,40(4):36-44.

第二章 国内法视角下的稳定性条款

各国在其领土内所有经济、政治、金融或其他事项上的唯一决定权。❶国家具有为公共利益行使监管的内在权力。跨国公司往往利用其经济影响力控制和操纵发展中国家东道国行使主权。例如，石油和天然气跨国公司利用其财力阻挠尼日利亚颁布新的石油法，从而限制尼日利亚政府对其领土行使主权控制的能力。此外，在国际投资合作中跨国公司占优势地位的情况下，政府行使主权权利的能力受到严重损害，特别是在涉及跨国公司经济利益的事项上。❷

国际投资仲裁案例中❸，国家规制权是确认国家代表人民意志行使主权的权力。❹任何条约都不能使国家主权无效。❺立法是建立监管机构和制定特定领域监管规则的常用手段。❻变革与一个国家的管理和政策是同质的，有时也可能是其生存的条件。如果国家接受稳定性条款，并因此承诺不改革投资领域的法律，则该条款所涵盖的行业的改革空间将很小。❼在数个国际投资仲裁案例中，仲裁庭认为，东道国的监管权不是绝对的，不从根本上改变外国投资者进行投资的商业环境和法律环境是东道国应对外国投资者承担的义务❽，这种义务的形

---

❶ Austro-German Customs Union Case, Advisory Opinion, 1 PCIJ Series A/B No. 41 (1931), 5 Sept 1931, para. 25.

❷ OSHIONEBO E. Corporations and Nations: Power Imbalance in the Extractive Sector [J]. American Journal of Economics & Sociology, 2018, 77(2): 419-446.

❸ DERAINS Y, SICARD-MIRABAL J. Introduction to Investor-State Arbitration [M]. Alphen aan den Rijn: Kluwer Law International, 2018: 115.

❹ MOUYAL L W. International Investment Law and the Right to Regulate: A Human Rights Perspective [M]. New York: Routledge, 2018: 8.

❺ RAJPUT A. Regulatory Freedom and Indirect Expropriation in Investment Arbitration [M]. Netherlands: Wolters Kluwer, 2019: 103.

❻ TEVET E, SHIFFER V, GALNOOR I. Regulation in Israel Values, Effectiveness, Methods [M]. Cham: Springer, 2021: 2.

❼ MALAN A. Overruling of Courts Precedents and State Liability in Investment Law [J]. Mealey's International Arbitration Report, 2020, 35(10): 320-345.

❽ GLINAVOS I. ISDS: The Brexit Lawsuits the UK Should Be Worried About [EB/OL]. (2018-03-24) [2024-06-20]. http://arbitrationblog.kluwerarbitration.com/2018/07/31/isds-brexit-lawsuits-uk-worried/.

式和限制必须根据具体情况进行评估，适当考虑到投资者和资产的性质、该国的普遍情况及可能作为增加或减少变数的非常外部因素。❶

尊重东道国行使规制权与保护投资者之间的冲突难以避免，且表现在诸多方面。❷东道国规制权的行使与外资保护义务的冲突频现❸，不仅发生在发展中国家的石油等能源行业，也发生在发达国家的其他行业，如电力。在欧洲电力行业低碳投资中，一方面，低碳转型需要新的投资，这需要稳定、可预测的法律框架；另一方面，能源转型要求不断发展法律框架，以应对能源部门的不断变化。❹然而这种持续的变化不利于为过渡提供所需的资金，灵活起草的稳定性条款可能有助于解决此类冲突。各国应能采取措施，如保护环境、修改现有的税收制度、改变关税水平等，以维护更广泛的公共利益。由于受到不利影响的投资者可以要求赔偿，所以东道国为避免赔偿可能不会采取这些合理的国家措施。实际上，国家立法权力的行使与外国投资保护的严格和僵化相矛盾。国家行使监管权的权利往往侵犯外国投资者享受其投资回报的权利。❺

东道国行使规制权的成本可能非常高，包括但不限于财政成本、机会成本及因执行预期措施的延误而产生的成本。❻为了平衡投资保护与其他政策关切

---

❶ SEGATE R V. The Unified Patent Court and the Frustrated Promise of IP Protection: Investors' Claims in (Post-) Brexit Britain[J]. Maastricht Journal of European and Comparative Law, 2020, 27(1): 75-104.

❷ 彭德雷. 论国际投资秩序中投资者保护与国家规制的二元结构——基于中国的实证考察与理论解释[J]. 当代法学, 2017, 31（4）：86-98.

❸ 张庆麟. 论国际投资协定中东道国规制权的实践及中国立场[J]. 政法论丛, 2017（6）：68-77.

❹ HUHTA K. Anchoring the Energy Transition with Legal Certainty in EU Law [J]. Maastricht Journal of European and Comparative Law, 2020, 27(4): 425-444.

❺ MATHIOULAKIS M. Aspects of the Energy Union Application and Effects of European Energy Policies in SE Europe and Eastern Mediterranean [M]. Cham: Springer, 2021: 133.

❻ AISBETT E, BUSSE M, NUNNENKAMP P. Bilateral Investment Treaties as Deterrents of Host-Country Discretion: The Impact of Investor-State Disputes on FDI in Developing Countires [J]. Review of World Economics, 2018(154): 119-155.

之间的关系，各国越来越多地将一般公共政策例外情况纳入其国际投资协定。❶在没有规定一般公共政策例外的情况下，国际投资协定有时可能会限制东道国行使规制权，即使是为了保护本国公共利益。❷

国家或国家实体缔结的合同应符合公共利益，而且国家可以因维护公共利益的需要终止合同。在英国和其他普通法系国家的法律体系中，合同条款不能阻止国家履行其基本职能，如维护国家福祉或公共利益。❸在美国的法律体系中，警察权力学说允许政府为维护国民健康、安全、良好秩序在必要时放弃合同承诺。在法国的法律中，当公共利益的需求发生变化时，政府可能会干预合同。在德国的法律中，国家当局可能要求对合同内容进行调整以适应实质性变化的条件，甚至终止合同，以避免或消除对公共利益的严重损害。❹

作为投资条约的替代或补充，投资者和东道国可以就监管风险的分配通过合同进行讨价还价，尤其是缔约双方可以在投资协议中纳入稳定性条款。稳定性条款得到了广泛使用，特别是在对采掘业、基础设施和能源行业进行投资的情况下。老旧国际投资协定的征收和FET标准规定甚至导致东道国因包括环境、健康等公共利益的法规变更而赔偿外国投资者。有的学者认为，稳定性条款的作用不仅应使外国投资者获得东道国的赔偿，还应为外国投资者提供其他保护。❺

随着谈判技巧和能力的提升、公民意识的增强及跨国公司承担社会责任和

---

❶ ALSCHNER W, HUI K. Missing an Action: General Public Policy Exceptions in Investment Treaties: Ottawa Faculty of Law Working Paper, No. 2018-22 [R/OL]. [2024-07-03]. https://papers.ssrn.com/sol3/papers.cfm?abstract_id=3237053.

❷ COTULA L, SCHRODER M. Community Perspectives in Investment-State Arbitration [R]. IIED, London, 2017: 6.

❸ MANIRUZZAMAN A F M. State Contracts with Aliens: The Question of Unilateral Change by the State in Contemporary International Law [J]. Journal of International Arbitration, 1992, 9(4): 141-172.

❹ MANIRUZZAMAN A F M. State Contracts with Aliens: The Question of Unilateral Change by the State in Contemporary International Law [J]. Journal of International Arbitration, 1992, 9(4): 141-172.

❺ 董静然. 欧盟新型国际投资规则法律问题研究 [M]. 北京：中国政法大学出版社，2019：93-97.

环境责任的压力,发展中国家政府将能实现更公平或更平衡的稳定性条款,从而保护基本政策空间,同时回应投资者对稳定性的关注。

二、稳定性条款对东道国规制权的影响

约定稳定性条款的运作机制是通过限制东道国的立法主权以达到保护外国投资者财产权的目的。从东道国的角度来看,约定稳定性条款既是吸引外国直接投资以促进经济发展的重要工具,又对东道国灵活行使公共监管权构成威胁。下面分析稳定性条款对东道国的规制权产生何种影响,东道国是否仍然保留了足够的政策空间行使公共利益规制权。

(一)稳定性条款对东道国规制权影响的类型

每个国家都有权进行适用于其领土内活动的立法或采取管制措施,这是国际公法的基本前提之一。国际机构与国际投资仲裁庭充分认识到政府在公共领域立法、管制国内事务中的基本权利和义务。例如,泊车股份有限公司诉立陶宛案(Parkerings v. Lithuania)的裁决指出,东道国的立法权不可被否认,而且本国法律的制定和修改应由东道国自主决定。❶

在国际投资法中,东道国因遵守保护外国投资者的国际承诺而监管能力受到限制。并非所有的稳定性条款都针对东道国在环境或社会方面的规制权,许多稳定性条款将这些领域排除在适用范围之外,以尊重东道国在经济、环境和社会领域中行使规制权。但是,有的稳定性条款直接或委婉地涵盖了这些领域,干扰了东道国的规制权。有的学者将稳定性条款对东道国规制权的影响分为没有影响、积极影响和消极影响3类。消极影响发生在稳定性条款限制东道国规制权行使的情形中。

---

❶ Parkerings-Compagniet AS v. Lithuania, ICSID Case No. ARB/05/8 (Norway/Lithuania BIT), Award, 11 September 2007, para. 332.

第二章 国内法视角下的稳定性条款

由于稳定性条款的期限、东道国的作为等，有的稳定性条款可能不会对东道国的监管权产生影响。在受稳定性条款保护的投资契约有效期内，东道国未行使其监管权，即东道国未在稳定性条款所涵盖的领域中修改现有法律或通过新法，这也意味着稳定性条款并未被触发，稳定性条款自然不会对东道国的规制权产生影响。在稳定性承诺持续时间较短的情况下，这种情况发生的机会更高。当国家行使其规制权以实施法律变更，但投资者选择不执行稳定性条款规定的权利或法律变更与投资者的经济利益无关时，也会出现这种情况。虽然从法律上讲稳定性承诺有可能影响东道国的监管权，但实际上并没有。❶

若稳定性条款所包含的标准来自国际公约或者行业标准但高于东道国的国内标准，东道国政府计划在给定时间内采取措施以达到更高的标准，则可能会对东道国的监管权产生积极影响。❷ 此时，外国投资者期望的可预测性也得到了保障。东道国有足够的议价能力或者外国公司出于声誉或财务的原因所采用的商业模式嵌入了比东道国适用的国际环境和社会标准更高的商业模式时，会发生这种情况。❸

（二）情势变更原则

有的观点认为，根据情势变更原则，东道国的监管权是无限的，并且稳定性条款无效，东道国任何违反合同的行为都不会引发任何补偿性责任。❹ 这种

---

❶ KYLA T. Unilateral Commitments to Investment Protection: Does the Promise of Stability Restrict Environmental Policy Development? [J]. Yearbook of International Environmental Law, 2006, 17(1): 139-167.

❷ KYLA T. Unilateral Commitments to Investment Protection: Does the Promise of Stability Restrict Environmental Policy Development? [J]. Yearbook of International Environmental Law, 2006, 17(1): 139-167.

❸ GJUZI J. Stabilization Clauses in International Investment Law: A Sustainable Development Approach [M]. Cham: Springer International Publishing, 2018: 94.

❹ WLDE T, NDI G. Stabilizing International Investment Commitments: International Law Versus Contract Interpretation [J]. Texas International Law Journal, 1996(31): 215-267.

107

国际投资法视域下的稳定性条款研究

立场对应于所谓"非克减论"（non-derogation），国家不得在履行其基本职能时受到合同的阻碍。❶

在涉及公共利益的情况下，稳定性条款的适用性受到限制。虽然稳定性条款具有效力，但其能否达到预期效果仍然受到此类限制。稳定性条款并没有限制东道国的立法权和监管权，而是限制关于国家行为因公共利益而损害稳定性条款所保护的外国投资者财产权的后果。大多数法律制度承认东道国可以单方面行使公共利益规制权，允许他们修改或撤销法律规定或合同约定的承诺，但前提是应支付适当的赔偿。按照这种思路，稳定性条款被视为对契约必守原则的反映。同时，稳定性条款受到契约必守原则所受的相同限制，如公共利益、情势变化等。❷

稳定性条款已被视为公认的东道国基于公共利益采取单方面行动的例外。稳定性条款是对国家作为投资契约缔约方的直接反映，试图在更大程度上约束国家的行为。它试图减少国家主权导致投资契约的脆弱性。❸因此，稳定性条款将投资契约与执行必要性（executive necessity）、限制性解释（restrictive interpretation）、合同可变性（contract mutability）等原则所支持的公共权力特权的影响相隔离。鉴于东道国自愿作出此类承诺，东道国在任何情况下都应遵守稳定性条款，否则将承担违反稳定性条款导致的赔偿责任。❹

在冻结条款有效的情况下，如何定位该条款与其他法律规定的关系也会影响冻结条款作用的发挥。有的观点认为，某些形式的冻结承诺规定，投资契

---

❶ GJUZI J. Stabilization Clauses in International Investment Law: A Sustainable Development Approach [M]. Cham: Springer International Publishing, 2018: 202.

❷ PAASIVIRTA E. Internationalization and Stabilization of Contracts Versus State Sovereignty [J]. The British Yearbook of International Law, 1989, 60(1): 315-350.

❸ GJUZI J. Stabilization Clauses in International Investment Law: A Sustainable Development Approach [M]. Cham: Springer International Publishing, 2018: 203.

❹ GJUZI J. Stabilization Clauses in International Investment Law: A Sustainable Development Approach [M]. Cham: Springer International Publishing, 2018: 203.

约应作为现行或以后立法法规的特别法（lex specialis）适用。❶虽然冻结条款似乎"冻结"了东道国对投资契约进行监管的权利，并将任何对投资者不利的国家行为认定为非法，但这些条款仍然不能对抗国家出于公共利益行使国家主权，它们可以使利益因此受到损害的投资者获得更高的赔偿。在东道国为维护公共利益行使规制权的情况下，此类更高赔偿是否合理成为国际社会的关注点。❷在发展中国家，环境保护、健康和安全、劳工等人权的基本标准可能不健全，冻结条款阻碍了这些国家完善相关立法，导致具有重要环境或社会影响的情况可能会持续存在，因为投资契约的期限通常长达数十年。❸

从法律的角度来看，经济均衡条款似乎不会构成重大问题，因为其只要求恢复经济平衡，似乎不会妨碍东道国的监管权❹，而冻结条款限制了国家主权，并将任何对投资者不利的国家行为视为非法。然而从政治角度来看，虽然经济均衡条款提供了更大的灵活性，看似对国家主权的干预较少，但仍可能使国家付出更高昂的代价，因为恢复经济平衡可能会导致投资者对损害的索赔更加全面，而且其对索赔的覆盖范围比冻结条款的承诺范围更广，从而导致更高额的赔偿。❺经济均衡条款通常在最低阈值的情况下就会触发，即合同的经济平衡

---

❶ GEHNE K, BRILLO R. Stabilization Clauses in International Investment Law: Beyond Balancing and Fair and Equitable Treatment: Working Paper No. 2013/46 [R/OL]. [2024-07-03]. https://www.wti.org/media/filer_public/c7/83/c783ecf8-11cf-4e3c-88c4-6214f8f7b51e/stab_clauses_final_final.pdf.

❷ MANIRUZZAMAN A F M. The Pursuit of Stability in International Energy Investment Contracts: A Critical Appraisal of the Emerging Trends[J]. Journal of World Energy Law and Business, 2008, 1(2): 121-157.

❸ Human Righs Council. Business and Human Rights: Towards Operationalizing the "Protect, Respect and Remedy" Framework: Report of the Special Representative of the Secretary General on the Issue of Human Rights and Transnational Corporations and Other Business Enterprises [R]. Geneva: United Nations, 2009, para. 30.

❹ COTULA L. Regulatory Takings, Stabilization Clauses and Sustainable Development [M]// Organization for Economic Co-operation and Development Staff. OECD Investment Policy Perspectives. Washington: Organization for Economic Co-operation and Development, 2009: 158-179.

❺ MANIRUZZAMAN A F M. The Pursuit of Stability in International Energy Investment Contracts: A Critical Appraisal of the Emerging Trends [J]. Journal of World Energy Law and Business, 2008, 1(2): 121-157.

受到了损害,这极大地压缩了东道国的规制权空间。经济均衡条款经常被提及的一个优势是它们对投资者与国家关系稳定的贡献。有人认为,重新调整经济平衡和谈判工具可以维持谈判气氛,否则东道国的监管利益与投资者的期望之间的冲突可能无法调和。❶

有的学者对国际投资协定干扰东道国监管自主权的方式提出了强烈批评,主张尊重东道国的规制权❷,同时指出投资合同义务优先于条约义务,这种判断是基于各国可以确保在投资合同中对监管稳定性的承诺进行更严格的调整和更清晰的定义的假设。关于征收和公平公正待遇标准确实解决了人们对监管机会主义的担忧,这些担忧通常被作为采用稳定性条款的理由,仲裁庭是否会在没有征收或监管者任意歧视行为证据的情况下裁定就监管变更作出赔偿具有不确定性。

三、对稳定性条款影响东道国规制权的批评

虽然稳定性条款非常流行,但它们对石油和天然气公司的实际价值还是值得怀疑的,尤其是在东道国财政制度的公平性经常受到质疑的情况下。稳定性条款实际上不能保护整个合同,即使在国际投资合同中,稳定性条款也可以成为投资项目有效期内提供一定稳定性的手段。虽然国际投资合同的双方都有不同的动机和利益,但他们都希望包含稳定性条款。在国际投资法中,当事方这种不同的利益和动机导致了对投资合同中稳定性条款的实际必要性的辩论。有的观点认为,稳定性条款的存在是为了让外国投资者预见潜在东道国的法律情况。❸相反,有的观点认为,稳定性条款在国际法下是无效的,东道国可以制

---

❶ COTULA L. Regulatory Takings, Stabilization Clauses and Sustainable Development [M]// Organization for Economic Co-operation and Development Staff. OECD Investment Policy Perspectives. Washington: Organization for Economic Co-operation and Development, 2009: 176.

❷ 张庆麟.论国际投资协定中东道国规制权的实践及中国立场[J].政法论丛,2017(6):68-77.

❸ RODRIGUEZ-YONG C A, MARTINEZ-MUÑOZ K X. The Andean Approach to Stabilisation Clauses [J]. International Journal of Private Law, 2013, 6(1): 67-87.

第二章 国内法视角下的稳定性条款

定新的立法，因此违反协议并不需要赔偿外国投资者的损失。❶

一些学者批判国家契约中稳定性条款的效用，认为稳定性条款只是吸引更多外资的一种方式，投资协议生效后投资相关情况和东道国的承诺可能会发生变化。彼得·卡梅伦在其著作中指出，虽然投资协议中纳入了稳定性条款，但国家仍可以为了保护公共利益主张主权。赫伯特·史密斯（Herbert Smith）指出，某些国家或地区不允许政府与私人订立合同以束缚国家的行政权力。❷

关于稳定性条款仍有一些疑问。稳定性条款能否阻碍东道国对外国投资者采取的某些措施仍然值得怀疑。即使在今天，仲裁庭仍在讨论稳定性条款与征收之间的关系，以及稳定性条款是否可以防止征收。❸因此，投资者应确保在稳定性条款中明确包含征收及其影响。

虽然稳定性条款是维持不平等当事方之间平衡并维持投资合同条款稳定的有效手段，但对稳定性条款的实际必要性仍有各种解释。❹有的观点认为，虽然各国确实更加自信地定义了本国主权，公共利益也成为东道国违反稳定性条款的重要论据，但并不表明稳定性条款的效用下降。在投资者中的持续流行和各国的广泛接受表明，稳定性条款在保持长期资源合同的经济核心方面仍具有价值，且可以通过国际投资仲裁得以执行。❺

---

❶ KYLA T. Unilateral Commitments to Investment Protection: Does the Promise of Stability Restrict Environmental Policy Development? [J]. Yearbook of International Environmental Law, 2006, 17(1): 139-167.

❷ TOJIBOEV A. The Role of Stabilization Clause in Investment Contract [J]. Review of Law Sciences, 2018, 2 (2): 37-41.

❸ DOLZER R, SCHREUER C. Principles of International Investment Law [M]. 2nd ed. Oxford: Oxford University Press, 2012: 75-76.

❹ TOJIBOEV A. The Role of Stabilization Clause in Investment Contract [J]. Review of Law Sciences, 2018, 2 (2): 37-41.

❺ CAMERON P D. Reflections on Sovereignty over Natural Resources and the Enforcement of Stabilization Clauses [M]// SAUVANT K P. Yearbook on International Investment Law & Policy 2011-2012. Oxford: Oxford University Press, 2013.

人们对外国投资者的社会责任期望越来越高，尤其是对大型跨国公司❶，希望投资者有责任尊重人权，虽然稳定性条款给予外国投资者合理期待，以保护它们的投资不受东道国任意行为的损害，但是稳定性条款不应在东道国行使规制权的方式上设置障碍。❷这种投资保护措施可能会剥夺国家作为立法者的恰当角色，并给东道国带来财务上的不利影响，从而阻碍了东道国对社会和环境标准的动态应用。人权倡导者声称，稳定性条款的负面影响在发展中国家更为严重，因为发展中国家更需要根据实际情况快速地修订法律并实施，而不是为了吸引外资而阻碍新法的实施。❸

稳定性条款极大地阻碍了东道国承担人权责任，尤其是他们应承担的国际人权法义务。在人权和环境保护方面，发达国家起步较早，大多数发展中国家并未关注人权和环境保护，这导致发展中国家在这些方面的立法相对不够完善。由于大多数东道国是发展中国家，稳定性条款阻碍其制定人权和环境保护立法，使发展中国家不得不面对保护外国投资与完善本国人权、环境保护立法的尴尬境地。❹

人们对稳定性条款的批判已从石油管道合同延伸到其他合同和行业。人权倡导者关切的是，投资契约和国际投资协定中对投资者权利的保护并没有受到

---

❶ 朴英姬.跨国石油公司社会责任与尼日利亚的可持续发展[J].西亚非洲，2017（1）：113-138.

❷ SHEMBERG A. Stabilization Clauses and Human Rights: A Research Project Conducted for IFC and the United Nations Special Representative of the Secretary-General on Business and Human Rights: IFC/SRSG Research Paper [R/OL]. (2009-05-27) [2024-07-03]. https://www.ifc.org/en/insights-reports/2000/publications-loe-stabilization--wci--1319577941106.

❸ SHEMBERG A. Stabilization Clauses and Human Rights: A Research Project Conducted for IFC and the United Nations Special Representative of the Secretary-General on Business and Human Rights: IFC/SRSG Research Paper [R/OL]. (2009-05-27) [2024-07-03]. https://www.ifc.org/en/insights-reports/2000/publications-loe-stabilization--wci--1319577941106.

❹ SHEMBERG A. Stabilization Clauses and Human Rights: A Research Project Conducted for IFC and the United Nations Special Representative of the Secretary-General on Business and Human Rights: IFC/SRSG Research Paper [R/OL]. (2009-05-27) [2024-07-03]. https://www.ifc.org/en/insights-reports/2000/publications-loe-stabilization--wci--1319577941106.

适当的限制。首先，国家本身有责任规范外国投资以保护本国国民的人权；其次，外国投资者需要承担尊重人权的责任。❶行业团体尚未就稳定性条款是否影响、如何影响劳动力、健康、安全、治安、环境及其他可能影响人权的领域的东道国法规提出明确意见。一些稳定性条款可以用于将一国执行新的社会和环境立法的行动限于长期投资。数据显示，许多稳定性条款的文本适用于社会和环境立法，使投资者能够非正式、正式地寻求豁免或赔偿。因此，全面和有限的冻结条款可能使投资者免受新的社会和环境立法的影响。混合条款通常给投资者一个机会，要求调整合同，包括免除法律责任，以补偿投资者。经济均衡条款允许投资者要求合同调整以补偿投资者。因此，一些稳定性条款可以使投资者有能力进行非正式谈判，降低对新法律的遵守程度，或推迟法律对项目的适用，或对遵守给予补偿。❷稳定性条款的合法范围不应包括随后实施与人权或环境有关的国际法所需的国内法。投资者不应寻求且政府不应提出禁止引入或实施善意的人权或环境法规。

OECD 国家的合同和模型似乎基于风险分配原则，该原则大大限制了稳定性条款的范围，同时保护投资者免受国家任何歧视性行为的侵害。原则上，投资者应遵守所有新法律，并承担遵守所有普遍适用法律的费用。因此，OECD 国家的合同至少可以作为收集良好实践标准的参考。改进稳定性条款的成功构想必须考虑其法律适用范围及项目和国家的差异。投资者确认需要持续的投资者保护，以免受非善意或任意和歧视性政府行为的侵害。❸

---

❶ 朴英姬. 跨国石油公司社会责任与尼日利亚的可持续发展 [J]. 西亚非洲，2017（1）：113-138.

❷ SHEMBERG A. Stabilization Clauses and Human Rights: A Research Project Conducted for IFC and the United Nations Special Representative of the Secretary-General on Business and Human Rights: IFC/SRSG Research Paper [R/OL]. (2009-05-27) [2024-07-03]. https://www.ifc.org/en/insights-reports/2000/publications-loe-stabilization--wci--1319577941106.

❸ SHEMBERG A. Stabilization Clauses and Human Rights: A Research Project Conducted for IFC and the United Nations Special Representative of the Secretary-General on Business and Human Rights: IFC/SRSG Research Paper [R/OL]. (2009-05-27) [2024-07-03]. https://www.ifc.org/en/insights-reports/2000/publications-loe-stabilization--wci--1319577941106.

国际投资法视域下的稳定性条款研究

本章小结

稳定性条款的语言表述各异，且依附于不同国家的投资契约或国内法规定。约定稳定性条款效力的认定不仅与准据法有关，还与缔约主体有关。当东道国授权机构签订投资契约时，稳定性条款效力的认定比东道国政府直接签订可能更为复杂。判断法定稳定性条款的效力除了依据国内法，有时可能需要考虑东道国国内法与其所承担的国际义务是否冲突，如国际条约对东道国是直接适用而不是转化适用。当需要认定稳定性条款的效力时，往往是国家契约的当事人之间发生了争端，多为东道国采取某些措施影响了投资者的预期收益或者现行投资的可行性。在实践中，东道国国内法院倾向于认定约定稳定性条款无效，而国际投资仲裁庭倾向于认定稳定性条款有效。国内法在确定稳定性条款的法律定位时非常重要，无论是法定稳定性条款还是约定稳定性条款。就法定稳定性条款而言，其所属法律的位阶决定其效力和效用。就约定稳定性条款而言，其适用的国内法常常是决定其法律效力的重要因素，如果不是唯一因素，因为有的国际投资契约还适用国际法，所以稳定性条款的效力需要由国内法和国际法共同决定。

稳定性条款作为法律选择条款，可以将国内法适用于投资契约。然而稳定性条款是否可以将投资契约与国家法律及其强制条款的动态性质区分开，国际法学界对此存在争议。适用于投资契约的法律框架应随实际情况变化而变化，不应当被冻结。因此，有的观点认为，稳定性条款无法满足这种要求。❶虽然稳定性条款具有法律选择的功能，但其不同于纯粹关注程序法的法律选择条款，后者的效力与投资契约的效力独立。国际社会对投资者的要求也发生改变，以前并不强调投资者承担社会责任，现在虽然不强制，但是负责任的投资者制度逐步深入发展，投资者已不再有合法期望东道国不修改关于环境、人权等的国内法。

---

❶ GJUZI J. Stabilization Clauses in International Investment Law: A Sustainable Development Approach [M]. Cham: Springer International Publishing, 2018: 208.

第三章 国际投资协定中的稳定性条款

本章从国际法规制的角度对稳定性条款进行分析，包括晚近国际投资协定中稳定性条款的新趋势、约定稳定性条款对合同国际化的影响，还将分析国际投资协定中的可持续发展理念，以解决稳定性条款与国际投资协定中尊重东道国规制权有关例外适用优先性的问题。

第一节 晚近国际投资协定中稳定性条款的新趋势

国际投资协定中很少直接规定稳定性条款。《意大利BIT范本》（2003）第XII条第3款规定："在外国投资者开始投资之后，与本投资直接或间接有关的重大法律变更不得追溯适用于本投资，从而保护根据本协议进行的投资。"该规定虽然不构成严格意义的稳定性条款，允许随后对适用于该投资的法律和法规进行更改，但明确指出此类更改不能追溯适用。[1]

近年来，国际投资协定出现了"去稳定化"的趋势。例如，2017年哥伦比亚和法国签署2014年《哥伦比亚—法国BIT》的联合性解释声明。法国阐明不应将第16条"其他处置"理解为稳定性条款，并且违反投资者与当事方之间的国家契

---

[1] United Nations Conference on Trade and Development. State Contracts [M]. New York: United Nations, 2004: 27.

约不应被视为违反条约。❶ 根据《哥伦比亚宪法》，宪法法院必须在国际条约签署后和批准前评估其合宪性。因此，如果宪法法院裁定整个国际条约或其条款之一违反宪法，那么该国际条约不能完全生效。❷ 2019 年，哥伦比亚宪法法院发布了 C-252 号、C-254 号判决，分别涉及 2014 年《哥伦比亚—法国 BIT》和 2013 年《哥伦比亚—以色列国 FTA》的合宪性审查。❸ 这两个判决放弃了之前宽松的审查标准，转而采用更严格的审查标准，从合理性的角度评估条约，被视为具有里程碑意义。在此之前，哥伦比亚宪法法院通常以宽松的审查标准审查国际投资协定。❹

欧盟在经历了意大利、西班牙和捷克的清洁能源法、激励措施改革导致的大量国际投资仲裁后进行反思，主张在国际投资协定中"去稳定化"，并对 FET 条款进行改革。

一、纳入"不稳定"条款

规范、平衡东道国和外国投资者的权利与义务是国际投资协定的主要改革目标。国际投资协定应解决促进人权和保护健康、环境和劳工标准的问题，加强投资者义务的可执行性及投资与可持续性之间的联系。加拿大与欧盟《全面经济贸易协定》(Comprehensive Economic and Trade Agreement，CETA) 包含"不稳定"条款，重申缔约国的规制权。❺

---

❶ United Nations Conference on Trade and Development. World Investment Report 2019: Special Economic Zones [M]. New York: United Nations, 2019: 110.

❷ Constitución Política de Colombia (1991) Article 141:10.

❸ CARLOS B P. Judgment C-252 of 2019, Constitutional Court of Colombia, 6 June 2019; JOSÉ F R C. Judgment C-254 of 2019, Constitutional Court of Colombia, 6 June 2019.

❹ CARLOS B P. Judgment C-252 of 2019, Constitutional Court of Colombia, 6 June 2019, para. 65.

❺ ZHAN J, ROSERT D. UNCTAD's International Investment Agreements Conference 2016: Taking IIA Reform to the Next Level [EB/OL]. (2016-12-16) [2024-06-20]. https://www.iisd.org/itn/en/2016/12/12/unctads-international-investment-agreements-conference-2016-taking-iia-reform-to-the-next-level-james-zhan-diana-rosert.

一国可以在多大程度上为人权和环境保护责任放弃其合同承诺，特别是以稳定性条款作出的合同承诺。根据稳定性条款，东道国承诺将来不变更国内法律，或者至少不对投资者适用此类变更。笔者的假设是，稳定性条款和国家的监管权应融合在一起，而不应被视为相互对立、不兼容的义务。换句话说，如果合同或者法律框架恰当，稳定性条款可以平衡两个相互冲突的需求，即平衡合同的神圣性与国家为保护其公共利益进行监管的权利。

欧盟在外国直接投资方面的专有能力是否能够改变欧盟成员国在合同中制定稳定性条款的方式以避免潜在冲突，包括履行合同义务与遵守欧盟法律之间的冲突及欧盟法律和其他国家法律之间的冲突。对于欧盟法律与国家契约规定之间的冲突，如果要求国家法律与欧盟新规则保持一致，那么僵化的稳定性条款迫使成员国支付赔偿，这会对外国投资产生负面影响。反之亦然，如果一国为了遵守稳定性条款而未遵守欧盟新规定，那么可能面临侵权诉讼。在这两种情况下，以僵化的方式制定的稳定性条款将迫使成员国选择决定尊重国家契约中的稳定性条款还是欧盟法律。欧盟成员国应让欧盟法律作为法律渊源高于国际投资中所包含的法律。除非规范性条款有明确规定，否则不应排除该缔约国颁布有关基本权利的新法律。❶

欧盟公共采购指令明确规定，所有严格的稳定性条款都与欧盟法律相抵触。因此，如果将它们纳入国际投资契约，则无法适用，因为欧盟法律在原则问题上优先于成员国的法律。任何欧盟成员国法律都必须与引入的欧盟法律相一致，如意大利于 2015 年颁布了与欧盟指令完全一致的新的公共采购合同守则。第二类冲突可能发生在 CETA 中第 8.10 条 FET 条款与国际投资契约中的稳定性条款之间。CETA 第 8.10 条 FET 条款的明确定义降低了东道国因颁布旨在保护其公共秩序的立法而违反该协议的风险。因此，如果成员国签订的合

---

❶ CAPPIELLO B. Stability v. Flexibility Can the European Union Find the Balance [EB/OL]. (2017-04-25) [2024-06-20]. https://www.ejiltalk.org/stability-vs-flexibility-can-the-european-union-find-the-balance/.

同包含严格的稳定性条款，则后者与FET条款不一致的风险非常大，将使稳定性条款无效。❶

欧盟成员国采取的对外国投资者造成不利影响的措施可能引起国际法和欧盟法的冲突。例如，争端发生时，外国投资者可能认为东道国违反了国际投资协定中的FET条款，因而提起国际投资仲裁。同时，东道国的这一措施可能违反包含稳定性条款的国际投资契约。如果上述争端在两个不同的争端解决机制中解决，则可能被国际投资仲裁庭认定为与FET条款一致，却被另一争端解决机制认定为违反了稳定性条款，反之亦然。这种不一致最终将影响有关争端的任何裁决的承认和执行。例如，如果该措施在仲裁程序中看起来与FET条款一致，但在国内程序中被发现违反稳定性条款，则东道国是否应支付赔偿。在给定的情况下，如果国家付款，那么该国会遵守国内决定，但与国际决定不一致。❷

如果在是否违反稳定性条款的问题上发生争议，那么国际投资仲裁庭可以应用欧洲法院采用的比例方法，在经济价值和非经济价值之间取得平衡。❸美国最高法院在三菱汽车公司诉索勒·克莱斯勒－普利茅斯公司案中指出，应当区分妨碍国内法强制性规范基本宗旨的国际仲裁裁决和不妨碍国内法强制性规范基本宗旨的国际仲裁裁决，可以容忍后者，而不是前者。❹这意味着一旦国际投资仲裁支持了违反东道国强制性规范的稳定性条款，则该裁决极有可能无法在东道国得以承认和执行。

---

❶ CAPPIELLO B. Stability v. Flexibility Can the European Union Find the Balance [EB/OL]. (2017-04-25) [2024-06-20]. https://www.ejiltalk.org/stability-vs-flexibility-can-the-european-union-find-the-balance/.

❷ CAPPIELLO B. Stability v. Flexibility Can the European Union Find the Balance [EB/OL]. (2017-04-25) [2024-06-20]. https://www.ejiltalk.org/stability-vs-flexibility-can-the-european-union-find-the-balance/.

❸ ECJ, decision of 11 May 2000, in C-38/98, Régie nationale des usines Renault SA v. Mexicar SpA and Orazio Formento.

❹ Mitsubishi Motors Corporations v. Soler Chrysler-Plymouth, Inc, 473 U.S. 614, 1985.

二、FET 条款不能被解释为稳定性条款

《能源宪章条约》(Energy Charter Treaty，ECT) 现代化的主题包括明确 FET 的定义和监管权，一方面侧重于评估第 10 条第 1 款所规定的稳定性要求，另一方面侧重于国家监管的灵活性。❶ECT 的 FET 标准是最常被引用的条款之一，而 ECT 是国际投资仲裁中最常被引用的国际投资协定。❷目前，ECT 第 10 条第 1 款是上一代国际投资协定的典型代表，规定东道国"随时向投资和投资者提供 FET"，还包括稳定的义务，各国应"鼓励并为投资者创造稳定、公平、有利和透明的条件"。可再生能源领域的投资仲裁浪潮充分说明了外国投资者对 ECT 的 FET 条款和稳定性条款的依赖。❸西班牙是可再生能源争议中反应最频繁的国家，目前正面临 50 多个仲裁。❹

欧盟在谈判《跨大西洋贸易与投资伙伴关系协定》(Transatlantic Trade and Investment Partnership，TTIP) 时的主要目标之一是明确 FET 的标准，尤其是要从国际投资仲裁案件中吸取主要经验教训，以消除国家和投资者的不确定性。因此，只有在国家的行为违反了一系列有限的基本权利时，国家才需要承担违反 FET 标准的义务，如拒绝司法，无视正当程序的基本原则，明显的任意性，基于性别、种族的有针对性的歧视，以及虐待。但是，当证据表明国际法

---

❶ LEVASHOVA Y. Investor Due Diligence and the Energy Charter Treaty [EB/OL]. (2019-06-27) [2024-06-20]. https://www.iisd.org/itn/en/2019/06/27/investor-due-diligence-and-the-energy-charter-treaty-yulia-levashova/.

❷ International Energy Charter. The Energy Charter Treaty (ECT) Remains the Most Frequently Invoked IIA [EB/OL]. (2019-01-11) [2024-06-20]. https://energycharter.org/media/news/article/the-energy-charter-treaty-ect-remains-the-most-frequently-invoked-iia.

❸ DRAGUIEV D. Investment Treaty Arbitration in the Renewable Energy Sector: Overview of Arbitral Case Law on Legitimate Expectations in the Light of Policy [J/OL]. Oil, Gas & Energy Law Journal, 2018, 16(5): 239-243 [2024-09-25]. https://www.ogel.org/article.asp?key=3795#citation.

❹ United Nations Conference on Trade and Development. Investment Policy Hub [DS/OL]. [2024-07-03]. https://investmentpolicy.unctad.org/investment-policy-review.

中出现了 FET 标准的新元素且缔约双方明确同意在 FET 标准内容中添加此类元素时，FET 标准才可以扩展此类新元素。❶

在解释 FET 标准时，仲裁庭通常需要考虑投资者的"合理期望"。但是，只有在缔约一方作出明确、具体的陈述以说服投资者进行或维持投资且投资者依赖该陈述进行投资时，投资者才有合理期望。若该陈述后来未被该缔约方尊重，则该缔约方有可能违反投资者的合法预期，从而违反 FET 标准。欧盟此举的目的是声明投资者不能合理地期望一般的监管、法律制度不会改变。因此，欧盟指出，FET 标准不能被理解为规定了东道国的"稳定义务"，即不能要求东道国保证其法律不会以可能对投资者造成负面影响的方式发生变化。欧盟还应在必要时，努力在东道国利用其主权权利避免对外国投资者或其投资承担合同义务的情况下，向外国投资者提供保护，但不包括普通合同违约。❷

在欧盟就 TTIP 的 FET 条文开展的民意调查中，对大多数集体答复者、工会和一些非政府组织而言，FET 标准会因某些情况而引起广泛关注，或者担心所提议的方法仍会允许仲裁庭进行广泛的解释。几位答复者（包括企业、非政府组织）对通过修订 FET 标准降低保护级别表示关注，该标准被认为是能够提供最基本的保护的。共识的较重要领域似乎是确保不能将 FET 解释为对投资者周围法律环境将保持不变的承诺，即"稳定性条款"。❸

在欧盟委员会的谈判提案中，案文的序言和正文均明确保护了一国的规制

---

❶ European Commission. Online Public Consultation on Investment Protection and Investor-To-State Dispute Settlement in the Transatlantic Trade and Investment Partnership Agreement [R/OL]. (2015-01-13) [2024-07-03]. https://www.europarl.europa.eu/meetdocs/2014_2019/documents/inta/dv/swd(2015)0003final_/swd(2015)0003final_en.pdf.

❷ European Commission. Online Public Consultation on Investment Protection and Investor-To-State Dispute Settlement in the Transatlantic Trade and Investment Partnership Agreement [R/OL]. (2015-01-13) [2024-07-03]. https://www.europarl.europa.eu/meetdocs/2014_2019/documents/inta/dv/swd(2015)0003final_/swd(2015)0003final_en.pdf.

❸ OBADIA E. The TTIP Debate: A Necessary Evil? [R/OL]. (2015-03-11) [2024-07-03]. https://ccsi.columbia.edu/sites/default/files/content/docs/events/Eloise-Obadia-TTIP-Presentation-March-12-2015.pdf.

权。❶ TTIP 明确指出，缔约方不承诺对法律和监管框架不进行变更，即使可能会对投资或投资者的利润预期产生负面影响。这是"非稳定性条款"，旨在防止"监管冻结"或"监管寒蝉"。TTIP 缔约方不得发布、续签或维持包括欧盟国家援助的国家补贴的决定，不得构成违反 TTIP 条款的规定。欧盟委员会提案中关于国家规制权的规定相对广泛。❷

第二节　约定稳定性条款与投资合同国际化

投资合同国际化是约定稳定性条款发挥保护投资者作用的重要方式，旨在解决东道国国内法管辖带来的一系列问题，主要通过与国际化条款、保护伞条款相互作用实现。

一、投资合同的法律选择

对缔约双方而言，合同适用法律的选择是一个高度敏感的问题。为防止东道国法律发生对投资者不利的变化，国家和投资者有可能缔结稳定性条款。

（一）国内法管辖存在的问题

东道国与外国投资者之间签订的绝大部分合同均受该国国内法的管辖❸，很

---

❶《跨大西洋贸易与投资伙伴关系协定》第 2 条第 2 款规定的"规制权"，是指东道国通过实现合法政策目标采取所必需措施的权利，包括保护公共健康、安全、环境或公共道德，社会或消费者保护，促进和保护文化多样性。

❷ HOLTERHUS T P. A New Era in the Settlement of Investment Disputes?—Reformvorschläge der EU-Kommission zum Investitionsschutz in TTIP [EB/OL]. (2015-09-17) [2024-06-20]. https://verfassungsblog.de/a-new-era-in-the-settlement-of-investment-disputes reformvorschlaege-der-eu-kommission-zum-investitionsschutz-in-ttip/.

❸ 孙南申. 国际投资仲裁中的法律适用问题 [J]. 国际商务研究，2019，40（2）：47-58.

少有明文规定适用国际法的情况。如果特许协议受东道国法律的约束,则投资者面临东道国利用其主权干涉投资合同权利平衡的风险,如在部分国家,行政机关可以为保障公众利益在宪法框架内单方面变更、终止或修改特许权合同,极大限制了稳定性条款的适用范围。❶

然而在国际法不适用的情况下,定义国家相对于外国投资者的权利的合法范围可能非常困难。换句话说,在某些情况下,缔约国有权改变国内法律,即使这样做的结果是损害外国投资者的利益。然而国际法介入的关键是这些促使东道国修改国内法的情况本身必须是国际法的问题。❷

虽然东道国法律管辖合同,但稳定性条款也必须被置于国际法的背景下,以防止东道国单方面更改稳定性条款。缔结稳定性条款的更好方法是,在东道国与母国之间达成一项国际协议,从而使稳定性条款的效力得到最大程度的认可。然而由于部分稳定性条款会在一定程度上限制国家主权,若东道国为保护其主权不愿在国际投资协议中纳入稳定性条款,则调整条款可以解决此问题。

(二)国际法管辖的可能性

第二次世界大战后,美国、欧洲的律师进行了相当多的创新和尝试,寻求根据国际法发展东道国违反合同责任的机制和理论,双边投资协定中常见的保护伞条款的起源可以追溯到这一时期。❸

所谓"合同国际化"理论一直备受争议。合同当事方有意将合同"国际化",如在合同中纳入稳定性条款或将合同争议提交国际仲裁。支持者认为,受东道国国内法管辖的合同也要遵守国际法的基本原则,如必须真诚履行合同

---

❶ SCHREUER C H. The ICSID Convention: A Commentary [M]. 2nd ed. Cambridge: Cambridge University Press, 2009: 588-589, paras. 116, 119.

❷ JENNINGS R B. State Contracts in International Law [J]. British Yearbook of International Law, 1961(37): 156-182.

❸ SINCLAIR A C. The Origins of the Umbrella Clause in the International Law of Investment Protection [J]. Arbitration International, 2004, 20(4): 411-434.

的要求、各国不能依据其国内法捍卫违反国际义务的行为。❶ 特别是如果合同包含国际化条款（internationalization clause）或稳定性条款，那么某些仲裁庭会接受该合同是国际化的合同，适用国际法。根据有关文献及国际常设法院的裁判，目前跨国公司在国际法中不具有法人资格，跨国公司签订的合同也不受国际法管辖。然而当此类国际投资合同包含国际化条款或稳定性条款时，则国际法适用，但这些条款并未赋予跨国公司国际法主体的地位。❷ 反对者认为，只有在合同没有明确的准据法条款的前提下，才可以推定国际法适用❸，并且国际法的适用不会自动使依据国内法无效的合同条款有效。❹

若争端方未约定仲裁适用的准据法，则仲裁庭可以决定适用东道国国内法还是国际法规则，或适用二者❺，然而仅违反合同并不能自动构成对国际法的违反。因此，国际法不保证合同地位，而是在次要水平上提供赔偿。只有将稳定性条款和国际化条款相结合，才能保证东道国承担不改变国内法的国际法义务。近年来，这两个条款的适用范围似乎有所减小。❻

长期的稳定性条款可能会导致问题，因为 BITs 并不是针对不良商业决策的保险政策。国际法仅具有补缺或纠正作用，这主要是由于与国家法律体系相比，其监管密度不足。毫无疑问，国际法不应成为合同的准据法。由于国际法的纠正性质，这似乎不是一个大问题。虽然稳定性条款限制了东道国的主权，

---

❶ MANIRUZZAMAN A F M. State Contracts in Contemporary International Law: Monist Versus Dualist Controversies [J]. European Journal of International Law, 2001(12): 309-328.

❷ GÖMMEL R. Investing into North African Solar Power: A Legal Framework for Risk Management and Prospects for Arbitration [M]. Cham: Springer International Publishing, 2015: 99.

❸ HIGGINS R. Problems and Process: International Law and How We Use It[M].Oxford: Oxford University Press, 1994: 141.

❹ SORNARAJAH M. The International Law on Foreign Investment [M]. Cambridge: Cambridge University Press, 1994: 424-426.

❺ 孙南申. 国际投资仲裁中的法律适用问题 [J]. 国际商务研究，2019, 40（2）: 47-58.

❻ DOLZER R, SCHREUER C. Principles of International Investment Law [M]. 2nd ed. Oxford: Oxford University Press, 2012: 75.

但这并不会导致不可接受的结果。首先，国际仲裁庭和许多国际法文献支持使用稳定性条款。其次，每个国家都可以自由限制自己的主权。唯一值得注意的是，此限制不应扩展到一国职能的核心要素。双方应事先评估稳定性条款是否在东道国的宪法框架内，并符合国际法。❶

（三）稳定性条款的法律选择功能

约定稳定性条款确实可以起到法律选择的作用，其规定了东道国的哪些法律可以适用于外国投资者。但是，稳定性条款的法律选择作用并不同于严格意义上的法律选择条款，该条款可以确定适用于投资契约的管辖法律。❷法定稳定性条款通常是把本法作为投资契约的准据法之一。

国内法可以通过国际投资契约中所载的法律选择条款适用于投资契约，缔约方的自治权可以使投资契约不受东道国国内法的管辖，而是将投资契约置于其他国家管辖之下。稳定性条款是法律选择条款的一种形式。❸约定稳定性条款作为法律选择条款的一种变体❹，一种解释是将其视为冲突法的选择条款，另一种解释是将稳定性条款视为实体法的选择条款。

就第一种解释而言，法律选择是否有效取决于投资东道国的法律选择制度。如果东道国的法律冲突规则允许当事方使用这样的合同条款选择另一国的冲突规则，则法律选择被认为是有效的，并且东道国的国内法不再进一步适用于该投资契约，因此稳定性条款也是有效的。此时，东道国的强行性规范也不

---

❶ GÖMMEL R. Investing into North African Solar Power: A Legal Framework for Risk Management and Prospects for Arbitration [M]. Cham: Springer International Publishing, 2015: 104-105.

❷ GJUZI J. Stabilization Clauses in International Investment Law: A Sustainable Development Approach [M]. Cham: Springer International Publishing, 2018: 187-190.

❸ WLDE T, NDI G. Stabilizing International Investment Commitments: International Law Versus Contract Interpretation [J]. Texas International Law Journal, 1996(31): 215-267.

❹ DOLZER R, SCHREUER C. Principles of International Investment Law [M]. 2nd ed. Oxford: Oxford University Press, 2012: 27.

第三章　国际投资协定中的稳定性条款

再适用于投资契约，东道国关于环境保护、人权等规定也无法约束投资者。就"实体法的选择条款"解释而言，有观点认为当事方选择了另一国的实体法，但没有选择该国的整个法律秩序。[1]因此，投资契约仍受东道国国内法的管辖，特别是其强制性条款对投资契约具有约束力，尤其是有关环境保护、税法、劳工保护等公法的规范。[2]在这两种情况下，法律体系或另一国实体法的选择不仅是在不同国家之间这一水平层面上进行的，而且是在不同时间点之间这一垂直层面上进行的。因此，适用于投资契约的法律是某个特定日期的法律。[3]

二、稳定性条款国际化投资合同的路径

国际投资协定的兴起使国内法的作用复杂化，这些协定可能把国家对投资者的合同承诺提高到国际法的水平，将这些承诺置于国内法之上而不是从属于国内法，尤其是保护伞条款的扩大解释。[4]因此，即使国内法院认为稳定性条款无效，国际投资仲裁庭也可能采用不同的观点。[5]稳定性条款的国际化主要通过国际化条款和保护伞条款实现。国际化条款的谨慎起草将有助于稳定性条款发挥作用，而保护伞条款规定在国际投资协定中并不能为投资双方所协商改变。

---

[1] MECKENSTOCK C A. Investment Protection and Human Rights Regulation, Two Aims in a Relationship of Solvable Tension [M]. Baden-Baden: Nomos Verlagsgesellschaft, 2010: 58.

[2] EL-KOSHERI A S, RIAD T F. The Law Governing a New Generation of Petroleum Agreements: Changes in the Arbitration Process [J]. ICSID Review-Foreign Investment Law Journal, 1986, 1(2): 257-288.

[3] MECKENSTOCK C A. Investment Protection and Human Rights Regulation, Two Aims in a Relationship of Solvable Tension [M]. Baden-Baden: Nomos Verlagsgesellschaft, 2010: 57-60.

[4] 丁夏. 国际投资仲裁中适用"保护伞条款"之冲突与解决——以仲裁庭阐释条款的态度为线索 [J]. 西北大学学报（哲学社会科学版），2014，44（2）：71-76.

[5] CORDES K Y, JOHNSON L, SZOKE-BURKE S, et al. Legal Frameworks & Foreign Investment: A Primer on Governments' Obligations [EB/OL]. [2024-07-03]. https://scholarship.law.columbia.edu/sustainable_investment_staffpubs/30.

(一)国际化条款

在长期开采项目中，投资合同中的稳定性条款和国际化条款起着重要作用。今天，大多数外国投资者都要求东道国提供类似稳定性条款的合同保证，目的是维持其在投资时的合法地位，从合同签订之日起"冻结"东道国的法律体系。投资合同中必须规定特殊的国际化条款，稳定性条款才能发挥效用。国际化条款使投资合同不仅受投资时所依据的国内法管辖，而且明确规定该合同应受某些第三国法律或国际法管辖，从而使投资关系国际化。❶德士古公司等诉利比亚案和相关特许权协议被作为将公私实体之间的合同国际化的一个例子，该案涉及的特许权协议第 28 条第 7 款规定，管辖法律是与国际法原则一致的国内法，否则由一般法律原则管辖和解释。❷

有的国际投资合同采用数种国际化方式组合，使投资者依据投资契约享有的合同权利受到国际法的保护。德士古公司等诉利比亚案涉及的特许权协议通过三个条款使特许协议"国际化"。一是特许权协议的法律适用条款要求同时适用利比亚法律和国际法原则。二是该特许权协议包含稳定性条款，利比亚有效地承诺在一定时期内不进行国有化。三是合同包含国际仲裁条款。❸

(二)保护伞条款

除国际公法协议之外，广义上的国际能源投资法还包括投资契约，特别是外国投资者与东道国政府之间缔结的特许权协议❹，该投资契约受东道国国内法

---

❶ HERDEGEN M. Principles of International Economic Law [M]. Oxford: Oxford University Press, 2013: 376.

❷ BUNGENBERG M, HOBE S. Permanent Sovereignty over Natural Resources [M]. Cham: Springer, 2015: 134-135.

❸ VON MEHREN R B, KOURIDES P N. The Libyan Nationalizations: TOPCO/CALASIATIC v. Libya Arbitration [J]. Natural Resources Lawyer, 1979, 12(2): 419-434.

❹ DOLZER R, SCHREUER C. Principles of International Investment Law [M]. 2nd ed. Oxford: Oxford University Press, 2012: 72.

第三章　国际投资协定中的稳定性条款

或者缔约各方同意的法律管辖❶，不被视为国际法的一部分。❷但是，外国投资者应尝试将这些合同"国际化"。虽然很难通过合同中的法律选择条款实现这一目标，但国际投资协定可以包含投资者与国家之间的合同。一些投资仲裁庭和学者认为，可以通过双边投资协定保护国家与投资者之间的合同权利，尤其是通过保护伞条款。因此，双边或区域投资协定将涵盖违反特许权协议的情况。❸

保护伞条款现已成为国际投资协定的共同要素❹，虽然其措辞有所不同，但它们通常要求东道国承担与条约保护的投资相关的"任何其他义务"。❺ 保护伞条款是否涵盖国家与投资者的投资契约中的义务一度成为国际法的关切。❻

4个解释学派分析了保护伞条款作为国家契约承诺的稳定作用及该条款对合同稳定性条款的影响。❼ 例如，限制派（Restrictionist School）、主权中心派（Sovereign-centric Schools）和一体化派（Integrationist School）认为，保护伞条款在范围上是保守的，因为保护伞条款本身不是类似于约定稳定性条款的条约稳定性条款。❽ 在国际主义学派（Internationalist School）中，保护伞条款被

---

❶ Serbian Loans (France v. Serbia) (1928) PCIJ Ser A No. 20 and Brazilian Loans (France v. Brazil) (1929) PCIJ Ser A No. 21.

❷ CAMERON P D. International Energy Investment Law: The Pursuit of Stability [M]. 2nd ed. Oxford: Oxford University Press, 2021: 101.

❸ KRAJEWSKI M. The Impact of International Investment Agreements on Energy Regulation [M]// HERRMANN C, TERHECHTE J P. European Yearbook of International Economic Law 2012. Berlin: Springer, 2012: 354.

❹ YANNACA-SMALL K. Interpretation of the Umbrella Clause in Investment Agreements [M]// International Investment Law: Understanding Concepts and Tracking Innovations. Paris: OECD Publishing, 2008: 101.

❺ The Energy Charter Treaty and Art. 7(2) of the German Model BIT, Article 10(1).

❻ DOLZER R, SCHREUER C. Principles of International Investment Law [M]. 2nd ed. Oxford: Oxford University Press, 2012: 153.

❼ CRAWFORD J. Treaty and Contract in Investment Arbitration [EB/OL]. (2007-11-29) [2024-06-20]. https://is.muni.cz/el/1422/podzim2010/MVV61K/um/20201574/Crawford-Treaty_and_Contract-2.pdf.

❽ MANIRUZZAMAN A F M. The Pursuit of Stability in International Energy Investment Contracts: A Critical Appraisal of the Emerging Trends [J]. Journal of World Energy Law and Business, 2008, 1(2): 121-157.

赋予了深远的意义，该条款被视为等同于约定稳定性条款的条约条款。

保护伞条款的适用范围无论是在实践中还是在国际法理论上都具有争议❶，即使进行狭义解释时，仲裁庭也倾向于稳定性条款可以使投资契约受到条约保护。然而在埃尔帕索公司诉阿根廷案（El Paso v. Argentina）中，仲裁庭驳回了该公司提出的根据保护伞条款将合同违约视为对涉案《美国—阿根廷 BIT》的违反，而是采取一种平衡的方法解释涉案 BIT，考虑到国家主权、国家为经济活动的发展建立适应性和演进性框架的责任及保护外国投资的必要性。❷ 仲裁庭拒绝对保护伞条款进行广泛解释，指出有必要将国家作为商人与作为主权国家区分开来。本案仲裁庭认为，《阿根廷—美国 BIT》中的保护伞条款可根据该 BIT 第 7 条第 1 款加以解释，后者明确将 BIT 规定的投资争端限制在国家作为主权国家通过协议、授权或违反 BIT 义务引起的所有争端。与第 7 条一起解读保护伞条款不会将条约保护扩大到违反国家或国有实体订立的普通商业合同，但将涵盖国家作为主权国家以合同形式作出的投资保护，如在投资契约中纳入稳定性条款。❸ 同样，CMS 诉阿根廷案的仲裁庭认为，被申请人阿根廷根据《美国—阿根廷 BIT》第 2 条第 2 款（c）项的保护伞条款承担的国际责任仅限于投资者与行使主权的国家之间订立的合同。在某些情况下，合同的纯粹商业性质可能不受条约的保护，但是当政府或公共机构严重干涉投资者的权利时，此类合同可能会受到条约保护。涉案许可协议中包含的两个稳定性条款使该协议可以受到保护伞条款的保护。❹

---

❶ 丁夏. 国际投资仲裁中适用"保护伞条款"之冲突与解决——以仲裁庭阐释条款的态度为线索 [J]. 西北大学学报（哲学社会科学版），2014，44（2）：71-76.

❷ El Paso Energy International Company v. The Argentina Republic, ICSID Case No. ARB/03/15, Decision on Jurisdiction, 27 April 2006, para.70.

❸ El Paso Energy International Company v. The Argentina Republic, ICSID Case No. ARB/03/15, Decision on Jurisdiction, 27 April 2006, para.81.

❹ CMS Gas Transmission Company v. The Republic of Argentina, ICSID case No. ARB/01/8, Award 12 May 2005, paras. 299, 302, 303.

第三章　国际投资协定中的稳定性条款

第三节　国际投资协定中可持续发展理念与稳定性条款的关系

绿色国际投资是可持续发展目标的一部分，可持续发展理念已经渗透到几乎所有有关环境的公约和软法中。[1]就现有国际投资协定中绿色国际投资的要求与稳定性条款之间的矛盾而言，即国际法与东道国承诺之间的冲突，何者优先？下面分析国际投资协定中可持续发展理念对此类冲突的调和作用。

当前的国际投资政策和法律似乎正在朝着可持续发展的方向发展[2]，近年来缔结的国际投资协定中"可持续发展语言"增多，将可持续发展理念纳入国际投资协定已成为条约实践中的主要趋势。迄今为止，已经签订了3000多个国际投资协定。[3]联合国组织的一项研究调查了其中的2107个协定，发现从2008年至2013年缔结的国际投资协定中超过3/4都包含可持续发展理念，而且2012年、2013年缔结的几乎所有投资协定都包含可持续发展理念。[4]

---

[1] FRANCIONI F. Revisiting Sustainable Development in Light of General Principles of International Environmental Law [M]// CREMONA M, HILPOLD P, LAVRANOS N, et al. Reflections on the Constitutionalisation of International Economic Law: Liber Amicorum for Ernst-Ulrich Petersmann. Leiden: Martinus Nijhoff, 2014: 473-492.

[2] 曾华群. 论我国"可持续发展导向"双边投资条约的实践[J]. 厦门大学学报（哲学社会科学版），2015（1）：80-89.

[3] United Nations Conference on Trade and Development. Investment Policy Hub [DS/OL]. [2024-07-03]. https://investmentpolicy.unctad.org/investment-dispute-settlement/country/197/spain.

[4] United Nations Conference on Trade and Development. World Investment Report 2012: Towards a New Generation of Investment Policies [M]. Switzerland: United Nations, 2012; United Nations Conference on Trade and Development. World Investment Report 2013: Global Value Chains: Investment and Trade for Development [M]. New York: United Nations, 2013; United Nations Conference on Trade and Development. World Investment Report 2014: Investing in the SDGs: An Action Plan [M]. Switzerland: United Nations, 2014.

国际投资法视域下的稳定性条款研究

一、可持续发展理念的适用

笔者将明确包含"可持续发展"一词的规定及其他与可持续发展理念有关的规定称为"可持续发展语言",这些可持续发展语言是可持续发展理念的体现。国际投资协定纳入可持续发展理念有助于促进外国投资保护与东道国规制权行使之间实现适当平衡。它满足了东道国在国际投资协定中扩大政策空间的需求,从而防止监管寒蝉及对外国直接投资保护带来的负面影响。❶关于新一代国际投资协定中可持续发展语言的解释和适用主要基于《维也纳条约法公约》解释规则的理论分析,而尚无国际投资仲裁。

国际投资协定中明确的规制权规定可以直接适用于解决稳定性条款与东道国监管权之间的冲突。虽然国际投资协定的序言一般不对当事方施加直接义务,也不通过例外或排除的方式减少其义务,但它有助于澄清条约的目的和宗旨,并确定与其解释有关的更广阔的背景。❷

若国际投资协定没有直接规定东道国的规制权,但规定了其他可持续发展语言,仍然可以用于解决冲突。第一种方式是直接适用,即国际投资协定中明确包含"可持续发展"一词,笔者将这些国际投资协定称为"可持续发展规定"。第二种方式涉及将"可持续发展相关规定"明确纳入直接适用的法律,参考适用国际投资协定、东道国法律或投资合同中的规定,涉及诸如环境保护、人权、健康和安全、善政、透明度、反腐败等问题。❸国际投资协定中与可持续发展有关的规定有数种表现形式,与本书研究相关的形式包括在协定

---

❶ PRISLAN V, ZANDVLIET R. Mainstreaming Sustainable Development into International Investment Agreements: What Role for Labor Provisions? [M]// HOFMANN R, TAMS C, SCHILL S. International Investment Law and Development: Bridging the Gap. Cheltenham: Edward Elgar, 2015: 4.

❷ REINISCH A. Austria [M]// BROWN C. Commentaries on Selected Model Investment Treaties. Oxford: Oxford University Press, 2013: 15-52.

❸ 曾华群. 论我国"可持续发展导向"双边投资条约的实践 [J]. 厦门大学学报(哲学社会科学版), 2015(1): 80-89.

第三章 国际投资协定中的稳定性条款

序言或条款中纳入非经济目标、尊重国家监管权等。在尊重国家监管权方面，实质性保护标准的解释性声明主要是"不降低标准"的条约语言及一般例外条款。

在投资保护的背景下，与可持续发展的相关性考虑了可持续发展的要素、与可持续发展有关的国际法原则及可持续发展理念固有的基本原理和融合。融合体现在确保经济发展的目标、规范与环境保护和社会福利等非经济目标、规范的融合和平衡。虽然这些规定未明确提及"可持续发展"一词，但将非经济规定纳入适用于冲突调和及在相关法律的上下文解释中考虑此类规定，最终可能在追求可持续发展中发挥作用。❶ 若国际投资协定中没有规定可持续发展理念，则可以通过解释适用，如通过《维也纳条约法公约》第31条第3款（c）项。

但是，可持续发展规则在适用中存在问题。首先，国际投资仲裁实践表明，仲裁庭采用的条约解释方法和标准存在差异。其次，各种可持续发展规定之间存在文本差异，这些差异阻碍了系统化或广泛化地适用这些规定。这些规定可能会影响国际投资协定中征收和FET标准的解释、应用，因而对稳定性条款与监管权对立的调和作用有限。

投资仲裁庭在解释、适用国际投资协定规定的各缔约国义务时经常会引用和依据序言❷，序言的语言在评估其解释权重时非常重要。例如，国际投资协定可能将诸如环境保护、社会福利或繁荣之类的目的视为次要目标，这反映了国际投资协定背后的新自由主义经济理论。根据该理论，国际投资协定的最终目标是保护、促进外国直接投资，即经济发展，而其他非经济方面的目标则被视为实现协定投资保护、促进目标的自然结果。❸

---

❶ GJUZI J. Stabilization Clauses in International Investment Law: A Sustainable Development Approach [M]. Cham: Springer International Publishing, 2018: 386.

❷ 张庆麟. 论国际投资协定中东道国规制权的实践及中国立场 [J]. 政法论丛，2017（6）：68-77.

❸ PRISLAN V, ZANDVLIET R. Mainstreaming Sustainable Development into International Investment Agreements: What Role for Labor Provisions? [M]// HOFMANN R, TAMS C, SCHILL S. International Investment Law and Development: Bridging the Gap. Cheltenham: Edward Elgar, 2015: 4-5.

二、序言中可持续发展理念与稳定性条款的关系

国际投资协定序言的目标、语言及和其他条款的关系根据国际投资协定适用都会影响稳定性条款,也会影响投资者保护和尊重东道国规制权之间的平衡。

(一)序言中可持续发展理念的目标

国际投资协定序言往往包含该协定缔约双方追求合作的目标。早期BITs序言中极少纳入可持续发展理念,侧重于保护外国投资。《捷克—匈牙利BIT》于1993年签订,明显偏向投资者保护,其序言规定极为简单,表明双方"希望长期扩大和发展两国在经济、工业和科技合作领域的相互关系"且"其目标是为缔约一方投资者在缔约另一方领土内的投资创造有利条件"❶,除了经济发展目标之外,没有提及其他可持续发展目标。《捷克—英国BIT》《巴拿马—美国BIT》《英国—乌兹别克斯坦BIT》《立陶宛—挪威BIT》也是如此,其中序言表明双方意图为"进行更多投资创造有利条件""刺激商业活动"❷。这些早期签订的BITs未关注可持续发展理念,在实践适用中当稳定性条款偏向于保护投资者而限制东道国规制权时,序言中也没有可持续发展语言,无法调和投资者保护和东道国规制权行使之间的冲突。

据粗略统计,各国在2010年前公布的双边投资协定范本中大多没有规定可持续发展目标,如印度、意大利、德国、英国❸,俄罗斯甚至在其2016年公

---

❶ Cyprus-Hungary BIT (1989), Preamble.

❷ Czech Republic-United Kingdom BIT (1990), Preamble; Panama-United States of America BIT (1982), Preamble; United Kingdom-Uzbekistan BIT (1993), Preamble; Lithuania-Norway BIT (1992), Preamble.

❸ India Model BIT (2003), Preamble; Italy Model BIT (2003), Preamble; Germany Model BIT (2008), Preamble and United Kingdom Model BIT (2008), Preamble,其中India Model BIT (2003)被India Model BIT (2015)取代。

第三章 国际投资协定中的稳定性条款

布的双边投资协定范本中仍未纳入可持续发展目标。❶例如，2008 年《德国双边投资协定范本》序言❷的规定，在明确承认"投资的合同保护"（contractual protection of investments）的情况下，仲裁庭在解释协定实质性保护标准时需要更加重视合同稳定性条款而不是"繁荣"的目标，加之该范本序言并没有明确提及可持续发展目标，这意味着可持续发展目标是序言的次要目标。由于可持续发展旨在协调经济、环境和社会三大目标，而国际投资协定的当事方选择将投资保护放在较其他非经济问题优先的位置，所以可持续发展理念的解释作用是有限的。值得一提的是，除了双边投资协定范本未纳入可持续发展目标之外，俄罗斯在其国内法中纳入了稳定性条款并通过法律修订使其进行"绿色化"演进，俄罗斯的这两种做法体现了其尤其注重吸引外资。

随着可持续发展理念的深入发展和 ISDS 改革的需求，虽然晚近签订的国际投资协定序言中不同程度地包含可持续发展目标，但是经济目标和非经济目标的优先程度不同。在各国 2010 年以后公布的双边投资协定范本中，可持续发展目标逐渐受到关注并日趋完善。有的国际投资协定序言赋予可持续发展目标与投资保护相同的权重。在这种形势下，促进、保护外国直接投资不是国际投资协定的唯一目的，其目的是实现经济、社会和环境的全面发展。❸例如，《加拿大—哥伦比亚自由贸易协定》序言规定，双方不仅旨在促进投资，而且旨在保护环境和工人权利，并促进可持续发展。❹"促进可持续发展"作为单独的一条，而不是像有的国际投资协定把"促进可持续发展"作为促进、鼓励双方投资的一种结果或者期望，这种表述允许对条约解释时赋予这些不同目标同等的权重。《美国双边投资协定范本（2004）》《美国双边投资协定范本

---

❶ Russian Federation Model BIT (2016), Preamble.

❷ Germany Model BIT (2008), Preamble.

❸ SPEARS S A. The Quest for Policy Space in a New Generation of International Investment Agreements [J]. Journal of International Economic Law, 2010, 13(4): 1037-1075.

❹ Canada-Colombia Free Trade Agreement (2008), Preamble.

（2012）》《捷克双边投资协定范本（2016）》的序言表述为缔约方希望"以与保护健康、安全和环境相一致的方式及促进国际公认的劳工权利的方式"实现投资者保护目标❶，从而明确了投资保护不应以其他环境标准和社会标准为代价来实施，这更反映了这些目标的同等解释权重。

根据此类序言规定，仲裁庭对征收标准或 FET 标准及其合理期望原则的解释有助于在外国投资者的经济利益与东道国的合法社会和环境关切之间实现适当的平衡，能为仲裁庭作出公正裁决提供更有效的指导❷，而征收标准或 FET 标准及其合理期望原则在通常情况下可以作为因违反稳定性条款而获得条约保护的依据。因此，这将避免稳定性条款对东道国追求绿色国际投资的不利影响。平衡不同目标的方式有两种。第一，国际投资协定序言中的目标是对绿色投资进行明确界定，使之成为促进可持续发展目标实现的重要手段。第二，在稳定性条款中增加排除东道国公共监管规制权合法行使的规定，在国际社会中已经形成的普遍认识是东道国当然可以行使其规制权，但是并不是任意的，必须依合理、非歧视、正当程序行使。❸

在签署投资契约时，东道国可能会考虑限制稳定性条款的范围，使它们仍然发挥其吸引外国直接投资的作用，同时不会挑战东道国规范环境保护和人权事务的权力。如果认为稳定性条款对吸引外国直接投资不是必需的，也可以选择省略。在争端解决层面，稳定性条款不能绝对排除东道国的监管权，而是对东道国的措施、效果及其目的进行更广泛的评估。由于可持续发展概念固有的灵活性，所以在任何情况下当事方都可以根据稳定性条款的规定选择重新谈判其契约，并找到满意的解决方案。

---

❶ United States Model BIT (2004), Preamble; United States Model BIT (2012), Preamble; Czech Republic Model BIT (2016), Preamble. 虽然《美国双边投资协定范本（2012）》取代了《美国双边投资协定范本（2004）》，但是二者序言的规定是一样的。

❷ 张庆麟.论国际投资协定中东道国规制权的实践及中国立场[J].政法论丛，2017（6）：68-77.

❸ GJUZI J. Stabilization Clauses in International Investment Law: A Sustainable Development Approach [M]. Cham: Springer International Publishing, 2018: 397.

（二）序言中可持续发展理念的表述

起初，国际投资协定的序言不被重视，直到国际投资仲裁庭在解释涉案国际投资协定时考虑序言的语言表述。有的学者认为，国际投资协定的序言对解释协定具有重要意义。❶序言的目标对条约解释的权重还将取决于条约序言的背景。在某些情况下，序言的语言环境体现出不同目标之间的优先性，尤其是不同目标发生冲突时何者处于优先地位。有的序言背景更能体现支持外国投资者保护，而有的序言背景更支持东道国的规制权。

有的国际投资协定把促进可持续发展作为次要目标，优先支持投资保护。例如，《加拿大外国投资促进及保护协议范本（2004）》和《印度双边投资协定范本（2015）》的序言，其中各方认识到投资促进和保护"将有助于促进互利的商业活动，促进它们之间的经济合作，并促进可持续发展"❷。在这种表述中，"促进可持续发展"是作为投资促进和保护的结果或者期望，而不是与投资保护并列的目标。这些可持续发展规定作为条约的次要目的，而不是一项独立的目标，似乎可以说明仲裁庭不愿将可持续发展作为与投资保护一样重要的目标。鉴于此，在稳定性条款与东道国监管权对立的情况下，保护投资者权益的做法很可能会优先于东道国的其他社会环境问题，违反稳定性条款的行为可能会获得征收标准或 FET 标准下合法预期理论的支持。

晚近国际投资协定在促进可持续发展方面的规定愈发细致、全面，缔约国不再单纯地追求投资保护和促进，而是注重吸引可以促进可持续发展的优质投资，经济发展不再是首要目标，健康、劳工保护和环境保护等可持续发展目标更受到重视。例如，《捷克双边投资协定范本（2016）》规定："希望以符合健康、安全和环境保护及促进消费者保护和劳工保护标准的方式实现这些目标"，

---

❶ 张中元，沈铭辉.国际投资协定中可持续发展条款对双边投资的影响[J].世界经济研究，2018（3）：95-108，136.

❷ Canada Model BIT (2004), Preamble; India Model BIT (2015), Preamble.

《哥伦比亚双边投资协定范本（2017）》规定："寻求促进和保护有利于双方繁荣和可持续发展的外国投资"，《比利时—卢森堡经济联盟双边投资协定范本（2019）》规定："本协议中的任何内容均不得以任何方式解释为限制缔约方采取、维持和执行措施以追求合法政策目标的权利，例如保护公共卫生、环境和公共道德；促进安保和安全"，《荷兰双边投资协定范本（2019）》规定："以期吸引和促进缔约双方在各自领土上进行有助于可持续经济发展的负责任的外国投资"，2010 年的《奥地利—哈萨克斯坦 BIT》规定：投资促进和保护应"不放松适用于缔约方环境、安全和劳工保护领域的措施和标准"，《斯洛伐克双边投资协定范本（2019）》规定："旨在确保投资者和东道国利益之间的平衡，确认投资、环境和劳工政策在这方面的相互支持"。❶

这些序言的语言环境表明投资保护的目标不能违反有关可持续发展要求，给予东道国规制权行使较大的空间。在稳定性条款与东道国监管权冲突的情况下，仲裁庭需要根据该序言对稳定性条款进行限制性解释，使东道国行使监管权成为该条款的例外。

（三）序言和其他条款的关系

在国际投资协定中，有的条款会明确表明该条款与序言目标之间的关系，从而赋予序言不同目标不同的优先性或者解释权重。《北美自由贸易协定》（North American Free Trade Agreement，NAFTA）序言规定，缔约方不仅保护投资，而且促进可持续发展，规定东道国以符合环境保护、维护的方式承担贸易、投资、其他义务等。然而 NAFTA 第 102 条"目标"所列举的目标并未包含"可持续发展"一词，这可能限制序言中的可持续发展或其他监管权力目

---

❶ Czech Republic Model BIT (2016), Preamble; Colombia Model BIT (2017), Preamble; Belgium-Luxembourg Economic Union Model BIT (2019), Preamble; Netherlands Model BIT (2019), Preamble; Austria - Kazakhstan BIT (2010), Preamble; Slovakia Model BIT (2019), Preamble.

第三章 国际投资协定中的稳定性条款

标的解释权重。❶ 取代 NAFTA 的《美墨加协定》(*United States-Mexico-Canada Agreement*, USMCA) 删除了"目标"这一条，从而解决了这一问题，并且在序言中加强了可持续发展和环境保护的关系。

不同仲裁庭有时赋予同一目标不同的解释权重。有的仲裁庭认为，投资保护的目标优于包括环境保护在内的非经济目标，而有的仲裁庭认为，环境保护目标优于投资保护。在迈耶斯股份有限公司诉加拿大案（S.D. Myers v. Canada）中，仲裁庭指出，本案所依据的国际投资协定是 NAFTA，其序言部分规定各方以"符合环境保护的方式"进行投资，而其他条款规定有关当事方根据环境协定承担的义务。仲裁庭决定，应根据国际法的一般原则解释 NAFTA 的投资规定，其中包括当事方建立高水平环境保护的权利，环境保护和经济发展的主张可以且应该相互支持。❷ 该案仲裁庭明确认为，东道国环境保护规制权的行使不应受到保护外国投资义务的限制。

有的国际投资协定序言的表述体现出投资保护和促进可持续发展目标在语义上是并列的，如 2010 年《奥地利—塔吉克斯坦 BIT》的序言规定，当事方承诺"以与保护健康、安全和环境相一致及促进国际认可的劳工标准的方式，实现促进和保护投资的目标"❸。同时，各方承认保护投资的目标和保护环境、人权或劳工权利的目标"均旨在促进全球可持续发展，并且可能存在矛盾，解决此类矛盾不应放宽保护标准"❹。缔约方同意不放松征收标准和 FET 保护标准，这意味着保护投资的目标比可持续发展的目标更重要。在据称违反稳定性条款的情况下，此种规定留给仲裁庭空间以保护外国投资者的利益。此时，稳定性条款构成了东道国公共利益监管权的例外，即使东道国根据

---

❶ GJUZI J. Stabilization Clauses in International Investment Law: A Sustainable Development Approach [M]. Cham: Springer International Publishing, 2018: 399.

❷ S.D. Myers, Inc. v. Government of Canada, UNCITRAL, Final Award, 30 December 2002.

❸ Austria-Tajikistan BIT (2010), Preamble.

❹ Austria-Tajikistan BIT (2010), Preamble.

国际法或国内法采取保护本国环境的措施，也将构成对稳定性条款的违反，会违反投资保护协定。❶ 这种不放松保护标准的规定打破了前述各种目标的并列权重。

有的国际投资协定规定，在实现协定的经济目标时应考虑可持续发展相关问题，规定缔约方认识到可持续发展是本协定的目标，是一项承诺，协定的适用应充分考虑到各缔约方国民及子孙后代的人权、文化、经济、社会、健康和环境的最佳状况。值得注意的是，诸如"承诺"（commitment）和"应该"（shall）之类的表述说明缔约各方把可持续发展目标视为具有约束力的义务。❷ 这种方法把可持续发展理念从条约实践中主要包含在序言中具有解释作用的目标转化为缔约方的义务，可持续发展理念在界定国际投资协定中外国投资保护标准的过程中发挥了更强的规范作用。

综上所述，条约目标主要规定在序言中，"可持续发展理念"及其相关问题起着重要的解释作用。除了序言和更广泛的背景规定投资保护标准优于可持续发展目标之外，各缔约国和仲裁庭需要整合、平衡外国投资者的利益与东道国的公共利益规制权。❸

三、实体条款中可持续发展理念与稳定性条款的关系

国际投资协定实体条款规定与东道国规制权有关的内容很多❹，旨在维护东

---

❶ GJUZI J. Stabilization Clauses in International Investment Law: A Sustainable Development Approach [M]. Cham: Springer International Publishing, 2018: 398.

❷ RUSE-KHAN H G. A Real Partnership for Development? Sustainable Development as Treaty Objective in European Economic Partnership Agreements and Beyond [J]. Journal of International Economic Law, 2010, 13(1): 139-180.

❸ GJUZI J. Stabilization Clauses in International Investment Law: A Sustainable Development Approach [M]. Cham: Springer International Publishing, 2018: 401.

❹ 张中元，沈铭辉. 国际投资协定中可持续发展条款对双边投资的影响 [J]. 世界经济研究，2018（3）：95-108，136.

道国的政策空间。这些规定无论是明示还是暗示,都要求提供给外国投资者的保护待遇标准,不应阻碍东道国在公共利益领域中行使监管权。

(一)规制权条款

在国际投资协定中,规制权条款不如维持非经济目标条款、不降低标准条款和一般性例外条款普遍。

USMCA中与环境措施有关的第14条第16款实际上赋予了东道国为保护环境而采取规制措施的权力。根据该条款的规定,即使投资合同中包含稳定性条款,仲裁庭在解释征收标准或FET标准时也倾向于采用不会影响东道国在环境保护领域监管权的方式。因此,该条款"本章中的任何内容不应"的表述要求对稳定性条款进行限制性解释,以避免干扰东道国公共政策的实施。这些"规制权"条款类似于解释性声明,缔约国在试图澄清争端方通常援引的征收标准和FET标准范围时保留公共政策规制权的必要解释。❶《美国双边投资协定范本(2012)》包含"不构成间接征收条款"❷,其他一些国际投资协定也包含此类条款,这些条款规定了东道国的措施在何种情况下不构成间接征收,条件略有不同,对稳定性条款的限制和东道国规制权的保护程度也不同。

近年来,不构成间接征收条款在国际投资协定中广泛使用。但是,对这些条款适用的最大限制可能是"在极少数情况下除外"这一条件,各国际投资协定通常并未规定何为"极少数情况"。在某些情况下,这些极少数例外是指由缔约国自由授予外国投资者的稳定性承诺所产生的合理期望。❸鉴于此,即使

---

❶ GEHRING M W, KENT A. Sustainable Development and IIAs: From Objective to Practice [M]// ARMAND D M, CELIVE L. Improving International Investment Agreements. New York: Routledge, 2013: 293-295.

❷ US Model BIT, 2012, Art. 6(1) and Annex B(4)(b).

❸ Methanex Corporation v. United States of America, UNCITRAL, Final Award on Jurisdiction and Merits, 3 Aug 2005, Part IV, Chapter D, para. 7.

国际投资法视域下的稳定性条款研究

国际投资协定纳入了关于平衡可持续发展目标的努力,稳定性条款仍然会发挥作用。❶

不构成间接征收条款有时给予东道国规制权更大的解释空间。❷例如,《加拿大—罗马尼亚双边投资条约》将征收与以下情况联系起来,即"当一项措施或一系列措施因其目的过于严格,以致不能合理地认为它们是出于善意而采用和实施时"❸,从而引入了合理性、比例性测试。其他国际投资协定采取了更严格的方法,如《东南非共同市场投资协定》规定:"符合国家规制权和警察权力这一习惯国际法原则,缔约国采取旨在保护或增强合法的公共福利目标(如公共卫生、安全、环境)的善意监管措施,根据本条不构成间接征收。"❹

不构成间接征收条款的规定还是有局限性的,因为它们仅解决了东道国征收与稳定性条款适用之间的矛盾,而不能应对稳定性条款通过 FET 标准带给东道国规制权的挑战。

(二)维持非经济目标条款

维持非经济目标条款是指在国际投资协定中纳入专门的条款规定环境保护、劳工保护或者反腐败等非经济目标,这些目标或规定在一个条款中,或者每个目标规定在单独的条款中。根据维持非经济目标条款,各国承诺在腐败、劳工保护、环境保护等领域保持、实施、改进某些国际标准和国内标准,不同国际投资协定的措辞差别很大,如《荷兰—阿拉伯联合酋长国 BIT》规定:"缔约双方均承认其有权确立本国国内环境保护水平,制定本国可持续发

---

❶ GJUZI J. Stabilization Clauses in International Investment Law: A Sustainable Development Approach [M]. Cham: Springer International Publishing, 2018: 403.

❷ 张光. 论国际投资协定的可持续发展型改革 [J]. 法商研究,2017,34(5):161-170.

❸ Canada-Romania BIT (2009), Annex B.

❹ COMESA Investment Agreement (2007), Article 20.8.

展政策和优先事项,通过或修改其环境法律法规,并应努力继续完善本国法律法规。"❶

维持非经济目标条款重申了东道国监管权的重要性,以改善其法律法规,然而它们并未排除东道国向外国投资者提供广泛的稳定性条款并受其约束的可能性。毕竟,仲裁庭已经承认东道国即使在国际投资协定中没有明确规定的情况下也有权行使规制权,但将稳定性条款视为该权利的例外。如果关于东道国规制权的条约条款没有明确排除稳定性条款的适用,那么稳定性条款可以被视为该条款的例外,仍然可以适用。这也就是为什么当有稳定性条款时,仲裁庭倾向于认定稳定性条款给予了投资者合法期待。除此之外,如果与国际投资协定的保护标准相抵触,这些规定就被视为一般规定,被征收标准和 FET 标准确立的稳定性条款排除适用。❷

(三)不降低标准条款

不降低标准条款的目的是阻止各国削弱其环境、健康、安全、劳工标准作为吸引投资的手段。❸ 该条款可以被视为非经济目标条款的另一种表述方式,非经济目标条款直接肯定国际投资协定所保护的非经济目标,而不降低标准条款表明为了实现促进、鼓励投资这一经济目标不能减损这些非经济目标。

有的国际投资协定既包含非经济目标条款,又包含不降低标准条款,而有的国际投资协定只包含其中一种条款。例如,2014 年《日本—哈萨克斯坦 BIT》第 24 条规定,缔约方不得以放松其健康、安全或环境措施及降低其劳动标准的方式吸引、保护投资❹;2013 年《加拿大—坦桑尼亚 BIT》第 13 条 "健

---

❶ Netherlands-United Arab Emirates BIT (2013), Article 2.

❷ GJUZI J. Stabilization Clauses in International Investment Law: A Sustainable Development Approach [M]. Cham: Springer International Publishing, 2018: 405.

❸ 曾华群. 论双边投资条约范本的演进与中国的对策 [J]. 国际法研究,2016(4):60-79.

❹ Japan-Kazakhstan BIT (2014), Article 24.

康、安全或环境措施"规定不得放松国内健康、安全或环境措施来鼓励投资❶。这两个条款都是不降低标准条款。

　　虽然稳定性条款作为吸引投资的工具非常重要，但是只要不降低标准条款的范围涵盖稳定性条款提及的法律或标准，不降低标准条款优先适用。因此，在这种情况下，国际投资协定承认各缔约国不应履行稳定性承诺。尽管如此，仲裁庭仍将稳定性条款视为由国家行使主权的表达，并受制于契约必守原则和征收或FET条款。此类条款所产生的义务应优先于投资协定中其他软法的承诺或声明。当投资条约条款的规范性力量比较薄弱时，虽然为了保护东道国公共利益规制权的行使，但也无法排除明确承诺的稳定性条款的适用。从字面意义上看，维持非经济目标条款表明非经济目标和投资保护是同样重要的目标，而不降低标准条款所规定的标准优先于投资保护，因此可以简单地理解为稳定性条款可以优先于维持非经济目标条款适用，而不能优先于不降低标准条款适用。这只是一种简单的理解，在具体实践中，何者优先适用还应考虑整个国际投资协定的规定。

　　在某些情况下，条约规定的稳定性条款不适用于其部分条款。例如，《美国双边投资协定范本（2012）》第12条第2款规定，缔约方通过削弱或减少国内环境法所规定的保护鼓励投资是不合适的，并且各方应确保不采取这种行为。然而该范本用一个注释对"环境法"进行了解释，该注释为"如果一方当事人根据有关法律中放弃或减损的规定而放弃或减损环境法，则第2款不适用"❷。因此，如果国内法已包含或规定授予广泛的稳定性承诺，则上述条款不能给予东道国足够的环境保护规制空间。这类似于负负得正的效果，没有哪一种模式是通用的，而是各国根据本国国内法规定和实际情况，选择最合适的稳定性条款。有的国际投资协定规定，稳定性条款不受ISDS的保护。鉴于不断发展的环境和其他社会标准的重要性，各国不应鼓励将范围过于宽泛的稳定性条款作为吸引投资的手段。

---

❶ Canada-United Republic of Tanzania BIT (2013), Article 15.

❷ U.S. Model Bilateral Investment Treaty (2012), Article 12, footnote 15.

（四）一般性例外条款

一般性例外条款为缔约国提供了克减其遵守投资保护的条约义务的可能性，因为遵守投资保护的行为将阻止缔约国为实现某些公共政策目标而采取或强制执行措施。❶此时，东道国的监管权受到保护，其可以采取各种措施来解决未来对公共福利的未知损害，并为已经存在的监管措施辩护。❷

公共利益例外的内容主要涵盖人权、公共道德和秩序、保护文化遗产和多样性等，其实质是对一般例外条款的延伸。❸就在国际投资协定中的法律作用而言，一般性例外条款可能会限制征收和 FET 条款所规定的投资保护待遇在稳定性条款与东道国监管权力对立时的适用。在某些情况下，一般性例外条款用于排除投资保护待遇中征收和 FET 条款的适用可能存在的问题。有的学者认为，如果国家行为违反 FET 条款，那么不太可能能够满足一般性例外条款的严格要求。❹确实，FET 条款被解释为保护外国投资者免受国家采取的不公正措施程序，并违反了外国投资者的合理期望。这意味着如果国家行为违反了非任意性要求，就违反了一般性例外条款的程序要求之一，因此一般性例外条款无法适用。但是，如果存在稳定性条款，就满足 FET 规定的外国投资者产生合理期望的条件。在这种情况下，评估外国投资者的合理期望时，东道国的监管权因对外国投资者作出的特殊承诺而被放弃了。东道国采取一种可能属于

---

❶ PRISLAN V, ZANDVLIET R. Mainstreaming Sustainable Development into International Investment Agreements: What Role for Labor Provisions? [M]// HOFMANN R, TAMS C, SCHILL S. International Investment Law and Development: Bridging the Gap. Cheltenham: Edward Elgar, 2015: 12.

❷ NEWCOMBE A. The Use of General Exceptions in IIAs: Increasing Legitimacy or Uncertainty? [M]// ARMAND D M, LÉVESQUE C. Improving International Investment Agreements. London: Routledge, 2014: 268.

❸ 钱嘉宁，黄世席. 国际投资法下东道国监管权的改革——基于可持续发展原则的分析[J]. 北京理工大学学报（社会科学版），2018，20（4）：128-139.

❹ NEWCOMBE A. The Use of General Exceptions in IIAs: Increasing Legitimacy or Uncertainty? [M]// ARMAND D M, LÉVESQUE C. Improving International Investment Agreements. London: Routledge, 2014: 281.

国际投资法视域下的稳定性条款研究

一般性例外条款的措施，则可能会违反稳定性条款。如果违反稳定性条款的行为随后转化为违反 FET 条款的规定，则一般性例外条款能否适用还需视情况而定。❶

一般性例外条款与征收条款之间的矛盾也是如此。若东道国征用了外国投资者的财产而没有进行赔偿，适用一般性例外条款，则外国投资者仍无法得到赔偿。然而有的观点认为，违反了涵盖任何影响外国投资者措施的稳定性条款，也即比较宽泛的稳定性条款，即使东道国的措施是非歧视性的，也有可能构成间接征收。因此，援引一般性例外条款和不构成间接征收条款可以证明违反了稳定性条款。❷

不同国际投资协定中一般性例外条款的规定既相似也有不同。❸一般性例外条款没有影响投资条约标准的解释，而为东道国提供了必要的空间，证明东道国违反投资保护义务是因为追求受一般性例外条款保护的非经济目标。虽然东道国的措施违反了稳定性条款，但该措施根据国际投资协定中的一般性例外条款合理，由稳定性条款产生的对东道国规制权的限制可能被调和。仲裁裁决的最终结果将转化为东道国为公共利益进行监管的更多空间，实现受一般性例外条款保护的公共福利目标，这是合理的。这种理由的门槛是一般性例外条款的实质性、程序性要求，分别包括环境保护、健康与安全及非歧视性、非任意性和缺乏善意。

在这两种情况下，这些解释都与缩小稳定性条款范围的建议非常吻合。如果仅将稳定性条款视为反对歧视和任意措施的工具，而不是针对东道国的任何措施，则这符合稳定性条款的基本原理。因此，一般性例外条款在解决已确定

---

❶ GJUZI J. Stabilization Clauses in International Investment Law: A Sustainable Development Approach [M]. Cham: Springer International Publishing, 2018: 410.

❷ GJUZI J. Stabilization Clauses in International Investment Law: A Sustainable Development Approach [M]. Cham: Springer International Publishing, 2018: 411.

❸ 张庆麟. 论国际投资协定中东道国规制权的实践及中国立场 [J]. 政法论丛, 2017（6）：68-77.

第三章 国际投资协定中的稳定性条款

的对立性方面可以发挥重要作用。

鉴于此，将稳定性条款重新概念化，投资保护和针对任意国家行为的稳定性工具，它们无法充当"寻租"工具，避免不惜任何代价获得更高的赔偿，同时仍然对保护经济有用。例如，有的投资者提起仲裁后继续追加投资，目的就是获得更高的赔偿。这给东道国留下了合理的空间在环境保护和社会福利的动态领域行使其监管权。

决策者和仲裁员对稳定性条款的重新概念化要求重新确定其范围。这种方式应使这些条款解决由国家任意采取行动引起的政治风险，而不是解决在适当的法律程序中以保护合法公共福利为目标的善意且非歧视性监管权所引起的政治风险。在措施的目的及其对投资者的影响与国家对投资者合法依赖的合理的稳定保证之间的合理性和合比例性检验的应用，进一步加强了非歧视性的保证。❶

本章小结

稳定性条款使国际投资契约国际化是其发挥保护投资者作用的重要方式，旨在解决东道国国内法管辖带来的一系列问题。稳定性条款国际化国际投资契约主要通过国际化条款和保护伞条款实现。投资者更关注的是确保其寻求依靠的稳定性条款在法律上可以执行。历史上，根据东道国的国内法和国际法，稳定性条款的可执行性一直存在问题。稳定性条款可能无法在东道国国内被强制执行，因为国际投资契约不能阻止之后颁布的法律的适用。此外，国际投资仲裁庭支持稳定性条款的裁决在欧盟内部可能得不到执行。国际投资协定很少直接规定稳定性条款。近年来，国际投资协定出现了"去稳定化"的趋势。

---

❶ GJUZI J. Stabilization Clauses in International Investment Law: A Sustainable Development Approach [M]. Cham: Springer International Publishing, 2018: 489.

国际投资法视域下的稳定性条款研究

对国际投资协定中可持续发展理念的分析,有助于使稳定性条款在保护外国投资者利益和东道国规制权之间取得平衡。当前,国际投资政策和法律似乎正朝着可持续发展方向发展。近年来缔结的国际投资协定中"可持续发展语言"增多,可持续发展理念被纳入国际投资协定已成为条约实践的主要趋势。稳定性条款能否作为可持续发展理念的例外不能笼统地作为结论,必须依据个案具体分析。

第四章　国际投资仲裁中的稳定性条款

本章从程序问题和实体问题两个角度对稳定性条款的国际投资仲裁实践进行分析。从程序问题角度，主要探讨了仲裁庭对一般经济措施是否有管辖权、特许协议能否为仲裁提供依据、仲裁主体资格和东道国仲裁同意撤回。从实体问题角度，主要对如何确定稳定性条款是否存在、稳定性条款的作用等进行分析。本章还探讨了稳定性条款与国际投资协定中其他条款在国际投资实践中的适用。欧洲国家清洁能源激励措施改革引发的一系列国际投资仲裁案例涉及稳定性条款，这些国际投资仲裁案例也是本章分析的重点。

第一节　稳定性条款适用的程序问题

程序问题是国际投资仲裁的重要方面，仲裁庭在对案件进行实体分析之前，需要审查其对案件是否有管辖权，许多因素都会影响仲裁庭的管辖权。

一、仲裁庭对东道国一般经济措施的管辖权

触发稳定性条款的东道国措施可能是东道国采取的与公共利益有关的一般经济措施，东道国抗辩仲裁庭对这些措施没有管辖权，从而阻止外国投资者依

据稳定性条款寻求救济。事实上，与公共利益有关的一般经济措施并不必然被排除在国际投资仲裁庭的管辖权之外。《关于解决国家和他国国民之间投资争端公约》（Convention on the Settlement of Investment Disputes Between States and Nationals of Other States，又称"《华盛顿公约》"）及其下设的仲裁庭是管辖由投资直接引起的法律争端的系统。《华盛顿公约》第 25 条第 1 款非常明确地排除了两种争端，即非法律争端和非直接源自投资的争端。❶ 若东道国因与公共利益有关的一般经济措施引起与投资直接有关的法律争端，则有可能被国际投资仲裁管辖。

在 CMS 诉阿根廷案中，仲裁庭指出，与专门针对有关企业业务的措施相反，与投资没有直接关系的一般经济政策问题通常不属于国际投资仲裁庭管辖。但是，如果采取这些一般性措施违反国际投资协定、东道国国内法或投资合同对投资者的具体承诺，那么仲裁庭可能具有管辖权。此时，仲裁庭所管辖的不是一般经济措施本身，而是这些一般经济措施在多大程度上可能违反前述具体承诺。❷ 因此，本案申请人可以依据稳定性条款寻求国际投资仲裁的保护。

二、特许协议能否作为仲裁依据

约定稳定性条款通常规定在国际投资契约中，投资者通过稳定性条款保护自身利益的前提是国际投资契约可以作为仲裁的依据。国际投资契约的法律适用条款通常会规定其管辖法律及争端解决的适用法律。当然，国际投资契约是商事争端解决的重要依据，特许协议是东道国政府或其代理机构与外国投资者签订的协议，虽然特许协议可以作为商事合同，但是国际法学界对其能否作为国际投资仲裁的依据持不同的观点，仲裁庭也作出了不同的裁决。

---

❶ CMS Gas Transmission Company v. The Republic of Argentina, Case No. ARB/01/8, Decision of the Tribunal on Objections to Jurisdiction, 17 July 2003, para. 26.

❷ CMS Gas Transmission Company v. The Republic of Argentina, Case No. ARB/01/8, Decision of the Tribunal on Objections to Jurisdiction, 17 July 2003, para. 27.

第四章　国际投资仲裁中的稳定性条款

有的仲裁庭认可特许协议作为仲裁的依据。例如，在 CMS 诉阿根廷案中，被申请人阿根廷认为，若仲裁庭根据涉案许可证的规定解决争端，则会超越管辖权，且作出的裁决需要被撤销。本案仲裁庭认为，其必须根据有关阿根廷国内法和国际法解决争端，特许协议当然是本案的依据，因为该协议是依据阿根廷国内法签订的有效合同并受特定的稳定性条款保护，仲裁庭有义务根据《华盛顿公约》第 42 条第 1 款解决争议。❶ 此时，投资者可以通过特许协议中的稳定性条款保护其利益。

三、仲裁主体资格

国际投资契约中的外国投资者与提起国际投资仲裁的申请人有时具有经济上的控制和被控制关系，如母公司或者子公司不是严格意义上的同一经济主体。当国际投资仲裁的申请人主张通过稳定性条款获得赔偿时，东道国会主张申请人不是国际投资契约的当事方，无法获得稳定性条款的保护。现有的国际投资仲裁案表明仲裁庭不支持东道国的这一主张。

合同是针对特定的人订立的，即合同项下权利应由其缔约方享有且义务应由缔约方承担。伯灵顿诉厄瓜多尔案裁决认为，法律关系只存在于被申请人和申请人的子公司之间，而不存在于根据涉案 BIT 提出索赔的申请人的母公司与被申请人之间。从包括《厄瓜多尔民法典》在内的民法角度分析，与从合同法的角度分析得出的结果是一样的。本案涉及的问题不是确定法律关系的主体，而是确定谁的权利受条约保护，以及确定以投资为主体的复杂商业交易中的债务人和债权人。在国际商事仲裁中，尤其是根据国际商会仲裁规则运作的仲裁庭，在第三方当事人与合同签字人之间存在联系时，通常将仲裁条款的适用范围扩大到第三方，这种联系不仅涉及第三方的义务，也涉及第三方的权利。这

---

❶ CMS Gas Transmission Company v. The Republic of Argentina, Case No. ARB/01/8, Award, 12 May 2005, para. 123.

149

国际投资法视域下的稳定性条款研究

一趋势也出现在重要的国内立法和判例中,如 1999 年英国的《合同法》废除了合同相对性原则,并允许将利益赋予非缔约方。❶

而在阿莫科公司诉伊朗案中,仲裁庭认为,涉案合同中的条款不是真正的稳定性条款❷,虽然该条款约束了伊朗国家石油化工公司(Iranian National Petrochemical Company, NPC),但它并不约束伊朗政府,后者不是该合同的当事方。因此,该条款并不限制伊朗政府制定立法或监管措施。

四、东道国仲裁同意的撤回

从国际投资仲裁的功能来看,仲裁同意的撤回(withdrawal of the consent)多是东道国的撤回,由于投资者大多希望通过国际投资仲裁保护其利益,撤回仲裁同意的可能性较小,因此下面所说仲裁同意的撤回是东道国仲裁同意的撤回。

稳定性条款不仅可以从实体内容上给予投资者保护,还可以给予投资者仲裁程序上的保护。在国内法包含稳定性条款的情况下,东道国不能通过修改国内法撤销其中的仲裁承诺。如果投资协议中包含仲裁同意,那么国内外资法的修改能否影响仲裁同意。这需要考虑国内外资法是否为投资合同的管辖法律及投资合同是否包含稳定性条款。

根据《华盛顿公约》的规定,只有争端方之间订立书面仲裁协议,争端才能被提交到国际投资争端解决中心(International Centre for Settlement of Investment Disputes, ICSID)❸,并且该同意能否撤回绝不完全属于该当事方的自由裁量权,这也是 ICSID 仲裁的基本原则。但是,一国并非永远不能撤回其

---

❶ Burlington Resources INC. v. Republic of Ecuador, ICSID Case No. ARB/08/5, Dissenting Opinion of Arbitrator Orrego Vicuña (English),8 November 2012, paras. 5-6.

❷ Amoco International Finance Corporation v. The Government of the Islamic Republic of Iran & Ors, 15 Iran-US CTR 189, Case No. 56, Partial Award No. 310-56-3, 14 July 1987, paras. 172-173.

❸ Convention on the Settlement of Investment Disputes Between States and Nationals of Other States, Article 25.1.

第四章　国际投资仲裁中的稳定性条款

同意，尤其是在该同意是根据国家可以自由修改或废除的国内法确立时。缔约方同意的具体范围、期限和效力，特别是在该当事方为国家的情况下，应结合每项国际投资协定和条款的具体规定予以考虑。❶

若某一法律载有将争端提交 ICSID 仲裁的书面同意，则废除该法律在多大程度上可以撤销国家根据该法律授予的仲裁同意不能一概而论。这需要根据案件的具体情况和 ICSID 仲裁的特殊性、国家对其立法的主权、相关国家法律的目的和目标、该法律提供的保护和具体措辞进行审查。❷如果仲裁同意所依托的法律或者投资协议包含了稳定性条款，则仲裁庭在很大程度上认为该仲裁同意不可以撤回。

美国爱依斯电力公司和 TAU 电力有限公司诉哈萨克斯坦案（AES v. Kazakhstan，以下简称"AES 诉哈萨克斯坦案"）❸仲裁庭就国家对仲裁庭管辖权的接受是否可以撤回及在何种条件下可以撤回作出了详细的分析。该案仲裁庭指出，撤回仲裁同意在法律上与撤销或废除法律是不同的问题。一个国家任何时候都可以自由修改其立法。但是，这并不意味着更改或废除某一法律自动具有更改或废除该立法已确立的任何仲裁同意的效果。此外，一国仲裁同意能否撤回取决于有关投资者是否已依据该仲裁同意提起了仲裁。虽然合同法通常规定要约符合一定条件可撤回，但仲裁庭认为，结合《华盛顿公约》的目标和条约请求的性质，合同法的这一规则并不适用于仲裁同意的撤回与否。因此，仲裁同意的撤回与否取决于具体的法律规定及其中所给予同意的范围和性质。❹

在 AES 诉哈萨克斯坦案中，1994 年的《外商投资法》第 27 条已构成哈萨克

---

❶ The AES Corporation and TAU Power B.V. v. Republic of Kazakhstan, ICSID Case No. ARB/10/16, Award, 1 November 2013, paras. 214-215.

❷ The AES Corporation and TAU Power B.V. v. Republic of Kazakhstan, ICSID Case No. ARB/10/16, Award, 1 November 2013, para. 216.

❸ The AES Corporation and TAU Power B.V. v. Republic of Kazakhstan, ICSID Case No. ARB/10/16.

❹ The AES Corporation and TAU Power B.V. v. Republic of Kazakhstan, ICSID Case No. ARB/10/16, Award, 1 November 2013, paras. 217-219.

151

国际投资法视域下的稳定性条款研究

斯坦的格式同意,即可以将"与外国投资或与之有关的活动导致的争议和分歧"提交 ICSID 仲裁。哈萨克斯坦或投资者可以"激活"这种格式同意,但条件是投资者必须提供书面同意。该案仲裁庭认为 1994 年的《外商投资法》本身提供了保证,即东道国不会以对外国投资者造成不利影响的方式单方面撤回同意。仲裁庭指出,1994 年的《外商投资法》旨在鼓励、保护外国投资,这种保护包括在东道国违反条约保护的情况下允许投资者提起 ICSID 仲裁。仲裁庭认为,对 1994 年的《外商投资法》第 27 条的文本分析无法得出仲裁同意可以撤回。值得一提的是,1994 年的《外商投资法》第 6 条稳定性条款给予投资者合理期望,即其投资将受益于至少 10 年的此类保护。这意味着 1994 年《外商投资法》赋予的仲裁权不能因其废除❶而单方面、立即终止。仲裁庭还指出,除了 1994 年《外商投资法》的废除之外,没有任何证据表明被申请人有意取消其对仲裁的格式同意。❷

仲裁庭进一步指出,哈萨克斯坦的仲裁同意是否涵盖由投资引起的争端应取决于进行投资的时间,而不取决于提出索赔的时间。这是因为哈萨克斯坦必须对其在投资时颁布特定法律而提出的具体期望负责,且在本案中这种问责制包括在发生违约情况时诉诸特定补救措施和程序的权利。因此,申请人有权期望根据 1994 年《外商投资法》规定的补救措施和程序,请求哈萨克斯坦对违反 1994 年《外商投资法》的行为承担责任。对 1994 年《外商投资法》的后续废除不应影响哈萨克斯坦对在该法废除之前进行的、在一定时期内受到该法保护的投资承担保护责任。因此,该案仲裁庭在同意鲁梅利诉哈萨克斯坦案(Rumeli v. Kazakhstan)❸仲裁庭的意见,未适当考虑到某项法律引起的期望的

---

❶ 哈萨克斯坦是苏联加盟共和国中最早通过外商投资法的国家之一,该法于 1990 年 12 月 7 日颁布。1994 年《外商投资法》于 1994 年 12 月 27 日通过,并于 1997 年 7 月 23 日作出修订,此后一直有效,直到被 2003 年《外商投资法》取代。

❷ The AES Corporation and TAU Power B.V. v. Republic of Kazakhstan, ICSID Case No. ARB/10/16, Award, 1 November 2013, paras. 217, 220.

❸ Rumeli Telekom A,S. and Telsim Mobil Telekomunikasyon Hizmetleri A.S. v. Republic of Kazakhstan, ICSID Case No. ARB/05/16, Award, 29 July 2008.

情况下，一国在该法中同意将某些争端提交 ICSID 仲裁的同意不能被撤销，尤其是在该法包含补救措施的情况下。❶

仲裁庭不否认哈萨克斯坦始终有自由根据本国情况修正 1994 年《外商投资法》，但此类修正在何种程度上可以导致其对 ICSID 仲裁同意的撤回需要综合考量 1994 年《外商投资法》修正案的目的和宗旨、其中所提供保护的性质和范围及争端的整体情况，尤其是本法第 6 条第 1 款还包含了稳定性条款，这种撤回可能仅对未来有效，即对在 1994 年《外商投资法》废除之后发生的争端生效。因此，仲裁庭裁定对于因在 1994 年《外商投资法》生效期间进行的投资引起的索赔，哈萨克斯坦的仲裁同意仍然有效。申请人在该法废除之后才提出仲裁请求，这一事实对该仲裁同意没有任何影响。❷

这给我们的提醒是东道国为公共利益采取变法的措施能否得到仲裁庭的支持仍然是未知的，由于本案仲裁庭指出需要根据修正案的目的和宗旨、保护的性质和范围等总体判定。因此，东道国和投资者对此类行为后果的预测仍然有限。在绿色国际投资理念和标准的要求下，东道国很有可能需要改变能源等污染行业的部门立法或者修改本国的外资法，否则会导致一些争端的产生。

第二节 稳定性条款适用的实体问题

在涉及稳定性条款的国际投资仲裁中，争端方有时会对稳定性条款是否存在产生争议。稳定性条款的主要作用是限制东道国新法适用于外国投资者及其产生合理期望。

---

❶ The AES Corporation and TAU Power B.V. v. Republic of Kazakhstan, ICSID Case No. ARB/10/16, Award, 1 November 2013, para. 221.

❷ The AES Corporation and TAU Power B.V. v. Republic of Kazakhstan, ICSID Case No. ARB/10/16, Award, 1 November 2013, paras. 222-223.

一、早期仲裁实践对稳定性条款的探讨

在适用过程中，稳定性条款的效力可能会受到各种因素的影响，如东道国政府变动、东道国修改相关法律，这些变动不必然导致稳定性条款无效，也不一定不会影响稳定性条款的效力，需要视情况而定。通常情况下，争端方对投资契约中的约定稳定性条款效力的争议远大于对在东道国国内法和国际投资协定中的法定稳定性条款效力的争议。但是，当承载法定稳定性条款的国内法发生变动时，约定稳定性条款的效力似乎比法定稳定性条款的效力更稳定，然而这一情形似乎在实践中不易发生。

在最初涉及稳定性条款的仲裁案件中，仲裁庭对稳定性条款的效力进行了深入的探讨。此后的仲裁庭似乎直接认定稳定性条款是有效的，分析的重点转向本案中是否存在稳定性条款及稳定性条款的触发因素和效用。因此，下面主要涉及最初与稳定性条款效力分析有关的国际仲裁案件。

最初，稳定性条款是作为投资者应对东道国政治、财务、法律风险的工具被纳入国际投资协议及有关国内和国际投资法律，东道国通常会认为稳定性条款是对其规制权的限制。在发生争端时，东道国国内法倾向于不承认稳定性条款的效力。由于很多 BITs 规定先穷尽东道国国内救济才能提起国际投资仲裁，因此外国投资者不得不向东道国国内法院提起诉讼，而东道国国内法院倾向于采用本国国内法管辖国际投资合同，从而否定稳定性条款的效力。

（一）依据国内法和国际法审查稳定性条款的效力

里维尔铜业公司诉海外私人投资公司案（Revere Copper v. OPIC）[1] 的申请者里维尔铜业公司，与牙买加政府于 1967 年就铝土矿开采厂的融资、建设和运营达成特许协议。该协议包含一项稳定性条款，规定了投资的安全性，并

---

[1] Revere Copper and Brass Inc. v. Overseas Private Investment Corporation, American Arbitration Association, Award, 24 August 1978, 17 ILM 1321 (1978).

第四章 国际投资仲裁中的稳定性条款

指出不再增加税收负担，且税收和特许权使用费的有效期为 25 年。❶1974 年，牙买加政府开始征收铝土矿税，并增加了里维尔铜业公司支付的特许权使用费，同时使其重新谈判合同。1975 年，由于经济原因，里维尔铜业公司被迫关闭了工厂。1976 年，里维尔铜业公司以铝土矿征税违反特许协议为由，在牙买加最高法院提起诉讼。牙买加最高法院宣布，禁止增加税收和特许权使用费的合同条款自始无效。❷ 随后，里维尔铜业公司根据与海外私人投资公司签订的相关政治风险保险合同向美国仲裁协会提起仲裁，指称牙买加的行为构成了"征收"。

里维尔铜业公司诉海外私人投资公司案仲裁庭由乔恩·海特（Georne W. Haight）、卡罗尔·韦泽尔（Carroll R. Wetzel）、弗朗西斯·伯根（Francis Bergan）组成，其中弗朗西斯·伯根提出了异议仲裁意见。仲裁庭注意到涉案特许协议包含禁止增加税收和特许权使用费的合同规定，并且合同中没有明确规定适用法律。❸ 仲裁庭认识到牙买加国内法适用于特许协议，但牙买加国内法在某些目的上的适用并不能排除管辖国家对外国人造成伤害责任的国际公法原则的适用，因此该案需要适用相关国际公法原则。鉴于本案的争议点之一是政府采取的违反和损害外国人经济利益的行为是否与其为吸引外国投资而真诚地向外国投资者承诺和保证相抵触，国际公法原则显然应当适用。虽然特许协议由国内法管辖，但是东道国任意修改特许协议的行为给外国投资者造成的损害将受到国际公法原则的管辖。该案多数仲裁员还发现，该合同的国际性源于其是当代国际经济发展进程的一部分，特别是在欠发达国家中的事实。在此基础上，多数仲裁员支持稳定性条款的合法性和约束力，并指出虽然主权国家有

---

❶ Revere Copper and Brass Inc. v. Overseas Private Investment Corporation, American Arbitration Association, Award, 24 August 1978, 17 ILM 1321 (1978), paras. 5, 23, 33.

❷ Revere Copper and Brass Inc. v. Overseas Private Investment Corporation, American Arbitration Association, Award, 24 August 1978, 17 ILM 1321 (1978), paras. 11, 16, 18, 27.

❸ Revere Copper and Brass Inc. v. Overseas Private Investment Corporation, American Arbitration Association, Award, 24 August 1978, 17 ILM 1321 (1978), para. 16.

权修改或废除此类条款,但根据国际法东道国对外国国民作出的承诺仍具有约束力。政府为了获得外国私人投资而声称其与私人投资者签订的合同没有约束力,是毫无道理的。❶

AGIP 公司诉刚果案的申请者 AGIP 公司自 1965 年开始在刚果开展石油分销业务,刚果政府于 1974 年将石油产品分销部门收归国有,这对除 AGIP 公司之外的所有公司都产生了影响。AGIP 公司在此之前已与刚果政府签署了协议,该协议规定 AGIP 公司将其 50% 的股份出售给政府,否则 AGIP 公司根据私法将继续作为有限责任公司运营。❷ 该协议第 4 条和第 11 条包含稳定性条款,根据这些条款,刚果政府承诺不实施某些法律和法令。如果有关公司的法律有所变更,那么刚果政府将采取适当措施以确保此类变更不会影响协议和公司章程中规定的公司结构、组成,持续时间为 99 年。该协议还规定争端由 ICSID 仲裁解决。1975 年,刚果将该公司收归国有。❸

AGIP 公司诉刚果案仲裁庭由乔根·特罗尔（Jørgen Trolle）、勒内－詹·杜普（René-Jean Dupuy）、福阿德·鲁哈尼（Fuad Rouhani）组成,其中勒内－詹·杜普还是德士古公司等诉利比亚案的独任仲裁员。该案仲裁庭考虑了国有化法令与旨在稳定公司法律地位的约定稳定性条款的相容性,承认了稳定性条款的效力。❹ 该案仲裁庭指出,刚果与 AGIP 公司建立了合同关系,即使根据刚果法律,刚果也不得单方面更改公司的法律地位。然而刚果采取措施无视其作为合同缔约方应履行的合同义务,单方面决定的解散意味着对这些稳定性条款的否定。这些稳定性条款的适用性不是来自缔约国主权的自主行使,而是来自缔约各方在国际

---

❶ Revere Copper and Brass Inc. v. Overseas Private Investment Corporation, American Arbitration Association, Award, 24 August 1978, 17 ILM 1321 (1978), paras. 20-21.

❷ AGIP Company v. People's Republic of the Congo, ICSID Case No. ARB/77/1, Award, 30 November 1979, paras.16-18.

❸ AGIP Company v. People's Republic of the Congo, ICSID Case No. ARB/77/1, Award, 30 November 1979, paras.16-18, 19-25.

❹ AGIP Company v. People's Republic of the Congo, ICSID Case No. ARB/77/1, Award, 30 November 1979, para. 85.

第四章　国际投资仲裁中的稳定性条款

法律秩序层面表达的共同意愿。这些由政府自愿接受的稳定性条款不会影响其立法主权和监管权力，因为稳定性条款并不限制东道国对未签订该条款的国民或外国投资者行使主权和监管权。在该案中，由于稳定性条款的存在，被申请人不能对申请人适用该协议所作稳定化的立法和监管安排进行变更。该案仲裁庭将刚果国内法与国际法相容性的审查集中在稳定性条款上。就稳定性条款而言，国际法原则是对刚果国内法的补充。仲裁庭认为，相关国际法足以证明刚果的国有化行为是非法的，因此其必须赔偿 AGIP 公司因国有化而遭受的损失。❶

1970 年，利比里亚政府与利比里亚东部木材公司（Liberian Eastern Timber Corporation, LETCO）签订了一项为期 20 年的特许权协议，以开采利比里亚的木材储备。该协议包括稳定性条款，指出除本协议另有规定之外，未经特许权受让人同意，对管辖本协议或其任何部分的任何法律或法规的修改或废除均不得影响特许权受让人的权利和义务。在签订协议后，利比里亚政府分别于 1970 年、1971 年、1977 年撤回 LETCO 的部分特许权。1979 年，利比里亚政府要求重新谈判特许权。1980 年，利比里亚政府单方面将特许权面积减半。最终，LETCO 因没有森林可经营而暂停运营，并提起 ICSID 仲裁。❷

利比里亚东部木材公司诉利比里亚案仲裁庭由贝尔纳多·克雷马德斯（Bernardo Cremades）、豪尔赫·冈卡尔维斯·佩雷拉（Jorge Goncalves Pereira）、艾伦·雷德芬（Alan Redfern）组成，仲裁庭注意到稳定性条款通常包含在长期合同中，旨在避免缔约国政府的任意行为。该案仲裁庭对稳定性条款有效的分析比较简单。首先，仲裁庭指出，根据利比里亚法律，只要所涉合同有效订立且不违反公共政策，合同就有约束力，因此该案涉及的特许协议无疑是有效的。其次，仲裁庭指出，稳定性条款与涉案特许权协议中的通知程序一样，目

---

❶ AGIP Company v. People's Republic of the Congo, ICSID Case No. ARB/77/1, Award, 30 November 1979, paras.16-18, 86-89.

❷ Liberian Eastern Timber Corporation v. Republic of Liberia, ICSID Case No. ARB/83/2, Award, 31 March 1986, paras. 35, 42-47.

157

国际投资法视域下的稳定性条款研究

的是避免缔约国政府的任意行为,因此缔约方必须遵守稳定性条款,尤其是在长期投资协议中,否则东道国很容易通过变更法律逃避其合同义务。❶这似乎表明该案仲裁庭认为稳定性条款的效力取决于特许协议的效力,特许协议有效,则稳定性条款有效,而该案特许协议的效力认定依据是利比里亚的国内法。被申请者利比里亚政府由于没有遵守涉案特许协议中规定的解除协议程序及其随后采取的行动,完全违反了特许协议的规定,因此 LETCO 有权要求赔偿。❷

(二)稳定性条款对国有化的限制

1948 年,科威特通过特许权协议授予美国独立石油公司石油和天然气的勘探、开采特许权,为期 60 年。该特许权协议第 17 条包含的稳定性条款规定,酋长不得采取立法或行政等措施废除该协议,缔约双方不得对该协议的条款进行任何更改,除非酋长和公司一致同意为双方的利益对该协议进行某些变更、删减或添加。❸ 双方对该特许协议进行多次补充和修订。1974 年,石油输出国组织(Organization of the Petroleum Exporting Countries,OPEC)成员国采用阿布扎比公式(Abu Dhabi formula),极大地增加了美国独立石油公司生产石油的税收。1977 年,科威特将该项目收归国有,并终止了与美国独立石油公司的合同。1979 年,科威特和美国独立石油公司同意将争议提交仲裁。❹

经过漫长的仲裁程序,科威特诉美国独立石油公司案仲裁庭的多数意见拒

---

❶ Liberian Eastern Timber Corporation v. Republic of Liberia, ICSID Case No. ARB/83/2, Award, 31 March 1986, paras. 79-85.

❷ Liberian Eastern Timber Corporation v. Republic of Liberia, ICSID Case No. ARB/83/2, Award, 31 March 1986, para.81.

❸ The Government of the State of Kuwait v. The American Independent Oil Company, Final Award, 24 March 1982, 21 ILM 976 (1982): 990-991 and 1020. 这几段分析了涉案投资协议第 17 条。

❹ The Government of the State of Kuwait v. The American Independent Oil Company, Final Award, 24 March 1982, 21 ILM 976 (1982): 979.

158

第四章 国际投资仲裁中的稳定性条款

绝了 Aminoil 声称该协议稳定性条款禁止任何国有化的主张。❶ 该案仲裁庭指出，可以公平地说，争端方在起草稳定性条款时考虑的是禁止科威特采取具有没收性质且可能会严重损害 Aminoil 利益的任何行动。从法律上讲，对国家国有化的权利进行合同限制无疑是可能的，但此种限制必须是一项特别严肃的承诺，该承诺必须明示并符合签订国家的合同法律规定，该稳定性承诺还应涵盖相对有限的时期。如果特许公司在任何情况下都以合法权利的形式得到就其根本利益获得赔偿的重要保证，那么不应假定这是对国家主权的限制。对稳定性条款的字面解读可能会得出它们禁止任何国有化的结论。若仲裁庭认为不能将稳定性条款解释为绝对禁止国有化，则这些条款也不会因此丧失所有价值和效力，因为这些条款隐含地要求东道国的国有化行为不得具有任何没收性质，且适当补偿是必要的。❷

科威特诉美国独立石油公司案的异议仲裁员杰拉尔德·菲茨莫里斯（Gerald Fitzmaurice）在他的异议意见中表明稳定性条款有效，认为 Aminoil 并不只是请求科威特赔偿，而是希望尽可能阻止东道国采取违约行为。杰拉尔德·菲茨莫里斯指出，仅凭货币补偿并不能消除东道国行为的没收性质，即使补偿非常慷慨。当 Aminoil 等在其特许协议中纳入第 17 条关于稳定性条款的类似规定时，其目的不是在东道国违反该条款的情况下获得资金补偿，而是要求东道国尽可能保证不违反该条款，投资者希望的是能够在特许协议的期限内继续经营。因此，杰拉尔德·菲茨莫里斯认为，虽然仅从国家行为的角度考虑被申请人将 Aminoil 投资国有化完全合法，但这仍然与特许协议的稳定性条款相抵触。❸

---

❶ The Government of the State of Kuwait v. The American Independent Oil Company, Final Award, 24 March 1982, 21 ILM 976 (1982): 1020.

❷ The Government of the State of Kuwait v. The American Independent Oil Company, Final Award, 24 March 1982, 21 ILM 976 (1982): 1022-1023.

❸ The Government of the State of Kuwait v. The American Independent Oil Company, Final Award, 24 March 1982, 21 ILM 976 (1982): 1052-1053.

在阿莫科公司诉伊朗案中，阿莫科公司与 NPC 于 1966 年签订合同，成立了一家合资公司，即海姆科化学有限公司（Khemco Chemical Company Limited），生产、销售从天然气中衍生的硫、液体天然气和液化石油气。该合同规定，只有在 NPC 和阿莫科公司一致同意的情况下，该合同的条款才可废止、修订或变更。❶ 1979 年，NPC 终止了阿莫科公司对海姆科化学有限公司的经营。

阿莫科公司诉伊朗案仲裁庭由米歇尔·维拉利（Michel Virally）、查尔斯·布劳尔（Charles Brower）、帕维兹·安萨里·莫因（Parviz Ansari Moin）组成，支持申请人的主张认为，合同中的稳定性条款应被理解为仅在有限情况下东道国放弃没收特许协议的权利。❷ 但该案仲裁庭最终得出结论，认为该合同中的条款不是真正的稳定性条款，只能约束 NPC，而不能约束不是合同当事方的伊朗政府。因此，该条款并不限制伊朗政府立法或制定监管措施。此外，即使该条款确实对伊朗政府具有约束力，该条款也没有明确禁止合同国有化。❸

二、稳定性条款是否存在

稳定性条款规定足够具体才能包含稳定性承诺。东道国的立法或政策文件为吸引外国投资，有时会使用类似"提供稳定的投资环境"等语句，这种表述不够具体，不能称为稳定性条款，无法提供稳定性承诺。稳定性条款应向特定对象作出，变化幅度可以确定，并非一方不认可就可以否定承诺的存在。由于投资者有时会主张其所依赖投资的法律框架包含稳定性条款，因此其可以合

---

❶ Amoco International Finance Corporation v. The Government of the Islamic Republic of Iran & Ors, 15 Iran-US CTR 189, Case No. 56, Partial Award No. 310-56-3, 14 July 1987, para. 168.

❷ Amoco International Finance Corporation v. The Government of the Islamic Republic of Iran & Ors, 15 Iran-US CTR 189, Case No. 56, Partial Award No. 310-56-3, 14 July 1987, para. 179.

❸ Amoco International Finance Corporation v. The Government of the Islamic Republic of Iran & Ors, 15 Iran-US CTR 189, Case No. 56, Partial Award No. 310-56-3, 14 July 1987, paras. 172-173, 180.

第四章　国际投资仲裁中的稳定性条款

理期望东道国不变更投资时的法律框架，但是该主张通常不会得到仲裁庭的认可。东道国国内法的解释性报告或政策性文件及东道国作出的吸引外国投资的一般性声明并不是条约所保护的承诺。❶旨在采取差异化激励措施的经济政策工具能否作为法定稳定性条款应视情况而定。

在 I.C.W. 欧洲投资有限公司诉捷克案（I.C.W. v. Czech，以下简称"I.C.W. 公司诉捷克案"）中，虽然被申请者捷克声称《促进法案》（Act on Promotion, Act No. 180/2005）没有任何具体的稳定性条款，但是申请者仍指出该法案提供了稳定性承诺，因为该法案规定投资者有权在 15 年内收回成本并获得 7% 的回报率。申请者声称不需要明确的约定稳定性条款即可禁止东道国改变其投资计划，因为在可再生能源（Renewable Energy Sources, RES）市场中生产商通常是小型企业，不会直接与政府签订投资合同，所以没有约定稳定性条款。要求 RES 生产商通过特定的合同条款对东道国强加稳定其投资制度的义务是不合理的，这与可再生能源市场中的有关监管惯例不相符，即国家通常不会改变确定的激励机制。为支持这一论点，申请者提到了捷克能源监管办公室（Czech Energy Regulatory Office）的一份《〈促进法案〉的解释性报告》（Explanatory Report on the Act on Promotion，以下简称"《解释性报告》"），指出《促进法案》"为企业决策提供了长期稳定的促进保证"。申请者不同意卡梅伦不建议投资者在没有明确稳定性承诺的情况下进入国外市场的立场，声称该立场未考虑到可再生能源市场的具体背景。❷

在该案中，被申请者捷克声称没有为光伏投资者提供稳定性保证，解释性报告也没有包含稳定性承诺。被申请者还指出，解释性报告既不是法律、法规，又不是法令，因此无论如何这些措辞对捷克都没有约束力。就解释性报告

---

❶ El Paso Energy International Company v. The Republic of Argentina, ICSID Case No. ARB/03/15, Legal Opinion of M. Sornarajah, 5 March 2007, para. 15.

❷ I. C. W. Europe Investments Limited (United Kingdom) v. The Government of the Czech Republic, PCA Case No. 2014-22, Award, 15 May 2019, paras. 429-431.

161

所指的《促进法案》旨在实现"稳定促进"（stable promotion）的程度而言，被申请人辩称，简单使用"稳定"或"维持"一词不足以得出包含稳定性承诺的结论，其无意使立法稳定。"稳定促进"的规定只是表明即使在电力市场完全开放之后，税收减免仍将继续，但是减免程度可能调整。❶ 被申请人认为，申请人混淆了"稳定"与"稳定性承诺"的概念，稳定性承诺完全禁止东道国变更法律框架，而提供稳定的义务并不会如此。被申请人还指出，稳定性条款并不一定总是合同条款，也可以是立法安排，这种稳定性承诺必须明确地规定在现行法律中，如即使在立法或法规变更的情况下也继续适用于受益人、在受益人遭遇不利变更的情况下确定补救办法。❷ 被申请人进一步指出，杜克诉秘鲁案❸、贵族能源公司诉厄瓜多尔案（Noble Energy v. Ecuador）❹、奥克萨斯黄金公司诉乌兹别克斯坦案（Oxus v. Uzbekistan）❺、西方石油公司和西方勘探与生产公司诉厄瓜多尔案（Occidental v. Ecuador）❻、国家能源公司等诉巴拿马案（Nations Energy Corporation and others v. Panama）❼ 要求具体、明确的稳定性安

---

❶ I. C. W. Europe Investments Limited (United Kingdom) v. The Government of the Czech Republic, PCA Case No, 2014-22, Award, 15 May 2019, para. 439.

❷ I. C.W. Europe Investments Limited (United Kingdom) v. The Government of the Czech Republic, PCA Case No, 2014-22, Award, 15 May 2019, para. 437.

❸ Duke Energy International Peru Investments No. 1 Ltd. v. Peru, ICSID Case No. ARB/03/28, Award, 18 August 2008, para. 190.

❹ Noble Energy Inc. and Machalapower Cia. Ltd. v. Ecuador and Consejo Nacional de Electricidad, ICSID Case No. ARB/05/12, Decision on Jurisdiction, 5 March 2008, para. 161.

❺ Oxus Gold v. Republic of Uzbekistan, UNCITRAL, Memorandum Opinion of the US District Court for the District of Columbia on Gretton's Petition to Enforce Arbitral Award, 6 February 2019, para. 823.

❻ Occidental Petroleum Corporation and Occidental Exploration and Production Company v. The Republic of Ecuador, ICSID Case No. ARB/06/11, Decision on Jurisdiction, 9 September 2008, para. 103.

❼ Nations Energy Corporation, Electric Machinery Enterprises Inc., and Jamie Jurado v. The Republic of Panama, ICSID Case No. ARB/06/19, Award, 24 November 2010, para. 102.

第四章 国际投资仲裁中的稳定性条款

排,才可以保护投资者免受东道国法律变更。❶ 该案仲裁庭认为,虽然申请人主张在本案中其无法与被申请人建立合同关系以获得约定的稳定性保证,要求订立约定稳定性条款不合理,但申请人还可以从东道国立法中获得法定稳定性承诺。仲裁庭认为,该案并没有此种立法性的稳定性承诺,因此该案没有稳定性条款❷,支持被申请人的主张。

在艾瑟和活力公司诉西班牙案中,申请人根据第 661/2007 号皇家法令❸(RD 661/2007)在西班牙投资了 3 座太阳能发电厂,声称截至 2014 年年底其投资价值为 400 万欧元,而最初用于建造光伏电站的投资为 1.25 亿欧元❹,其投资价值贬损 800 多万欧元。申请人声称,在资本密集的能源行业中稳定尤为必要,其之所以在西班牙投资是因为被 RD 661/2007 吸引,该法令第 44 条第 3 款包含的稳定性条款对其投资决定至关重要。被申请人认为,申请人主张 RD 661/2007 冻结 40 年或"不可修改"的期望是不合法的,不受 ECT 保护。被申请人在这方面没有做出任何承诺,西班牙法律也没有制定冻结监管制度的稳定性条款。判例法和学说现已不承认基于立法规定的稳定性承诺,如泰科美德环境技术公司诉墨西哥案(Tecmed v. Mexico)❺的严格标准已经由最近的案件"调整和纠正",这些案件认为,东道国有必要随着情况的变化进行立法改革。该案仲裁庭认为,ECT 规定东道国有向投资者提供公平公正待遇的义务,从而保护投资者免受监管制度的根本改变,但是 ECT 并未阻止西班牙对 RD 661/2007 等监管制度进行适当更改。因此,仲裁庭不认可申请人主张 RD

---

❶ I. C.W. Europe Investments Limited (United Kingdom) v. The Government of the Czech Republic, PCA Case No. 2014-22, Award, 15 May 2019, para. 437.

❷ I. C.W. Europe Investments Limited (United Kingdom) v. The Government of the Czech Republic, PCA Case No. 2014-22, Award, 15 May 2019, para. 440.

❸ 第 661/2007 号皇家法令规范特殊制度下的电力生产活动,于 2007 年 5 月 25 日通过。

❹ Eiser Infrastructure Limited and Energía Solar Luxembourg S.à r.l. v. Kingdom of Spain, ICSID Case No. ARB/13/36, Award, 4 May 2017, para. 154.

❺ Técnicas Medioambientales Tecmed v. United Mexican States, ICSID Case No. ARB(AF)/00/2.

661/2007赋予他们监管制度稳定而不改变其经济稳定的权利。❶

稳定性承诺必须针对具体对象作出。法定稳定性条款与约定稳定性条款的不同之一是前者并非针对某一投资者，而是特定群体。除了特定对象之外，法定稳定性条款还必须规定合理的期限，才能给予外国投资者合理期望。在查拉尼建筑投资公司诉西班牙案中，与该案的多数仲裁意见不同，异议仲裁员吉多认为，投资者的合理期望并不仅限于投资合同或东道国作出特定声明中的"具体承诺"，而且可以基于投资时东道国的法律规定。❷此外，吉多认为，第661/07号皇家法令（RD 661/07）和第1578/08号皇家法令（RD 1578/08）实施的制度❸并非针对不确定的"一般性"群体，而是针对数量有限的有足够资本投资有关行业的潜在投资者。❹

三、稳定性条款的作用

有的仲裁庭不会详细分析为什么稳定性条款在本案中可以适用，但有的仲裁庭会作出比较详细的分析。例如，AES诉哈萨克斯坦案仲裁庭详细分析了该案中稳定性条款的作用、范围、效力及适用、违反。❺

（一）限制东道国新法适用于外国投资者

在CMS诉阿根廷案中，申请人特别援引了其与被申请人签署的许可证中

---

❶ Eiser Infrastructure Limited and Energía Solar Luxembourg S.à r.l. v. Kingdom of Spain, ICSID Case No. ARB/13/36, Award, 4 May 2017, paras.357, 359, 363.

❷ Charanne B.V. and Construction Investments S.à r.l. v. The Kingdom of Spain, Arbitration No. 062/2012, Dissenting Opinion of Prof. Dr. Guido Santiago Tawil, 21 December 2015, para. 5.

❸ 西班牙通过制定特殊制度的监管计划，设定固定电价，有效期至少为25年。

❹ Charanne B.V. and Construction Investments S.à r.l. v. The Kingdom of Spain, Arbitration No. 062/2012, Dissenting Opinion of Prof. Dr. Guido Santiago Tawil, 21 December 2015, para. 8.

❺ The AES Corporation and TAU Power B.V. v. Republic of Kazakhstan, ICSID Case No. ARB/10/16, Award, 1 November 2013, paras. 245-282.

第四章 国际投资仲裁中的稳定性条款

的两个稳定性条款。第一个稳定性条款涉及被申请人在许可协议第 9.8 条中的承诺，即价格结构不会受到进一步监管或控制，并且在价格控制机制迫使被许可人将价格调整至较低水平的情况下，被许可人有权获得许可人支付的等额赔偿。❶ 第二个稳定性条款是许可协议的第 18.2 条，该条款规定未经被许可人的书面同意，不得全部或部分修改有关许可证的基本规则。申请人进一步指出，虽然其在 2000 年 1 月、6 月同意延后和重新调整，但这并非申请人自愿，阿根廷政府需要承担调整后补偿申请人的义务。❷ 被申请人认为，任何稳定性条款都将使 TGN 作为被许可人受益而不是申请人受益，且东道国的权力不能冻结，因为冻结等于法律和宪法中公共服务概念所禁止的放弃。❸ 仲裁庭认为，国际法已广泛讨论了该问题❹，且在某种程度上该争端同时涉及许可证的运作和条约的保护，因此申请人可以得到稳定性条款的保护。❺

实际上，CMS 诉阿根廷案仲裁庭认为，该问题的重点并非申请人能否得到稳定性条款的保护，而是申请人是否可以享有许可证规定的权利。同时，该问题涉及申请人是否可以依据合同争端提起国际投资仲裁。仲裁庭在管辖权裁决中处理了该问题，认为申请人并非主张与 TGN 有关的权利，而是主张与其在公司投资中有关的权利。申请人符合涉案 BIT 规定的外国投资者资格，其在 TGN 的股份参与是受涉案 BIT 保护的外国投资，因此申请人有权独立于 TGN 采取行动。这种救济的权利直接来自涉案 BIT 的规定，且独立于 TGN 在许可

---

❶ CMS Gas Transmission Company v. The Republic of Argentina, Case No. ARB/01/8, Award, 12 May 2005, para. 145.

❷ CMS Gas Transmission Company v. The Republic of Argentina, Case No. ARB/01/8, Award, 12 May 2005, para. 146.

❸ CMS Gas Transmission Company v. The Republic of Argentina, Case No. ARB/01/8, Award, 12 May 2005, para. 148.

❹ HIGGINS R. The Taking of Property by the State: Recent Developments in International Law [J]. Recueil des Cours de l'Académie de Droit International, 1982, 176: 259-392.

❺ CMS Gas Transmission Company v. The Republic of Argentina, Case No. ARB/01/8, Award, 12 May 2005, para. 151.

国际投资法视域下的稳定性条款研究

证下可能拥有的任何合同救济权利。同时，该案是根据BIT直接提出的索赔❶，仲裁庭的管辖权来自国际法，而不是任何可能与合同或其他交易有关的国内法。被申请人认为，仲裁庭的分析存在逻辑问题，即使申请人有权根据涉案BIT提起国际投资仲裁，也不意味着申请人可以享有许可证规定的稳定性条款的权利，被申请人在撤销裁决及执行请求时也提出了这一主张。❷

在AES诉哈萨克斯坦案中，1994年《外商投资法》第6条稳定性条款构成了申请人提起条约请求的法律依据。该案申请人主张稳定性条款并未阻止哈萨克斯坦颁布新法，若新法的适用会对外国投资者的投资产生不利影响，则哈萨克斯坦须避免对受稳定性条款保护的投资者适用新法。换言之，稳定性条款有效地冻结了争端方签订《阿尔泰协议》(*Altai Agreement*)时的法律制度，使申请人的投资免受法律、法令、法规、规则或根据这些监管工具发布的命令引起的法律环境的不利影响。❸

哈萨克斯坦辩称，申请人不受1994年《外商投资法》的稳定性条款保护。❹1994年《外商投资法》不适用于电力部门，且已被2003年的《哈萨克斯坦共和国投资法》废除。2003年的《哈萨克斯坦共和国投资法》中没有任何条款延续1994年《外商投资法》的影响，因此1994年《外商投资法》已被完全废除，其第27条所载的仲裁要约也已被废除。在申请人提出仲裁请求时，哈萨克斯坦没有向申请人发出根据1994年《外商投资法》的有效仲裁要约，而此类要约原本可以被申请人接受，并且仲裁庭可以据此拥有管辖权。

---

❶ CMS Gas Transmission Company v. The Republic of Argentina, Case No. ARB/01/8, Award, 12 May 2005, para. 40.

❷ CMS Gas Transmission Company v. The Republic of Argentina, Case No. ARB/01/8, Award, 12 May 2005, para. 92.

❸ The AES Corporation and TAU Power B.V. v. Republic of Kazakhstan, ICSID Case No. ARB/10/16, Award, 1 November 2013, para. 250.

❹ The AES Corporation and TAU Power B.V. v. Republic of Kazakhstan, ICSID Case No. ARB/10/16, Respondent's Counter-Memorial of 7 October 2011 as amended on 10 November 2011, paras. 5, 193, 541, 568.

第四章　国际投资仲裁中的稳定性条款

因此，该案是根据 1994 年《外商投资法》提起的仲裁，不是哈萨克斯坦承认的提交 ICSID 仲裁的同意。❶ 申请人援引鲁梅利诉哈萨克斯坦案仲裁庭的分析逻辑，国际法规定的既得权利不能被国内立法剥夺，既没有说服力又没有权威。❷ 关于仲裁同意能否撤回在本章第一节中已进行了具体分析，仲裁庭认为该案应适用 1994 年《外商投资法》，其有管辖权。

AES 诉哈萨克斯坦案的被申请人还指出，若稳定性条款被取代，则申请人将被登记为自然垄断者，并根据 1995 年《电力法》受到严格的价格控制，比其现在享有的收益要低得多。此外，哈萨克斯坦法院根据本国宪法和民法典对申请人作出的裁判，即使在稳定性条款发挥作用的情况下也适用于申请人。被申请人认为，若继续对申请人适用事实上已正式被废除的 1994 年《外商投资法》，则会导致不同的投资者受不同的法律约束，这将导致法律体系的分散，而且在实践中将是行不通的。

通常情况下，已被新法取代的旧法中的稳定性条款仍然有效。稳定性条款的作用之一就是排除新法对投资者产生的不利影响，由投资协议签订时的法律管辖，后续法律对投资者不适用。换言之，新法对投资者并不适用，因此也不会产生新法取代旧法的效果。被申请人要求其国内法判决适用于稳定性条款的主张几乎不会得到仲裁庭的认可，国际投资仲裁是解决争端的国际途径，并不会受制于东道国的国内法裁判，尽管东道国的国内法裁判会提供有用的依据，而且仲裁庭需要考虑东道国的国内法。

卢洛矿业公司诉马里案（Somilo v. Mali）❸ 是根据合同争端提起的国际投资仲裁。该争端与马里东南部偏远地区卢洛（Loulo）的金矿有关。1993 年，卢

---

❶ The AES Corporation and TAU Power B.V. v. Republic of Kazakhstan, ICSID Case No. ARB/10/16, Respondent's Counter-Memorial of 7 October 2011 as amended on 10 November 2011, paras. 520, 530-534.

❷ The AES Corporation and TAU Power B.V. v. Republic of Kazakhstan, ICSID Case No. ARB/10/16, Respondent's Counter-Memorial of 7 October 2011 as amended on 10 November 2011, para. 529.

❸ Societe des Mines de Loulo S.A. (Somilo) v. Mali, ICSID Case No. ARB/13/16.

洛矿山的经营者卢洛矿业公司与马里政府签订了采矿协议。该协议规定了一种特殊的财政制度及马里不改变该财政制度的承诺。但是，2008年马里税务部门认为卢洛矿业公司的应缴税款被低估了，要求卢洛矿业公司支付约570万欧元的税款及罚款。2011年，马里税务部门再次要求卢洛矿业公司缴纳6600万欧元的税款及罚款。卢洛矿业公司抗议马里税务部门对其应缴税款计算不正确，而且违反了《采矿协议》。在与马里政府谈判未果和诉诸马里国内法院未能打破僵局后，卢洛矿业公司于2013年根据《采矿协议》提起了ICSID仲裁。争端双方同意《采矿协议》规定1993年的马里一般法律是本案的适用法律，自1993年以来的马里一般法律具有辅助、补充作用。❶

卢洛矿业公司诉马里案的申请人卢洛矿业公司认为，由于稳定性条款的目的是有利于投资者，因此应首先支持投资者的解释。该案仲裁员不同意这一主张，认为稳定性条款实际上有利于双方，通过规定东道国对投资者的特定义务以换取更多的确定性。因此，仲裁庭认为，应根据争端双方的意图解释稳定性条款，这也符合马里法律规定的解释规则。仲裁庭注意到，《采矿协议》规定投资者为其投资活动支付增值税，并且马里政府向申请人收取了增值税。申请人争辩，马里法律仅自1999年规定向非居民纳税人征收增值税，但仲裁庭认为这并不意味着马里增设了不同于增值税的新税种，而仅是对增值税的另一种收取方式。因此，马里税务部门从2008年向申请人收取增值税并未违反《采矿协议》中稳定性条款的规定。但是，仲裁庭认为，马里税务部门对申请人应缴纳的增值税征收的罚款是与增值税不同的税收。马里税务部门自1999年开始收取增值税罚款，晚于《采矿协议》的签订时间，因此其适用违反了《采

---

❶ CHARLOTIN D. Revealed: In Heretofore-Confidential Award in Societe Des Mines De Loulo S.A. (Somilo) V. Mali, Tribunal Found Breach of Contractual Tax Stabilisation Clause [EB/OL]. (2019-11-13) [2024-06-20]. https://www.iareporter.com/articles/revealed-in-confidential-award-in-societe-des-mines-de-loulo-s-a-somilo-v-mali-tribunal-found-breach-of-contractual-tax-stabilisation-clause/.

第四章 国际投资仲裁中的稳定性条款

协议》的稳定性规定。❶

其他一些国际投资仲裁案件也认可稳定性条款限制东道国将投资协议签署之后的新法适用于投资项目。绿色科技能源公司诉意大利案仲裁庭指出，东道国应当保留修改其法律的主权特权。但是，如果东道国向外国投资者明确保证不会进行任何修正，则东道国在违反这些保证时必须向投资者提供合理的补偿。在道达尔公司诉阿根廷案（Total v. Argentina）中，仲裁庭似乎否认需要平衡监管权与东道国保证，因为在东道国作出合同、双边投资条约或类似承诺的情况下，这些承诺会约束东道国的主权。❷ 此外，在派克林公司诉立陶宛案中，仲裁庭认为，争端方之间有以稳定性条款或其他类似形式存在的协议时，东道国修改法律的权利受到限制。❸

东道国也认可在没有稳定性条款的情况下可以变更国内法律框架。在I.C.W.公司诉捷克案中，被申请人声称在没有具体稳定安排的情况下，东道国可以对法律框架进行变更。❹ 在道达尔公司诉阿根廷案❺、派克林公司诉立陶宛案❻ 和伊万·米库拉等诉罗马尼亚案（Micula v. Romania）❼ 中，被申请人辩称

---

❶ CHARLOTIN D. Revealed: In Heretofore-Confidential Award in Societe Des Mines De Loulo S.A. (Somilo) V. Mali, Tribunal Found Breach of Contractual Tax Stabilisation Clause [EB/OL]. (2019-11-13) [2024-06-20]. https://www.iareporter.com/articles/revealed-in-confidential-award-in-societe-des-mines-de-loulo-s-a-somilo-v-mali-tribunal-found-breach-of-contractual-tax-stabilisation-clause/.

❷ Total S. A. v. The Argentina Republic, ICSID Case No. ARB/04/01, Decision on Liability, 27 December 2010, para.121.

❸ Greentech Energy Systems A/S, NovEnergia II Energy & Environment (SCA) SICAR, and NovEnergia II Italian Portfolio SA v. The Italian Republic, SCC Arbitration V (2015/095), Final Award, 23 December 2018, para. 452.

❹ I. C.W. Europe Investments Limited (United Kingdom) v. The Government of the Czech Republic, PCA Case No. 2014-22, Award, 15 May 2019, para. 435.

❺ Total S.A. v. The Argentina Republic, ICSID Case No. ARB/04/01, Decision on Liability, para. 115.

❻ Parkerings-Compagniet AS v. Lithuania, ICSID Case No. ARB/05/8 (Norway/Lithuania BIT), Award, 11 September 2007, paras. 332-333.

❼ Ioan Micula et al. v. Romania, ICSID Case No. ARB/05/20, Award, 11 December 2013.

国际投资法视域下的稳定性条款研究

在一般情况下，投资条约并不限制一国变更或修改其国家立法的酌情处理权，除非该条约为此目的包含具体的稳定性条款或其他具体机制。在能源行业尤其如此，监管机构经常干预以解决市场失灵，如垄断、滥用市场支配力等。某些中南美洲国家颁布国内法，提供签署约定稳定性条款的可能。❶ 在 I.C.W. 公司诉捷克案中，被申请人认为，在没有相反语言的情况下，FET 义务通常并不要求严格的稳定性义务。此外，即使投资条约将使用术语"稳定"，在没有其他明确指示的情况下，不应将条约解释为包含稳定性安排。❷

（二）确定合理期望

法律承诺（legal commitment）的范围大于稳定性承诺，而稳定性条款是稳定性承诺的一种。法律承诺产生法律义务，且违反法律承诺时需要承担法律责任。稳定性条款除了产生法律义务之外，其产生的合理期望要求东道国冻结投资时的法律或者保持投资时的经济平衡。在国际投资仲裁实践中，仲裁员对投资者是否可以依据国际投资协定中的 FET 条款产生合理期望持有不同的意见。

法律承诺的形式很自由，不一定是正式的、明示的协议。它可能由某种行为产生，但是此种行为必须足够具体、明确且要针对特定的投资者，可被视为法律承诺的客观表达。潜在投资者的任何主观判断或自我解释及政府的声明或立场都足以触发所谓"合理期望"，可以将其用作或滥用为违反一项不存在义务的指控依据，或作为规避先前义务的手段。❸

法律承诺建立了东道国和投资者之间的法律关系，双方互享权利、互担

---

❶ Duke Energy International Peru Investments No. 1 Ltd. v. Peru, ICSID Case No. ARB/03/28, Award, 18 August 2008, para. 190; Noble Energy Inc. and Machalapower Cia. Ltd. v. Ecuador and Consejo Nacional de Electricidad, ICSID Case No. ARB/05/12, Decision on Jurisdiction, 5 March 2008, para. 161.

❷ I. C.W. Europe Investments Limited (United Kingdom) v. The Government of the Czech Republic, PCA Case No. 2014-22, Award, 15 May 2019, para. 438.

❸ Ioan Micula, Viorel Micula, S.C. European Food S.A, S.C. Starmill S.R.L. and S.C. Multipack S.R.L. v. Romania, ICSID Case No. ARB/05/20, Separate Opinion of Georges Abi-Saab, 5 December 2013, para. 5.

第四章 国际投资仲裁中的稳定性条款

义务。就稳定性条款而言，东道国需要承担保证稳定的义务，而投资者承担合法、善意、诚信地进行投资的义务。稳定性条款是东道国向投资者作出的法律承诺。如果该承诺是合同条款，则投资者自合同签订之日起对东道国负有合同约定的义务，并非只获得稳定性条款带来的稳定保证。如果稳定性条款规定在法律中，则投资者自投资时起承担相应法律义务。

根据一般国际法，如果不事先违反某种法律义务，就无须承担责任。政府只有对特定投资者作出明确的法律承诺，才有可能违背该投资者的合理期望，进而采取补救或赔偿措施。❶ 当然，违反稳定性条款，东道国需要承担赔偿责任。在伊万·米库拉等诉罗马尼亚案中，乔治·阿比-萨博（Georges Abi-Saab）指出，"合理期望"必须基于某种法律承诺，不可以是东道国的一般性政治声明或鼓励投资的言论。❷ AES诉哈萨克斯坦案仲裁庭认为，1994年，《外商投资法》第6条的稳定性条款适用于申请人的投资。❸ 在申请人进行投资时，1994年《外商投资法》有效，因此申请人有权期望获得1994年《外商投资法》提供的保护。如果不适当考虑申请人根据该法律产生的期望，就不能单方面撤销这种保护。因此，稳定性条款适用于申请人的投资。❹

在伊万·米库拉等诉罗马尼亚案中，"价格计划"（EGO 24）是向所有潜在投资者提出的，其本身并非法律，因此不能构成罗马尼亚政府对投资者的法律承诺。但是，乔治·阿比-萨博认为，罗马尼亚根据该计划向投资者签发的永久投资者证明（Permanent Investor Certificate，PIC）在罗马尼亚和特定投资者之间建立法律关系。若投资者进行投资并利用激励措施，则需要承担某些法

---

❶ Ioan Micula, Viorel Micula, S.C. European Food S.A, S.C. Starmill S.R.L. and S.C. Multipack S.R.L. v. Romania, ICSID Case No. ARB/05/20, Separate Opinion of Georges Abi-Saab, 5 December 2013, para. 3.

❷ Ioan Micula, Viorel Micula, S.C. European Food S.A, S.C. Starmill S.R.L. and S.C. Multipack S.R.L. v. Romania, ICSID Case No. ARB/05/20, Separate Opinion of Georges Abi-Saab, 5 December 2013, paras. 3-4.

❸ Ioan Micula, Viorel Micula, S.C. European Food S.A, S.C. Starmill S.R.L. and S.C. Multipack S.R.L. v. Romania, ICSID Case No. ARB/05/20, Separate Opinion of Georges Abi-Saab, 5 December 2013, para. 252.

❹ The AES Corporation and TAU Power B.V. v. Republic of Kazakhstan, ICSID Case No. ARB/10/16, Award, 1 November 2013, para. 253.

律义务。❶该计划执行了10年，于2009年终止。该计划没有等同于稳定性条款，PICs❷也没有稳定性条款，以保证冻结在此期间税收协定的内容。换言之，所有PICs的目的都是赋予投资者在限定的时间里使用计划提供的融资权利，无论计划的具体内容如何规定。税收激励计划的内容可以更改；内容可变更已被受益的投资者认可，他们没有反对早期的变更，无论是对他们有利还是不利。因此，可以合理地说，罗马尼亚没有违反对PICs持有人的任何承诺，只要该计划在PICs的期限内一直有效，并包含一些激励措施。情况确实如此，因为利得税豁免一直持续到2009年该计划期限届满时为止。❸

在伊万·米库拉等诉罗马尼亚案中，乔治·阿比-萨博认为，罗马尼亚提前终止原料工厂，是由于罗马尼亚迫切需要加入欧盟，这是国家的首要利益。被申请人罗马尼亚并未援引《关于国家责任的条款草案》第25条中的"必要性"规定作为排除不法行为的依据，由于罗马尼亚认为自己采取了合理的行动。因此，罗马尼亚表面上并没有不法行为，也不需要援引"必要性"规定进行免责。乔治·阿比-萨博同意在没有相当于稳定性条款的承诺的情况下，不能保证计划的内容在有效期内冻结，并且应按比例减少PIC持有人的义务，以便在双方承诺之间重新建立平衡。❹然而该裁决的多数意见认为，虽然承认罗马尼亚真诚地采取合理的行动，并追求最高的国家利益，但是这不足以排除其对申请人合理期望损害的赔偿责任。❺

在艾瑟和活力公司诉西班牙案中，申请人声称西班牙在其投资后决定修改

---

❶ Ioan Micula, Viorel Micula, S.C. European Food S.A, S.C. Starmill S.R.L. and S.C. Multipack S.R.L. v. Romania, ICSID Case No. ARB/05/20, Separate Opinion of Georges Abi-Saab, 5 December 2013, para. 6.

❷ PICs 是 PIC 的复数形式。

❸ Ioan Micula, Viorel Micula, S.C. European Food S.A, S.C. Starmill S.R.L. and S.C. Multipack S.R.L. v. Romania, ICSID Case No. ARB/05/20, Separate Opinion of Georges Abi-Saab, 5 December 2013, para. 7.

❹ Ioan Micula, Viorel Micula, S.C. European Food S.A, S.C. Starmill S.R.L. and S.C. Multipack S.R.L. v. Romania, ICSID Case No. ARB/05/20, Separate Opinion of Georges Abi-Saab, 5 December 2013, para. 10.

❺ Ioan Micula, Viorel Micula, S.C. European Food S.A, S.C. Starmill S.R.L. and S.C. Multipack S.R.L. v. Romania, ICSID Case No. ARB/05/20, Separate Opinion of Georges Abi-Saab, 5 December 2013, para. 11.

第四章 国际投资仲裁中的稳定性条款

RD 661/2007 监管框架，使其投资价值大大降低，这违反了其受 ECT 保护的合理期望。被申请人西班牙则认为，投资者不能期望 RD 661/2007 制度的"冻结"或"不可修改"，自己从未对申请人作出任何承诺，且这些承诺不会成为受 ECT 保护的"合理期望"。该案仲裁庭指出，ECT 确实旨在保护申请人不会在其投资期间经历全面、不合理的变化，但是投资经验非常丰富的申请人应当意识到被申请人的公用事业监管制度有时会在可行的范围内进行调整，国家有权根据不断变化的情况进行监管并修改监管制度，FET 标准不会使投资者享有监管稳定的权利。❶ 该案仲裁庭还指出，当缺少直接向投资者作出的东道国不会改变其法律或法规的明确承诺时，国际投资条约并没有取消各国修改其监管制度以满足不断变化的情况和公共需求的权利。❷ 正如 BG 集团诉阿根廷案（BG Group v. Argentina）仲裁庭所指出的那样，为了适应不断变化的经济、政治、法律环境，国家的监管权仍然存在。❸ 艾瑟和活力公司诉西班牙案仲裁庭认为，该案与之前的查拉尼公司诉西班牙案不同，因为后者没有对第 9/2013 号皇家敕令❹进行审查，且根据 ECT 提起的许多仲裁案件，强调东道国应根据 ECT 的序言"为外国投资者提供稳定、透明的法律框架"。艾瑟和活力公司诉西班牙案仲裁庭指出，若东道国的监管措施严重变更，则可能违反 FET，而该案被申请人的有关措施彻底改变了监管框架，导致投资者遭受重大财务损失，因此违反了 ECT。

伊万·米库拉等诉罗马尼亚案仲裁庭指出，FET 本身并不赋予监管稳定的权利。国家有权进行监管，在缺乏稳定性条款或其他具体保证时，投资者必然

---

❶ Eiser Infrastructure Limited and Energía Solar Luxembourg S.à r.l. v. Kingdom of Spain, ICSID Case No. ARB/13/36, Award, 4 May 2017, paras. 362-364.

❷ Parkerings-Compagniet AS v. Lithuania, ICSID Case No. ARB/05/8, Award, 11 September 2007, para. 332; EDF (Services) Ltd. v. Romania, ICSID Case No. ARB/05/13, Award, 8 October 2009, paras. 217-218.

❸ BG Group Plc. v. Argentina Republic, UNCITRAL, Award, 24 December 2007, para. 298.

❹ 第 9/2013 号皇家敕令是西班牙为保障电力系统财务稳定性而采取的紧急措施法令，于 2013 年 7 月 12 日发布。

期望立法会有所变化。❶

UNCTAD 在《公平公正待遇条款》一文中指出，仲裁裁决表明投资者可以从多种渠道获得合理期望。第一，东道国向其作出的特定承诺，如以稳定性条款的形式等。第二，东道国未专门针对特定投资者作出，但目的是吸引外国投资且外国投资者依赖其进行投资的规则。在道达尔公司诉阿根廷案中，仲裁庭得出结论，投资者不仅可以依据合同、特许协议和稳定性条款产生合理期望，而且可以依据东道国的任何有意行为建立合理期望。❷

如果东道国调整或取消投资者投资所依赖并遵守的法律导致违背投资者的合理期望，那么东道国需要承担相应的责任。❸ 在绿色科技能源公司诉意大利案中，申请人以能源账户监管计划中的 Conto Ⅱ 为例，指出其明确地向投资者保证了恒定的价格率。❹ 为了进一步说明，申请人援引了根据 Conto Ⅱ 达成的《能源服务经纪协议》第 2 条，该协议中提及的光伏电站的激励电价为 0.346 欧元 / 千瓦·时。该电价将高于正常市场价格。❺

鉴于意大利国家机关或官员作出的各种明确保证，申请人争辩说意大利的格式条款导致其合理地认为意大利的监管制度在固定时期内保持不变。❻ 申请人将该

---

❶ Ioan Micula et al. v. Republic of Romania, ICSID Case No. ARB/05/20, Award, 11 December 2013, para. 666.

❷ Total S.A. v. Republic of Argentina, ICSID No. ARB/04/1, Decision on Liability, 27 December 2010, paras.119-121.

❸ Charanne B.V. and Construction Investments S.à r.l. v. The Kingdom of Spain, Arbitration No. 062/2012, Dissenting Opinion of Prof. Dr. Guido Santiago Tawil, 21 December 2015, para.10.

❹ Greentech Energy Systems A/S, NovEnergia II Energy & Environment (SCA) SICAR, and NovEnergia II Italian Portfolio SA v. The Italian Republic, SCC Arbitration V (2015/095), Final Award, 23 December 2018, para. 409.

❺ Greentech Energy Systems A/S, NovEnergia II Energy & Environment (SCA) SICAR, and NovEnergia II Italian Portfolio SA v. The Italian Republic, SCC Arbitration V (2015/095), Final Award, 23 December 2018, para. 410.

❻ Greentech Energy Systems A/S, NovEnergia II Energy & Environment (SCA) SICAR, and NovEnergia II Italian Portfolio SA v. The Italian Republic, SCC Arbitration V (2015/095), Final Award, 23 December 2018, para. 411.

第四章 国际投资仲裁中的稳定性条款

案情况与伊万·米库拉等诉罗马尼亚案的情况进行比较。在伊万·米库拉等诉罗马尼亚案中，仲裁庭裁定罗马尼亚通过向其国内某些地区的投资者提供10年免税期而建立了投资者的合理期望。❶ 考虑到伊万·米库拉等诉罗马尼亚案没有像《能源服务经纪协议》这样的具体合同安排，申请人争辩说其合理期望更加强烈。❷

申请人认为，意大利对光伏投资者的承诺要比马斯达尔太阳能与风能合作社诉西班牙案（Masdar v. Spain）❸ 的被申请人西班牙对其投资者作出的承诺明显更具体。首先，虽然西班牙的电价计划注册和部级函件回溯了有关适用电价的一般法规，但能源服务经纪函件中规定了适用于每家电厂的准确电价率。其次，能源服务经纪信函中指出，电价率将保持20年不变，而西班牙法规并未规定特定的时间段或不变的汇率。此外，西班牙并未根据其激励机制签订合同，但受益于能源账户监管计划的光伏生产商与意大利签署了《能源服务经纪协议》，规定了具体的电价率，期限为20年。❹ 申请人还争辩说，ECT缔约方接受了对其修改投资法规权力的限制，至少在其作出明确保证而产生合理稳定性预期的情况下。因此，意大利在随后行使主权特权会破坏投资者基于这些保证形成的期望的范围内，有效地放弃了任何监管权。申请人声称，投资条约法理学的共同点之一是当投资者的期望基于国家的明确保证时，国家已经接受了限制其以破坏这些保证的方式行使监管权。❺ 该案仲裁庭指出，鉴于意大利提供的保证的特殊性，这些保证具有"稳定性条款或其他类似形式协议"的性质。因此，意大

---

❶ Ioan Micula et al. v. Republic of Romania, ICSID Case No. ARB/05/20, Award, 11 December 2013.

❷ Greentech Energy Systems A/S, NovEnergia II Energy & Environment (SCA) SICAR, and NovEnergia II Italian Portfolio SA v. The Italian Republic, SCC Arbitration V (2015/095), Final Award, 23 December 2018, para. 411.

❸ Masdar Solar & Wind Cooperatief U.A. v. Kingdom of Spain, ICSID Case No. ARB/14/1.

❹ Greentech Energy Systems A/S, NovEnergia II Energy & Environment (SCA) SICAR, and NovEnergia II Italian Portfolio SA v. The Italian Republic, SCC Arbitration V (2015/095), Final Award, 23 December 2018, para. 413.

❺ Total S.A. v. Argentina Republic, ICSID Case No. ARB/04/1, Decision on Liability, 27 December 2010, paras.119, 309.

利颁布《激励法令》❶ 降低激励价格的做法破坏了申请人的合理期望。❷

在查拉尼建筑投资公司诉西班牙案中，仲裁员吉多同意确定该案是否存在违反投资者合理期望的情形应基于"客观"标准或分析，而不是仅基于投资者进行投资时的主观信念，需要进行个案分析。此外，吉多认为，FET 条款能否适用取决于投资者的期望是否合理❸，因为该期望与东道国为引入投资而作出的陈述及进行投资后发生的法律制度变化有关。❹ 在该案中，西班牙通过 RD 661/07、RD 1578/08 制定了特定制度中的政策框架明确规定固定价格继续有效，且至少在未来 25 年内有效，不受未来价格审查的影响。❺ 西班牙政府同期发布的相关文件有助于阐释监管措施的背景和目的。❻ 仲裁员吉多认为，即使每份法律文件本身并不能完全产生合理期望，申请人似乎也足以据此决定对光伏电站进行投资。因此，根据 RD 661/07、RD 1578/08，申请人可能"客观地"认为根据每部法律建立的价格制度将保持不变。❼

RD 661/07 的第 44.3 条规定："在 2010 年内，鉴于有关 2005—2010 年可再生能源计划的遵守程度及西班牙节能与能效战略的监测报告结果，新的目标已包含在 2011—2020 年可再生能源计划中，因此本条款应适用于根据每项技术的相关成本、特殊需求覆盖计划的参与程度及其对系统经济和技术管理的影

---

❶ 2014 年 6 月 24 日，意大利颁布第 91/2014 号法令（Law Decree No. 91/2014），即《激励法令》。

❷ Greentech Energy Systems A/S, NovEnergia II Energy & Environment (SCA) SICAR, and NovEnergia II Italian Portfolio SA v. The Italian Republic, SCC Arbitration V (2015/095), Final Award, 23 December 2018, para. 453.

❸ Suez, Sociedad General de Aguas de Barcelona S.A. and Vivendi Universal S.A. v. Republic of Argentina, ICSID Case No. ARB/03/19, Decision on Liability, 30 July 2010, para. 226.

❹ Charanne B.V. and Construction Investments S.à r.l. v. The Kingdom of Spain, Arbitration No. 062/2012, Dissenting Opinion of Prof. Dr. Guido Santiago Tawil, 21 December 2015, para. 4.

❺ Article 44.3 of the RD 661/07.

❻ Renewable Energy Plan 2005–2010, approved by the Spanish Government through the agreement of the Council of Ministers of 26 August 2005.

❼ Charanne B.V. and Construction Investments S.à r.l. v. The Kingdom of Spain, Arbitration No. 062/2012, Dissenting Opinion of Prof. Dr. Guido Santiago Tawil, 21 December 2015, para.6.

响，对皇家法令中规定的费率、原材料、配件和上下限进行审查，根据资本市场的资金成本，保证合理的利润率。从那时起，每四年将有一次新的审查，维持上述标准。对管制电价和上下限的修订将不影响在审查年度后第二年1月1日前批准实施服务的设施。"❶

仲裁员吉多指出，该案裁决反复强调对合理期望的承认等同于承认东道国的规制权是无限期"冻结的"或者其后不能因公共利益对立法进行修改。仲裁员吉多不赞同这一观点，他认为，一般规则是根据特定法律框架获得的既得权利不会无限期延续，对法律和法规稳定的合理期望也是如此。东道国一向保留其规制权，甚至可以在提出稳定性条款的情况下修改其立法。但是，如果东道国在有效行使规制权时影响投资者的既得权利或合理期望，则必须赔偿所造成的损害。❷

简而言之，当投资者为了获得预期、可确定的利益遵守现行法律的所有既定要求时，接受投资的国家随后的无视便违反了投资者的合理期望。其中，"视"这个词用得很经典，表明并不是限制东道国的立法特权，只是要求东道国尊重投资者的合理期望。西班牙并没有面临冻结、石化或经济框架不变的风险，其有权修改或取消既定的激励制度。但是，如果西班牙对这种给予投资者优惠的特殊制度进行了修改，则会给投资者造成损害。若西班牙没有提供足够的补偿，则将违背投资者所建立的合理期望，从而构成对ECT的FET义务的违反。❸综上所述，仲裁员吉多认为，投资者遵循了东道国的规定，东道国有权修改法律，但是违背了投资者的合理期望，应当给予补偿，否则违反FET条款。

在RREEF基础建设公司诉西班牙案（RREEF v. Spain，以下简称"RREEF

---

❶ Charanne B.V. and Construction Investments S.à r.l. v. The Kingdom of Spain, Arbitration No. 062/2012, Final Award, 21 January 2016, para.132, footnote 3.

❷ Charanne B.V. and Construction Investments S.à r.l. v. The Kingdom of Spain, Arbitration No. 062/2012, Dissenting Opinion of Prof. Dr. Guido Santiago Tawil, 21 December 2015, para.11.

❸ Charanne B.V. and Construction Investments S.à r.l. v. The Kingdom of Spain, Arbitration No. 062/2012, Dissenting Opinion of Prof. Dr. Guido Santiago Tawil, 21 December 2015, para.12.

诉西班牙案")❶中，申请人 RREEF 自 2011 年开始在西班牙风能和集中式太阳能领域进行了多项投资。申请人在 5 个风电厂和 3 个集中式太阳能发电厂进行投资，每个电厂都根据 RD 661/2007 进行了注册，以享受固定电价。由于西班牙《能源可持续性税收措施法》（*Law 15/2012 on Tax Measures for Energy Sustainability*）和 RDL 9/2013 的变化，所以申请人于 2013 年 10 月提起仲裁，声称这些监管制度变化违反了西班牙根据 ECT 第 10 条第 1 款承担法律稳定性、FET、透明性、非歧视性及相称性、合理性的义务。申请人还声称西班牙违反了其合理期望。2018 年 11 月 30 日，ICSID 仲裁庭裁定西班牙追溯适用新税制并未能确保申请人获得合理的太阳能投资回报率，因而违反了 ECT。❷ 仲裁庭首先裁定，ECT 下的 FET 标准与国际法中要求的 FET 标准相同，而且包括对透明度、保护与安全、不损害、不歧视、相称性和合理性的承诺。值得注意的是，仲裁庭澄清说，虽然 FET 标准要求国家尊重投资者的合理期望，但投资者希望其投资条件不会完全改变是不合理的。

RREEF 诉西班牙案申请人辩称，ECT 的稳定性要求是一项独立的义务，各国必须在投资期限内保持稳定的法律框架。该案仲裁庭指出，稳定性不是绝对的，在没有明确的稳定性条款的情况下，稳定性不等同于不变性。创造稳定环境的义务应当排除投资期限内任何不可预测的根本性转变。❸ 虽然 RD 661/2007 规定"应始终参照资本市场中的货币成本来保证合理的盈利率"❹，但仲裁庭并未将此条款解释为保证投资条件不会改变的稳定性承诺，而是将其解释为设想监管制度未来可能会调整。申请人还辩称，西班牙的监管变化是无法预测的，而且与申请人的合理期望不符。被申请人西班牙回应说，由于缺乏对

---

❶ RREEF Infrastructure v. The Kingdom of Spain, ICSID Case No. ARB/13/30.

❷ COUGHLIN G. ICSID Tribunal Finds Spain Breached ECT Obligations by Failing to Provide a Reasonable Rate of Return [EB/OL]. (2019-06-27) [2024-06-20]. https://www.iisd.org/itn/en/2019/06/27/icsid-tribunal-finds-spain-breached-ect-obligations-by-failing-to-provide-a-reasonable-rate-of-return-gregg-coughlin/.

❸ RREEF Infrastructure v. The Kingdom of Spain, ICSID Case No. ARB/13/30, para. 315.

❹ RREEF Infrastructure v. The Kingdom of Spain, ICSID Case No. ARB/13/30, para. 318.

监管稳定性的明确承诺，因此投资者无法合理地期望西班牙的监管框架不会改变。在确定 RD 661/2007 是否违背申请人的合理期望时，仲裁庭考虑了该监管变更是否构成了"意想不到地影响投资状况"的剧烈而根本的变更。❶ 仲裁庭裁定，由于西班牙在其若干法律中都保证了合理的回报率或合理的盈利能力，因此申请人的唯一合理期望是"为其投资获得合理的回报"❷，而不是在投资期间获得固定电价制度所提供的固定回报率。

捷克《促进可再生能源使用法》（*Act on the Promotion of the Use of Renewable Energy Sources*, Act No. 180/2005 Coll., 以下称"第 180/2005 号法案"）于 2005 年 8 月 1 日生效，旨在促进可再生能源系统的使用，并提高可再生能源产生的电力份额。根据该法案第 6 节的规定，自投产之日起 15 年内，捷克为投资者提供可再生能源的固定电价。后来，捷克能源管理办公室将期限修改为 20 年。在随后的几年中，该计划的普及及光伏生产成本的降低使捷克官员担心家庭用户和工业用户的电价上涨。对此，2010 年 12 月 14 日，捷克颁布了第 402/2010 号法案，该法案规定对固定电价征收 26% 的太阳能税，对绿色激励征收 28% 的太阳能税。2011 年 1 月 1 日，第 330/2010 号法案取消与 2011 年 3 月 1 日后投入运行的装机容量超过 30kWp❸ 的光伏电站有关的所有激励措施。2013 年 5 月 8 日，安塔里斯太阳能有限公司（Antaris Solar GmbH）、迈克尔·戈德（Michael Göde）及其他 8 名索赔人对捷克提起仲裁。他们认为，捷克违反其最初旨在吸引光伏发电投资者的经济激励安排，违背了 ECT 和涉案 BIT 的义务。捷克认可 ECT 的目的和宗旨，认为该条约并非旨在授予投资者一个法律框架，使其不受未来变化的影响。❹

---

❶ RREEF Infrastructure v. The Kingdom of Spain, ICSID Case No. ARB/13/30, para. 379.

❷ RREEF Infrastructure v. The Kingdom of Spain, ICSID Case No. ARB/13/30, para. 386.

❸ kWp 的英文全称为 killo watt peak，意思是太阳能光伏电池的峰值总功率。

❹ PAGUIO J. The Czech Republic Fends Off Another Claim in Relation to Their Renewable Energy Scheme [EB/OL]. (2018-10-17) [2024-06-20]. https://www.iisd.org/itn/en/2018/10/17/the-czech-republic-fends-off-another-claim-in-relation-to-their-renewable-energy-scheme-joseph-paguio/.

国际投资法视域下的稳定性条款研究

鉴于 ECT 仲裁庭要求采取平衡的方法,该案仲裁庭认为,ECT 并未赋予东道国提供稳定、可预测法律框架的义务,也没有接受查拉尼建筑投资公司诉西班牙案的主张,即合理期望不会在没有东道国具体承诺的情况下产生。该案仲裁庭认为,明确或隐含的承诺足以引起合理的期望。仲裁庭毫不怀疑新法的主要目标是建立一种安全、稳定、可预测的制度。捷克能源管理办公室明确表示将保证最低电价的承诺,再加上政府官员的声明进一步强化了这一反复出现的主题。但是,仲裁庭批评索赔人是"机会投资者",其应该知道捷克即将改变现有制度。仲裁庭重申捷克总理、工业和贸易部部长、环境部部长的声明及新闻报道,强调监管激励措施即将发生变化,以及围绕捷克可再生能源计划的政治争议。因此,根据仲裁庭的说法,由于申请人缺乏尽职调查,所以不支持其对任意不合理行为造成的损害提出申诉。重要的是,仲裁庭再次确定是否存在合理期望时,认为"接受……有独立的义务提供稳定和可预测的投资框架",没有接受捷克的主张,即为实现合理期望需要具体的稳定安排。但是,由于这些措施的公共目的是打击不断上涨的消费者成本和投资者暴利,加之申请人缺乏尽职调查,因此仲裁庭的多数意见是驳回申请人关于被申请人违反 FET 的主张。

但是,该案异议仲裁员伯恩(Born)未将尽职调查作为根据国际法进行基于条约保护的条件。根据伯恩的观点,尽职调查的作用从一开始就与索赔人对投资的初步理解相抵触。与此相符,伯恩认为第 180/2005 号法案第 6 节的措辞很明确,提供长期保证,其反复强调立法具有约束力的重要性。伯恩认为,对经济体系中的行为规范而言,立法既是实用的手段,又是适当的手段。唯一重要的问题是"国家的声明和行动是否就未来待遇提供了足够明确的承诺,以引起投资者的合法权利或合理期望"。由于存在明确规定经济稳定的监管框架,因此伯恩认为投资者有合理期望。

在涉及捷克太阳能部门纠纷的 JSW 太阳能公司和维特根家族诉捷克案中,仲裁庭多数意见于 2017 年 10 月 11 日裁决驳回申请人根据《捷克斯洛伐克—

第四章 国际投资仲裁中的稳定性条款

德国 BIT》（1990）提出的所有索赔。该案仲裁由维特根家族的 3 名成员及其公司提起，申请人分别于 2009 年、2010 年在捷克投资了 3 座太阳能光伏电站。为了鼓励可再生能源发电，捷克采取固定电价激励措施，还提供税收激励，如长期免税、缩短折旧期限等。申请人声称其投资依赖于上述激励措施。考虑到太阳能电池板的成本急剧下降使太阳能发电商牟取暴利和太阳能行业的繁荣，捷克在 2009 年、2010 年修订激励计划。被申请人声称，投资者的利润超出激励计划预期的回报率，因此征收 26% 的太阳能税，并取消免税、延长折旧期限。申请人提起国际投资仲裁，声称捷克的相关激励框架包含稳定性承诺，其修正违反申请人的合理期望，并违反涉案 BIT 的 FET 条款、完整安全与保护条款及保护伞条款。仲裁庭的多数意见认为，如果东道国违反投资者在进行投资时的客观合理预期，就会违反 FET 义务，但在缺乏稳定性承诺的情况下，投资者"不能合理地期望东道国的法律不会改变"❶。确定投资者是否有合理的稳定性期望，需要考虑承诺的形式、内容及其明确性。仲裁庭审查了申请人依据的其他文件，并认为与申请人的指控相反，没有任何文件可保证固定价格。

四、稳定性条款的适用范围和触发条件

（一）稳定性条款的适用范围

稳定性条款必须有适用范围，不能确保绝对稳定，否则不仅将影响东道国规制权的行使，也将无法为投资者提供更好的保护。

1. 稳定性条款可适用于法律解释

稳定性条款的适用范围包括东道国的法律解释，因此东道国不可以任意改变对本国法律的解释。在杜克诉秘鲁案中，所有法律稳定协议（Legal Stability Agreement，LSA）的格式文本均作为《投资条例》的附件并入，总体上法律

---

❶ Jürgen Wirtgen v. Czech, PCA Case No. 2014-03, para. 408.

稳定协议适用于保障外国投资者的各种基本权利，包括所得税稳定。❶申请人杜克对被申请人秘鲁的税务评估措施因违反《杜克能源国际百慕大法律稳定协议》(*DEI Bermuda LSA*)❷中的税收稳定性条款而导致的损失提出索赔。❸涉案《秘鲁外商投资法》(Legislative Decree No. 662)序言的法律稳定性规定向外国投资者保证了"现有规则的连续性"。同样，《秘鲁投资条例》(Supreme Decree No. 162-92-EF)的序言规定，LSA"仅向投资者和其参与的企业保证投资时有效法律在一定时期内不会修改……"《秘鲁投资条例》第24条规定："根据本条例第1条提及的法规，法律稳定协议期望稳定投资协议签署时的法律制度，对协议签署时生效的法律制度具有特殊的稳定性。前款所指的稳定性意味着将继续采用与协议签署时相同的立法，而不受有关协议所涉事项和期限内的修正案的影响，甚至在修改或多或少更有利的情况下。"❹

申请人争辩说，税收稳定的保障能保护投资者免受立法和法规的不利修改的影响。该案仲裁庭认为，在稳定性条款的保障下，仲裁庭的管辖权仅限于确定税务法院的相关决定或解释是否与 DEI Bermuda LSA 中适用于申请人的税收制度一致，而不考虑正确与否。因此，仲裁庭的标准本质上是比较性的，而不是绝对的。换句话说，仲裁庭不考虑有关决定或解释的正确性，而只是确定在该案中税务法院的这种决定或解释是否与 DEI Bermuda LSA 签署之前的决定不一致。❺

对法律和法规而言，这种比较性做法是相当直接的，因为可以客观地证明

---

❶ Duke Energy International Peru Investments No. 1 Ltd. v. Republic of Peru, ICSID Case No. ARB/03/28, Award, para. 40.

❷ DEI 是 "Duke Energy International" 的缩写，意为 "杜克能源国际"，该公司的注册地为百慕大，故其签署的法律稳定协议为 "DEI Bermuda LSA"。

❸ Duke Energy International Peru Investments No. 1 Ltd. v. Republic of Peru, ICSID Case No. ARB/03/28, Award, para. 138.

❹ Duke Energy International Peru Investments No. 1 Ltd. v. Republic of Peru, ICSID Case No. ARB/03/28, Award, paras. 210, 212-213.

❺ Duke Energy International Peru Investments No. 1 Ltd. v. Republic of Peru, ICSID Case No. ARB/03/28, Award, paras. 214, 216.

是否发生了变化。申请人需要证明授予税收稳定性保证时既存的法律或法规如何,以及在 LSA 签署后通过或发布的法律或法规如何改变了之前的法律或法规。❶ 如果仲裁庭必须分析法律或法规在解释或适用方面的变化是否会违背被申请人所保证的稳定性承诺,则这项工作要困难得多。仲裁庭信纳,在这种情况下,申请人必须证明在给予税收稳定性保证时的解释或适用,以及在 LSA 签署后的决定或评估如何修改了稳定性保证的解释或适用。鉴于此,如果在签署投资协议时,现有法律规则的适用已有一致的解释,则必须将这种解释纳入稳定性保证。从广义上讲,稳定性要求从授予稳定性保证之日起有效的法律命令得以延续,其中包括 LSA 达成时有效且一致的解释。仲裁庭坚信,在 LSA 签署时,维持对法律的这种稳定解释是"现有规则的连续性"的一部分。❷

该案仲裁庭认为,税收稳定性条款可以保证在签署 LSA 时构成税收制度一部分的法律或法规不会被修改,以免损害投资者,签署 LSA 时已经存在的法律解释或适用不会改变,因而对投资者产生损害,以及除前两种情况之外,稳定化的法律也不会以显然不合理或任意的方式解释或适用。❸ 但是,税收稳定并不意味着仅应基于最有利于申请人的含义或法律顾问建议的最合适的含义解释或适用法律。税收稳定并不能保证政府或法院会以不利于投资者的方式或与投资者的法律顾问意见不同的方式解释法律。不利于投资者的解释本身不能被认为是对法律稳定性的修改或侵犯,除非这种解释不合理,以至于实际上违反了所保证的稳定性。❹

---

❶ Duke Energy International Peru Investments No. 1 Ltd. v. Republic of Peru, ICSID Case No. ARB/03/28, Award, para. 217.

❷ Duke Energy International Peru Investments No. 1 Ltd. v. Republic of Peru, ICSID Case No. ARB/03/28, Award, paras. 218, 219.

❸ Duke Energy International Peru Investments No. 1 Ltd. v. Republic of Peru, ICSID Case No. ARB/03/28, Award, para. 227.

❹ Duke Energy International Peru Investments No. 1 Ltd. v. Republic of Peru, ICSID Case No. ARB/03/28, Award, para. 228.

2. 稳定性条款适用范围的限制

稳定性条款是否适用于公共利益立法取决于稳定性条款的文本。老旧的稳定性条款可能无法排除公共利益立法，如何保护东道国的公共利益规制权成为问题。

在 AES 诉哈萨克斯坦案中，被申请人哈萨克斯坦辩称，申请人 AES 不受 1994 年《外商投资法》中稳定性条款的保护。❶ 首先，1994 年《外商投资法》不适用于电力部门，因此不适用于申请人索赔的任何部分。其次，电力部门作为自然垄断者，属于"有关公共卫生和道德立法例外"的范畴。因此，1994 年《外商投资法》中的稳定性条款不适用于该案争端，并且 1994 年《外商投资法》中包含的管辖权条款无法为仲裁庭在申请人这方面的主张提供管辖权依据。❷

该案仲裁庭认为，由于 1994 年《外商投资法》第 6 条没有规定绝对稳定，因此该案涉及的稳定性条款的适用范围受到限制。1994 年《外商投资法》第 6 条第 1 款规定在"不利影响"情况下的稳定作用，这意味着如果新法对外国投资者产生不利影响，则新法不适用于外国投资者。该法第 6 条第 3 款规定，如果发生变更的法律涉及公共领域，如确保防卫权力、国家安全、生态安全、公共健康和道德等领域，投资者则受到有限的保护，稳定性条款不会"冻结"东道国变更法律的权力，投资者只能要求东道国赔偿其受到的不利影响。❸ 总之，该法第 6 条的关键要素是法律变更的影响，其目的是仅在法律变更"不利地影响"投资者的情况下提供稳定。但是，这种稳定的性质因有关法律领域的不同而有所不同，从"冻结"效应到赔偿给申请人造成的不利影响。此外，稳定

---

❶ The AES Corporation and TAU Power B.V. v. Republic of Kazakhstan, ICSID Case No. ARB/10/16, Respondent's Counter-Memorial of 7 October 2011 as amended on 10 November 2011, paras. 5, 193, 541, 568.

❷ The AES Corporation and TAU Power B.V. v. Republic of Kazakhstan, ICSID Case No. ARB/10/16, Respondent's Counter-Memorial of 7 October 2011 as amended on 10 November 2011, para. 523.

❸ The AES Corporation and TAU Power B.V. v. Republic of Kazakhstan, ICSID Case No. ARB/10/16, Award, 1 November 2013, para. 256.

期至少应为 10 年，如果合同有效期超过 10 年，则稳定期限是整个合同的有效期。❶ 在该案中，仲裁庭认为1994年《外商投资法》第6条适用于申请人，并至少在《阿尔泰协议》生效期间保护申请人免受《哈萨克斯坦竞争法》的变更所带来的不利影响。❷

（二）稳定性条款的触发条件

1. 稳定性条款的触发条件的不利影响

稳定性条款发生作用的前提之一是外国投资者遭受不利影响，通常伴随着对国际投资协定中征收条款和 FET 条款的违反。在实践中，对于投资者遭受的不利影响需要确定是否包含投资利润的受损，还是仅限于投资资产的实质受损。若仅限于投资资产的实质受损，如东道国对投资者进行征收或者国有化，则稳定性条款的适用范围非常有限。因此，外国投资者面临的问题是，虽然东道国国内法、条约或者投资合同包含稳定性承诺，但是东道国的措施造成其遭受的损害是否足以触发稳定性条款的保护。在确定不利影响时，仲裁庭通常会确定被申请人变更法律之前申请人的情况，以及变更法律之后申请人的情况，从而将两种情况进行比较。在这一过程中，有时争议的焦点是依据何种法律确定申请人变更之前的情况。

AES 诉哈萨克斯坦案仲裁庭认为，1994年《外商投资法》第6条适用的关键问题是《哈萨克斯坦竞争法》的变更及其对申请人的适用是否会对申请人的情况产生不利影响。如果没有对申请人的投资产生不利影响，则稳定性条款不会提供任何保护，无论是"冻结"申请人享有的权利还是对其遭受的损失进

---

❶ The AES Corporation and TAU Power B.V. v. Republic of Kazakhstan, ICSID Case No. ARB/10/16, Award, 1 November 2013, para. 255.

❷ The AES Corporation and TAU Power B.V. v. Republic of Kazakhstan, ICSID Case No. ARB/10/16, Award, 1 November 2013, para. 260.

行赔偿。❶ 该案仲裁庭认为，在颁布、实施新法时，东道国必须进行完整的研究，也必须将新法纳入一般性背景考虑。稳定化并不意味着投资者有权在新法规中选择适用对其有利的条款，并要求豁免适用不利条款。这不仅难以管理，而且会产生透明度和可预测性的问题，即哪些规定适用于特定投资者、哪些规定不适用。因此，一般法律框架内的特定规定可能会对申请人的经营和业务产生不利影响这一事实不足以得出结论，即根据1994年《外商投资法》第6条，申请人受到了不利影响。❷

申请人认为，《哈萨克斯坦竞争法》的变化对其地位产生不利影响的主要依据是《阿尔泰协议》。该案仲裁庭认为，在争端方于1997年签订《阿尔泰协议》时，适用于申请人投资活动的法律框架主要是1995年《电力法》。仲裁庭承认，《自然垄断法》和《电力法》可能有不同的适用范围，但构成申请人索赔的核心关键问题是发电公司有权收取的电力价格，这受到1995年《电力法》的严格监管。根据1995年《电力法》，所有发电公司均依据哈萨克斯坦法律被归类为"自然垄断"，因此必须遵守国家监管委员会制定的受监管电价。因此，衡量新法对申请人任何不利影响的起点是申请人在1995年《电力法》下的情况，而不是在《促进竞争和限制垄断行为法》下的情况。❸

申请人并未声称，对其适用《自然垄断法》较适用1995年《电力法》会产生不利影响。相反，申请人通过2001年《哈萨克斯坦竞争法》、2006年《哈萨克斯坦竞争法》和2008年《哈萨克斯坦竞争法》对《促进竞争和限制垄断行为法》进行的各种后续修改确定与《促进竞争和限制垄断行为法》下已有制度相比产生的不利影响。申请人未能确定1998年《自然垄断法》的颁布是否

---

❶ The AES Corporation and TAU Power B.V. v. Republic of Kazakhstan, ICSID Case No. ARB/10/16, Award, 1 November 2013, para. 257.

❷ The AES Corporation and TAU Power B.V. v. Republic of Kazakhstan, ICSID Case No. ARB/10/16, Award, 1 November 2013, para. 272.

❸ The AES Corporation and TAU Power B.V. v. Republic of Kazakhstan, ICSID Case No. ARB/10/16, Award, 1 November 2013, paras. 272-274.

使申请人的利益受到不利影响。被申请人哈萨克斯坦指出,其立法机关在监管电力部门的竞争或价格问题上的选择是完全合理、透明的,而且完全符合国际公认的监管竞争和制定电价的方法。在这种情况下,只有在被申请人违反其他国际法义务时,稳定性条款才可被作为声称其实施新法是违反国际法的行为的依据。在不违反其他国际法义务的情况下,没有任何理由限制哈萨克斯坦制定法律的主权权利。❶

AES 诉哈萨克斯坦案仲裁庭指出,虽然申请人对不利影响的相关衡量标准应为《促进竞争和限制垄断行为法》的判断是正确的,但申请人仍将无法根据 1994 年《外商投资法》第 6 条确定不利影响的存在。《哈萨克斯坦竞争法》分别于 2001 年、2006 年、2008 年进行了修订,这是出于进一步发展竞争的政治意愿。发电部门的私有化是对申请人有利的明显改善,哈萨克斯坦实施各种法律修正案的目的是在能源生产、贸易领域建立竞争性市场。毫无疑问,建立竞争性市场本来可以使申请人受益。此外,哈萨克斯坦对其竞争法所作的更改是申请人仲裁的主要事项,然而哈萨克斯坦此类法律的变更在其他国家也存在,这是遵循普遍的公共利益以规范市场的表现。❷ 因此,仲裁庭认为,申请人仅依靠对法律特定内容的修改,如成为合格主体的标准、相关市场的定义等,本身并不足以确定 1994 年《外商投资法》第 6 条规定的不利影响,因此不足以触发稳定性条款的保护。❸ 哈萨克斯坦对其竞争法作出的更改并适用于 AES 实体的更改,不能被作为对 1994 年《外商投资法》第 6 条的不利影响。❹

---

❶ The AES Corporation and TAU Power B.V. v. Republic of Kazakhstan, ICSID Case No. ARB/10/16, Award, 1 November 2013, para. 251.

❷ The AES Corporation and TAU Power B.V. v. Republic of Kazakhstan, ICSID Case No. ARB/10/16, Award, 1 November 2013, paras. 275-277.

❸ The AES Corporation and TAU Power B.V. v. Republic of Kazakhstan, ICSID Case No. ARB/10/16, Award, 1 November 2013, para. 278.

❹ The AES Corporation and TAU Power B.V. v. Republic of Kazakhstan, ICSID Case No. ARB/10/16, Award, 1 November 2013, para. 271.

2. 上位法对稳定性条款触发的影响

在绿色科技能源公司诉意大利案中，被申请人指出，鉴于意大利立法的背景更为广泛，《能源账户法令》不应被视为严格不变。《能源账户法令》的上位法之一是第 387/2003 号立法法令（Legislative Decree No. 387/2003）。该法令第 7 条第 2 款 (d) 项规定固定激励价格，以便"确保公平地收回投资和运营成本"。此外，被申请人争辩说，《能源账户法令》不是"主要立法依据，而是次级法规"，且其有效性、限制和解释标准应依据主要法律规定确定。❶ 换言之，该案被申请人认为，虽然其修改了某一法律，但是该法律依据上位法仍然是稳定的，其没有违背投资者的合理期望，因而没有违反稳定性条款。

被申请人认为，在投资者进行投资时不能仅通过考虑立法框架确定预期的"合法性"，因为这等于要求国家"冻结其自身的监管活动"。被申请人指出，ECT 第 10 条第 1 款中没有任何冻结条款，且投资者期望的"合法"承诺必须与国家的立法主权有关。然而被申请人并不认为东道国有无限的权力修改其法律，国家应以公平、合理、公正的方式行使其立法权。被申请人声称，《激励法令》"重塑"了《能源账户法令》对投资者的有利规定，合理、相称且与《能源账户法令》的总体框架保持一致。被申请人认为，《激励法令》是合理的，因为它平衡光伏激励措施的需求与避免过度补偿光伏投资者及保护消费者免受高成本的损害。申请人获得了超过该制度所能保证的合理报酬，重新平衡系统并使之均衡以减轻被申请人过重的社会负担是必要的。这是相称的，因为保留了能源账户监管计划的主要结构。为投资者提供接受修改后结构的多种选择，这对光伏投资者产生了有限的影响。❷

---

❶ Greentech Energy Systems A/S, NovEnergia II Energy & Environment (SCA) SICAR, and NovEnergia II Italian Portfolio SA v. The Italian Republic, SCC Arbitration V (2015/095), Final Award, 23 December 2018, para. 432.

❷ Greentech Energy Systems A/S, NovEnergia II Energy & Environment (SCA) SICAR, and NovEnergia II Italian Portfolio SA v. The Italian Republic, SCC Arbitration V (2015/095), Final Award, 23 December 2018, paras. 426-428.

第四章 国际投资仲裁中的稳定性条款

在绿色科技能源公司诉意大利案中，仲裁庭认为，申请人关于合理期望的观点更有说服力，申请人合理地认为在 20 年投资期内激励价格将与《能源账户法令》、能源服务经纪信函和《能源服务经纪协议》中所承诺的保持一致。❶虽然被申请人意大利认为其监管权必须与保护投资者合理期望的需求相平衡，但是意大利对特定投资者作出一再准确的承诺保证价格将固定 20 年不变，这意味着意大利实际上放弃了降低激励价格的权利。❷ 仲裁庭认为，被申请人意大利的保证是不可放弃的保证。正如萨塞尔多蒂（Sacerdoti）在他的异议意见中指出，仲裁庭的多数意见并不否认意大利面临"经济困难局面"。但是，没有任何证据表明被申请人的这种经济困难已达到不可抗力的程度。鉴于被申请人变更法律的理由仅与对服务提供者的赔偿及对消费者的边际成本有关，因此在当前情况下被申请人没有降低激励价格的权利。❸

第三节　稳定性条款与国际投资协定中其他条款的关系

稳定性条款的适用与国际投资协定中 FET 条款、征收条款和保护伞条款的规定有关。稳定性条款产生的合理期望是根据部分条款提出赔偿要求的重要依据。

---

❶ Greentech Energy Systems A/S, NovEnergia II Energy & Environment (SCA) SICAR, and NovEnergia II Italian Portfolio SA v. The Italian Republic, SCC Arbitration V (2015/095), Final Award, 23 December 2018, paras. 446-447.

❷ Greentech Energy Systems A/S, NovEnergia II Energy & Environment (SCA) SICAR, and NovEnergia II Italian Portfolio SA v. The Italian Republic, SCC Arbitration V (2015/095), Final Award, 23 December 2018, para. 450.

❸ Greentech Energy Systems A/S, NovEnergia II Energy & Environment (SCA) SICAR, and NovEnergia II Italian Portfolio SA v. The Italian Republic, SCC Arbitration V (2015/095), Final Award, 23 December 2018, para. 451.

国际投资法视域下的稳定性条款研究

一、稳定性条款与 FET 条款

虽然稳定性条款与 FET 条款都能产生合理期望,但是二者有所不同。下面分析稳定性条款与 FET 条款的关系及合理期望的内容。

(一)稳定性条款与 FET 条款的关系

根据 FET 条款的规定,即使没有稳定性条款,东道国也应确保其法律框架最低程度的一致性和可预测性。❶ 因为稳定性条款对确认投资者合理期望的积极作用,有的学者建议国际投资协定的 FET 条款纳入有关因素,从而为判断东道国的措施是否违反投资者的合理期望提供标准。❷ 在国际投资仲裁中,违反稳定性条款必然构成对 FET 条款的违反。在这两种情况下,国家不再保留自由裁量权来平衡投资者的期望与公共政策目标,无论监管变更是否具有适当或不适当的追溯效力。尤其是财政预算有限,或不再考虑推广可再生能源的政治选择,都不能成为此类监管变更的理由,否则遵守 FET 标准将取决于东道国的自由裁量权。因此,如果问题是财政预算,那么经济负担应由东道国承担,不应对投资者不利。❸

稳定性条款和 FET 条款提供的稳定程度不同,稳定性条款提供的稳定程度更强。稳定性条款明确法律不变或者变化补偿,FET 条款并没有这种明确的承诺,只有在外国投资者有合理期望的时候,东道国的变法措施才会违反条约或者合同。稳定性条款稳定的是法律内容;FET 条款是法律变更不应损害现有法

---

❶ PALEVICIENE S, DRUKTEINIENE S. Limits of State Regulatory Power in Investment Law and Under National Legislation: Search for Common Denominator [J]. Entrepreneurship and Sustainability Issues, 2020, 8(2): 1197-1210.

❷ MORITA K. Recent Development in the European Union Regarding Investment Dispute Settlement Mechanism [J]. Hitotsubashi Journal of Law and Politics, 2020(48): 69-77.

❸ ZANNONI D. The Legitimate Expectation of Regulatory Stability Under the Energy Charter Treaty [J]. Leiden Journal of International Law, 2020, 33(2): 451-466.

第四章 国际投资仲裁中的稳定性条款

律框架的透明度和稳定性，更多的是程序上的稳定。FET条款在某种意义上依赖稳定性条款，以确定FET所保护的投资者的合理期望。东道国法律框架的可预测且稳定已被确定为FET标准所包含的一项关键原则。

合理期望理论在某种程度上类似于稳定性条款，因为它可以保护外国投资者免受东道国改变管理投资的法律制度的影响。但是，这种解释的法律效力与稳定性条款不同，因为只有对投资决定的基本法规进行更改才会违反合理期望。❶ 然而有的国际投资仲裁庭坚持保护外国投资者的倾向，进而扩大解释FET条款，牺牲东道国的公共利益规制权。❷

如今，已经被广泛接受的是，绝大多数国际投资协定中都有FET条款，可以保护外国投资者的合理期望，但仲裁庭对何为合理期望有不同的标准。狭义的解释似乎要求合理期望基于东道国法律赋予外国投资者的特定法律权益。例如，在LG&E能源公司诉阿根廷案（LG&E v. Argentina）中，仲裁庭裁定，一项期望必须"存在并可由法律强制执行"，才能获得保护。❸ 根据这种观点，FET条款是对现有权利的额外国际保护，而不是新权利的来源。第二种观点是，合理期望不必基于投资者的合法权利，只要基于政府官员作出的具体单方声明即可。❹ 鉴于东道国的政治、经济环境受到FET标准的保护，合理期望必须合理。第三种观点表明，即使政府没有承诺保持监管制度稳定，而且根据东道国国内法也未向投资者提出此种预期，投资者也可以合理地预期投资时现行的监管制度将继续有效。❺ 在这些裁决中，重点是保护投资决定的基本期望。第四种观

---

❶ BONNITCHA J. The Problem of Moral Hazard and its Implications for the Protection of "Legitimate Expectations" Under the Fair and Equitable Treatment Standard [EB/OL]. (2011-04-07) [2024-06-20]. https://www.iisd.org/itn/en/2011/04/07/the-problem-of-moral-hazard/.

❷ 徐崇利. 公平与公正待遇：真义之解读 [J]. 法商研究，2010，27（3）：59-68.

❸ LG&E Energy v. Argentina, ICSID Case No. ARB/02/1, Award, 25 July 2007, para. 130.

❹ International Thunderbird Gaming v. United Mexican States, UNCITRAL, Arbitral Award, 26 January 2006, paras. 147, 196.

❺ CME v. Czech Republic, UNCITRAL, Partial Award, 13 September 2001, para. 611.

191

点是，投资者成功地提出了违背合理期望的索赔，尽管确定的期望并未依据索赔人根据国内法享有的合法权利，也没有依据投资时的东道国现行的监管安排。例如，在沃尔特·鲍·阿格诉泰国案（Walter Bau v. Thailand）中，仲裁庭接受了投资者对合理回报率的期望，该期望仅基于投资者进行投资时的商业计划。❶

正如沃尔特·鲍·阿格诉泰国案仲裁庭的做法，法律保护扩展到投资者依据商业计划产生的基本期望，这扩大了投资者对监管稳定性的普遍期望，很可能引发道德风险。这种期望为投资者提供一定程度的保护，抵御破坏其投资获利能力的政府行为，无论政府行为是否有效。从经济学的角度来看，这种广泛的法律保护是不合理的。投资者应承担有效的监管变更风险，因为这种风险在阻止投资者开展不受社会欢迎的投资方面起着重要作用。即使在监管变更对投资造成破坏的情况下也是如此。❷

在 AES 诉哈萨克斯坦案中，仲裁庭指出，除了 1994 年的《外商投资法》之外，涉案 BIT 和 ECT 中的 FET 标准还可能带来进一步的稳定责任。通常情况下，涉案 BIT 第 2 条第 2 款（a）项和 ECT 第 10 条第 1 款所规定的 FET 标准是可行的，包括适用法律框架的稳定性和透明度的某些保证。但是，在 FET 标准下，"稳定化"只意味着法律变更可能不会具有损害现有法律框架的基本透明度、稳定性或可预测性。❸

（二）合理期望的内容

关于一国的行为何时越界违背投资者的合理期望，仍然存在分歧。❹ 大多

---

❶ Walter Bau v. The Kingdom of Thailand, UNCITRAL, Award, 1 July 2009, para. 12.3.

❷ Walter Bau v. The Kingdom of Thailand, UNCITRAL, Award, 1 July 2009, para. 11.7.

❸ The AES Corporation and TAU Power B.V. v. Republic of Kazakhstan, ICSID Case No. ARB/10/16, Award, 1 November 2013, para. 258.

❹ LARYEA E T. Legitimate Expectations in Investment Treaty Law: Concept and Scope of Application [M]// CHAISSE J, CHOUKROUNE L, JUSOH S. Handbook of International Investment Law and Policy. Singapore: Springer, 2021: 15.

第四章 国际投资仲裁中的稳定性条款

数人同意，合理预期并不意味着冻结监管或其他变更，也不意味着起到稳定性条款的作用。在萨卢卡投资公司诉捷克案（Saluka v. Czech）中，仲裁庭指出，任何投资者都不能合理预期投资时的普遍情况将保持完全不变。❶ 在 EDF 公司诉罗马尼亚案（EDF v. Romania）中，仲裁庭指出，除国家向投资者作出具体承诺或陈述之外，投资者不得将双边投资条约作为防范东道国法律和经济框架发生任何变化风险的保险单。这样的期望确实既不合法，又不合理。❷ 国际社会试图通过国际投资协定及其在国际投资仲裁中的适用，限制或设定合理期望的范围。❸

如果国际投资协定确实将合理期望确定为一种实质性或程序性标准，那么这一概念的法律基础就产生了问题。❹ 有的观点认为，合理期望可以通过 FET 条款进行判断，还有观点认为合理期望已经演变成一个独立的、标准的一般法律原则❺，不同于 FET 条款。❻ 目前来看，合理期望的概念已经发展成为东道国创造有利于投资条件的义务。这只是国际投资法现状的一种反映，它规定了东道国对投资者的义务，而投资者对东道国及其公民没有相应的义务。❼ 经验表明，一些投资者不当地利用国际法中缺少责任的情况，对东道国

---

❶ Saluka Investments B.V. v. Czech Republic, UNCITRAL, Partial Award, 17 March 2006, para. 225.

❷ EDF (Services) Limited v. Romania, ICSID Award, 8 October 2009, para. 217.

❸ FADHLURRAHMAN B, ADOLF H, AMALIA P. Limiting Investor Legitimate Expectations in Foreign Investment to Ensure State Economic Sovereignty [J]. International Journal of Business, Economics and Law, 2020, 23(1): 55-60.

❹ NGANJO-HODU Y, AJIBO C C. Legitimate Expectation in Investor-State Arbitration: Recontextualisind a Controversial Concept from a Developing Country Perspective [J]. Manchester Journal of International Economic Law, 2018, 15(1): 45-61.

❺ WONGKAEW T. Protection of Legitimate Expectations in Investment Treaty Arbitration: A Theory of Detrimental Reliance [M]. Cambridge: Cambridge University Press, 2019: 16.

❻ CHAISSE J, NG R.The Doctrine of Legitimate Expectations: Comparing International Law and Common Law in Hong Kong [J]. Hong Kong Law Journal, 2018, 48(1): 79-104.

❼ ARCURI A, MONTANARO F. Justice for All? Protecting the Public Interest in Investment Treaties [J]. Boston College Law Review, 2018(59): 2791-2824.

193

及其公民，特别是在政治、法律、治理制度薄弱的发展中国家造成无法补救的损失。❶

在 I.C.W. 公司诉捷克案中，关于东道国监管自主权与 FET 标准之间的关系，特别是在合理期望的情况下，该案仲裁庭赞同伊万·米库拉等诉罗马尼亚案仲裁庭的观点。❷ 伊万·米库拉等诉罗马尼亚案仲裁庭指出，FET 标准本身并没有赋予投资者期待监管稳定的权利。在没有稳定性条款或其他具体保证会产生对稳定的合理期望时，国家有权进行监管，投资者必须期望立法会发生变化。因此，必须在保护投资者的合理期望的背景下分析申请人的"监管稳定性"要求。❸ 若投资者没有合理期望，则不能要求东道国监管稳定。

在 AES 诉哈萨克斯坦案中，仲裁庭认为，哈萨克斯坦没有违反 FET 标准提供的"稳定性"要求。鉴于哈萨克斯坦修改竞争立法的总体目的是促进其电力市场的竞争，因此申请人在投资伊始就知道哈萨克斯坦将会改革其竞争法。这种改革因使包括申请人在内的所有市场参与者受益而受到欢迎。因此，其中的某些变化可能在某些情况下对申请人造成不利的事实，不足以导致违反 ECT 第 10 条第 1 款及涉案 BIT 第 2 条第 2 款（a）项中 FET 规定的"稳定性"保障。FET 标准并未赋予申请人稳定其先前地位的权利，以免受哈萨克斯坦改变其竞争法造成的影响。❹

在经常被引用的派克林公司诉立陶宛案中，争端双方在 1999 年 12 月 29 日签署投资协议，规定申请人有权收取停车费。此后，立陶宛议会于 2000 年修订

---

❶ LARYEA E. Making Investment Arbitration Work for All: Addressing the Deficits in Access to Remedy for Wronged Host State Citizens through Investment Arbitration [J]. Boston College Law Review, 2018, 59 (8): 2845-2875.

❷ I. C.W. Europe Investments Limited (United Kingdom) v. The Government of the Czech Republic, PCA Case No. 2014-22, Award, 15 May 2019, para. 539.

❸ Ioan Micula, Viorel Micula, S.C. European Food S.A, S.C. Starmill S.R.L. and S.C. Multipack S.R.L. v. Romania, ICSID Case No. ARB/05/20, Separate Opinion of Georges Abi-Saab, 5 December 2013, para. 666.

❹ The AES Corporation and TAU Power B.V. v. Republic of Kazakhstan, ICSID Case No. ARB/10/16, Award, 1 November 2013, para. 279.

第四章 国际投资仲裁中的稳定性条款

影响该协议的若干法律,如2000年6月13日修改的《地方收费法》(The Law on Local Fees and Charges)、2000年9月5日修改的《锁车法令》(Decree on Clamping)、2000年10月12日修改的《自治法》(Law on Self-Government)。法律的修改严重影响申请人的收入。❶ 申请人声称,立陶宛损害其合理期望,因而违反FET条款。

该案仲裁庭指出,东道国的立法权不可被否认,且一国法律的制定和修改应由东道国自主决定。除非存在稳定性条款或其他形式的协议,否则投资者不应在其投资期间对东道国修改现有监管框架有任何异议。事实上,投资者应当知道法律会随着时间发展,但是禁止一国在行使其立法权时采取不公平、不合理或不公正的行动。❷ 该案申请人在认识到可能存在不稳定因素的情况下,冒着法律变更甚至损害其投资的商业风险进行投资。申请人本可以通过在投资合同中引入稳定性条款或其他使其免受意外、不利法律变更影响的条款保护其合理期望。因此,仲裁庭认为,申请人没有合理期望。❸

没有稳定性条款是东道国进行变法而损害外国投资者利益后不予赔偿的理由之一。投资时东道国的法律环境本就不稳定,东道国的变更法律也并非不公正、不合理,投资者又不纳入稳定性条款,因此没有违反合理期望。这从另一个角度印证了稳定性条款的存在至少意味着合理期望的存在。并非没有稳定性条款就一定没有合理期望。当投资人提出东道国的措施违反其合理期望时,仲裁庭会先判断是否有稳定性条款,然后再分析是否违反FET的合理期望。

在绿色科技能源公司诉意大利案中,仲裁庭多数成员指出,意大利作出的具体稳定性保证与国际投资协定中的FET条款及保护伞条款具有不同的作用。

---

❶ Parkerings-Compagniet AS v. Republic of Lithuania, ICSID Arbitration Case No. ARB/05/8, Award, 11 September 2007, paras. 327-328.

❷ Parkerings-Compagniet AS v. Republic of Lithuania, ICSID Arbitration Case No. ARB/05/8, Award, 11 September 2007, para. 332.

❸ Parkerings-Compagniet AS v. Republic of Lithuania, ICSID Arbitration Case No. ARB/05/8, Award, 11 September 2007, para. 336.

异议仲裁员乔治·萨塞尔多蒂持不同意见，认为对于 FET 标准，意大利没有承担任何不改变《能源账户法令》的义务。相反，仲裁庭的多数意见认为，证据的综合权重表明，意大利确实承担了与 ECT 第 10 条第 1 款有关的义务。在这方面，意大利作出了保证，给予申请人正当期望，但这与保护伞条款无关。[1] 仲裁庭多数意见认为，该案存在稳定性条款。有的稳定性条款并不是非常明确，不仅东道国与投资者之间对相关条款是否为稳定性条款存在争议，而且仲裁员之间也未形成统一意见。

该案仲裁庭认为，监管权与东道国保证之间的平衡意味着对变更进行合理而有效的政策辩护。意大利提出降低电价的主要理由是降低包括家庭在内的消费者的用电成本。然而，《激励法令》明确指出："旨在降低可利用功率超过 16.5 千瓦的中压、低压电力客户的电费，而不是居民用户和公共照明的用电成本。"此外，申请人提供的数据表明，由于制定《激励法令》，所以消费者的电费降低 2%~4%。仲裁庭的多数仲裁员未被修改《激励法令》的合法性理由说服。总而言之，仲裁庭的多数意见认为，《激励法令》破坏了申请人的合理期望，因此违反 FET 条款。[2]

该案异议仲裁员乔治·萨塞尔多蒂认为，保护合理期望这一概念已成为投资争端的关键，然而大多数双边投资协定并未阐明何为合理期望。萨塞尔多蒂认为，合理期望的保护不是东道国的一项独立义务，需要根据东道国行为对外国投资者的投资造成的影响进行衡量[3]，对合理期望的保护源于并依赖于东道国承担的义务。换言之，受 ECT 第 10 条第 1 款保护的投资者有权期望自身将得

---

[1] Parkerings-Compagniet AS v. Republic of Lithuania, ICSID Arbitration Case No. ARB/05/8, Award, 11 September 2007, para. 453.

[2] Greentech Energy Systems A/S, NovEnergia II Energy & Environment (SCA) SICAR, and NovEnergia II Italian Portfolio SA v. The Italian Republic, SCC Arbitration V (2015/095), Final Award, 23 December 2018, paras. 454-455.

[3] CAMPBELL C. House of Cards: The Relevance of Legitimate Expectations under Fair and Equitable Treatment Provisions in Investment Treaty Law [J]. Journal of International Arbitration, 2013, 30(4): 361-379.

第四章　国际投资仲裁中的稳定性条款

到公平、公正的对待，特别是有稳定性承诺时。❶ 在投资者对东道国的措施质疑的情况下，仲裁庭必须确定所涉措施是否不公平或不公正，是否违背为被申请人维持稳定、公平、透明的投资环境的义务。在该案中，如果《激励法令》违背该义务，那么可以得出结论，即受影响的投资者对这种稳定性的合理期望已被违背，反之则不然。❷

仲裁员乔治·萨塞尔多蒂认为，合理期望还意味着即使东道国根据其国内法律有权修改现行法规，对未获稳定性承诺保护的投资者造成不利影响，东道国也应谨慎行事，不应使法律变更对投资者造成不合理或任意的损害。在进行投资时，必须存在投资者产生合理期望所依靠的法律制度，而且必须证明该投资者已将这些法律制度考虑在内并依赖之。此外，投资者的合理期望必须通过其尽职调查获得支持，即投资者对其抱怨随后发生变化的制度进行适当的调查。❸

萨塞尔多蒂认为，被申请人的变更就其目的和结果而言是合理、相称的。首先，法规的制定是透明的，对经营者的影响有限且尽量保持平衡。意大利为了公众的普遍利益、追求合法的目标，在本国经济困难的情况下降低福利成本，以便通过这种方式重新振兴经济，减少家庭和中小企业的用电成本。该措施具有"有效的政策依据"，达到降低电费总成本的目的。《激励法令》的变更并非不可预测。意大利公司在 6 个月前采取了类似的自愿措施，并将其实施推

---

❶ Greentech Energy Systems A/S, NovEnergia Ⅱ Energy & Environment (SCA) SICAR, and NovEnergia Ⅱ Italian Portfolio SA v. The Italian Republic, SCC Arbitration V (2015/095), Dissenting Opinion of Arbitrator Giorgio Sacerdoti, 5 December 2018, para. 5.

❷ Greentech Energy Systems A/S, NovEnergia Ⅱ Energy & Environment (SCA) SICAR, and NovEnergia Ⅱ Italian Portfolio SA v. The Italian Republic, SCC Arbitration V (2015/095), Dissenting Opinion of Arbitrator Giorgio Sacerdoti, 5 December 2018, para. 6.

❸ Greentech Energy Systems A/S, NovEnergia Ⅱ Energy & Environment (SCA) SICAR, and NovEnergia Ⅱ Italian Portfolio SA v. The Italian Republic, SCC Arbitration V (2015/095), Dissenting Opinion of Arbitrator Giorgio Sacerdoti, 5 December 2018, para. 6.

迟到 2015 年 1 月。最初的《激励法令》已进行重大修改，减少在议会程序中对光伏运营商的影响，并最终通过修改后的文本。所有颁布程序都是完全透明的，该行业的代表成功游说以限制措施的影响。萨塞尔多蒂认为，"鼓励和创造……透明的投资条件"并不意味着在任何情况下都不能改变初始条件。❶ 实际上，为了公平地平衡各方的利益，当时的监管变化是为保护公共利益采取的，旨在将支持可再生能源生产的政策与电力终端用户可持续地承担各项成本的政策相结合。❷ 因此，即使该案中有稳定性条款，被申请人也未违反 FET 标准。

法规的稳定性不应被理解为不变性，各国有权，实际上是有责任在正常行使其特权和履行职责时使本国法规适应社会的新需求。著名的萨卢卡投资公司诉捷克案仲裁庭指出，没有投资者可以合理地预期进行投资时的普遍情况保持完全不变。为了确定破坏外国投资者期望的措施是否合理，一方面要求权衡申请人的合法、合理期望，另一方面要求考量被申请人的合法监管利益。虽然法律会不断发展，但国家歧视性地行使其立法权是被禁止的。❸ 该裁决经常被之后的仲裁庭引用。

根据 ECT 的 FET 等条款进行分析，考虑两个方面的因素：一是东道国所提供的稳定性框架是否稳定，外国投资者是否可以明确地依靠该框架进行投资；二是东道国为何作出变更、是否尊重正常程序，以及这些变更对投资产生影响

---

❶ Greentech Energy Systems A/S, NovEnergia II Energy & Environment (SCA) SICAR, and NovEnergia II Italian Portfolio SA v. The Italian Republic, SCC Arbitration V (2015/095), Dissenting Opinion of Arbitrator Giorgio Sacerdoti, 5 December 2018, para.49.

❷ Greentech Energy Systems A/S, NovEnergia II Energy & Environment (SCA) SICAR, and NovEnergia II Italian Portfolio SA v. The Italian Republic, SCC Arbitration V (2015/095), Dissenting Opinion of Arbitrator Giorgio Sacerdoti, 5 December 2018, para.51.

❸ Greentech Energy Systems A/S, NovEnergia II Energy & Environment (SCA) SICAR, and NovEnergia II Italian Portfolio SA v. The Italian Republic, SCC Arbitration V (2015/095), Dissenting Opinion of Arbitrator Giorgio Sacerdoti, 5 December 2018, paras. 10-11.

第四章　国际投资仲裁中的稳定性条款

的程度。框架越稳定表明东道国变更合理、未违反 FET 的负担越重。❶ 在 FET 标准下，这种方法要求在投资者保护与国家追求的合法利益之间进行比例分析。❷

二、稳定性条款与征收条款

如果投资协议包含的税收稳定性条款要求保持合同的经济性质，那么东道国只加税而不补偿外国投资者，这无疑是违反投资协议的。但是，东道国的措施是否构成征收，需要通过是否构成实质性剥夺等标准进行检验。

20 世纪 80 年代初，厄瓜多尔希望振兴其碳氢化合物产业，因此发起一系列招标活动，旨在调动私人运营商更多地加入该领域。根据服务合同模式，政府将勘探区（以下称"区块"）交给私人承包商，承包商负责开采在这些区块发现的任何商业石油储备。政府承担承包商的费用，并每月支付固定费用。更重要的是，根据此服务合同模式，政府仍是开采石油的唯一所有者，因此可以从石油价格的上涨中获得更高的收入。私人投资者对这些以竞标为基础的服务合同模式兴趣不大。因此，从 1992 年开始，为了吸引更多的私人投资，厄瓜多尔着手采用石油行业的新法律框架，基于与之前不同的合同模式，即生产分成合同。在生产分成合同模式下，私人承包商承担在指定区域内勘探、开采石油储备的所有风险和成本，且有权获得所生产石油的份额。因此，厄瓜多尔对其宪法和有关法律进行修改。特别是 1993 年 11 月 29 日，厄瓜多尔国会通过《碳氢化合物法修正案》，该修正案与其实施的第 1417 号法令为基于生产分成合同模式的新法律框架奠定了基础。❸

从 2000 年开始，伯灵顿开始通过收购的方式获得生产分成合同的所有权，

---

❶ Total S.A. v. The Argentina Republic, ICSID Case No. ARB/04/01, Decision on Liability, para. 121.
❷ COTTIER T, ECHANDI R, LIECHTI-MCKEE R, et al. The Principle of Proportionality in International Law: Foundations and Variations [J]. The Journal of World Investment & Trade, 2017(18): 628-672.
❸ Burlington Resources INC. v. Republic of Ecuador, ICSID Case No. ARB/08/5, Decision on Jurisdiction, 2 June 2010, paras. 6-13.

以勘探、开采厄瓜多尔的石油。2000—2006年，伯灵顿通过其全资子公司获得4个区块的石油勘探、开发的所有权益。4个区块分别是第7号、第21号、第23号、第24号区块，均位于厄瓜多尔的亚马逊地区，每个区块的面积为200 000公顷。2006年4月19日，厄瓜多尔国会颁布第2006-42号法案（Law No. 2006-42）。该法案对《碳氢化合物法》作了修改。❶此次修改进一步削减伯灵顿的获利能力。

根据税收赔偿条款（tax indemnification clause），厄瓜多尔承诺吸收生产分成合同签订后采取的任何税收措施的影响，这些措施可能会影响生产分成合同的收益，如提高税率、新设税种等。管辖第7号区块的生产分成合同的第11.12条规定："税制的调整：如果对税制进行调整，或新设或取消本合同未预见的新税种，对本合同的经济性产生影响，生产分成百分比中将包含一个校正因子，以吸收税收增加或减少的影响。"❷虽然伯灵顿将该条款称为"税收稳定性条款"，但厄瓜多尔称之为"重新谈判条款"。鉴于语义的不同，仲裁庭认为，"税收赔偿条款"一词更充分、客观地反映该条款的性质。因此，仲裁庭在该裁决中采用"税收赔偿条款"或"赔偿条款"。该案异议仲裁员奥雷戈·维库尼亚（Orrego Vicuña）认可仲裁裁决得出税收赔偿条款等同于税收稳定性条款这一结论。❸

为了确定是否必须强制采用校正因子，仲裁庭会审查这些税收赔偿条款的用语、目的及这些条款采用《碳氢化合物法律框架》中的有关规定，即第1417号法令第16条。仲裁庭指出，虽然应用校正因子所需的计算必须遵守各方的事先协议，但这并不意味着校正因子的应用是可选的。❹

---

❶ Burlington Resources INC. v. Republic of Ecuador, ICSID Case No. ARB/08/5, Decision on Jurisdiction, 2 June 2010, paras.38-40.

❷ Burlington Resources INC. v. Republic of Ecuador, ICSID Case No. ARB/08/5, Decision on Jurisdiction, 2 June 2010, para.24.

❸ Burlington Resources INC. v. Republic of Ecuador, ICSID Case No. ARB/08/5, Decision on Jurisdiction, 2 June 2010, paras.18, 22-24.

❹ Burlington Resources INC. v. Republic of Ecuador, ICSID Case No. ARB/08/5, Decision on Jurisdiction, 2 June 2010, paras. 320, 332.

第四章 国际投资仲裁中的稳定性条款

税收赔偿条款是伯灵顿投资价值的组成部分。为了确定第2006-42号法案的效力，仲裁庭必须首先确定厄瓜多尔的措施是否违反税收赔偿条款，进而影响伯灵顿的投资价值。虽然此分析涉及违反合同的问题，但它仅是为了确定是否存在征用而进行。❶

在该案中，仲裁庭认为，被申请人厄瓜多尔第2006-42号法案规定的税收是所谓暴利税（windfall profits tax），即适用于石油收入的税款超过签订生产分成合同时的现行税款。根据其定义，这种税收似乎不会对整个投资产生影响，而只会对一部分利润产生影响。如果其影响与其名称相符，那么暴利税不可能导致对投资的没收。仲裁庭审查伯灵顿的财务情况以分析其利润率的下降比例，加上伯灵顿追加投资的事实，仲裁庭认为第2006-42号法案规定的50%的暴利税并没有实质性地剥夺伯灵顿的投资价值，因此此项措施不等同于征收措施。虽然第2006-42号法案规定的99%的暴利税大大降低了伯灵顿的利润，但并不能证明伯灵顿的投资无利可图或一文不值。❷

厄瓜多尔辩称，通过第2006-42号法案是为了实现石油租金的公平分配。厄瓜多尔认为，油价的大幅度上涨形成一种不公平的局面，石油公司获得不当的暴利，损害了国家利益。仲裁庭承认，公平分摊租金很可能是厄瓜多尔的普遍目标，而且确实是合法目标。但是，根据该案的具体事实，厄瓜多尔有义务遵守生产分成合同中所载的税收赔偿条款。虽然在生产分成合同项下分配石油收入是不公平的，但是没有任何理由无视伯灵顿在生产分成合同项下的权利。由于伯灵顿关于其投资变得毫无价值和不可行的指控并未得到证实，所以仲裁庭认为不构成征收。仲裁员奥雷戈·维库尼亚反对这一观点。❸

---

❶ Burlington Resources INC. v. Republic of Ecuador, ICSID Case No. ARB/08/5, Decision on Jurisdiction, 2 June 2010, para. 405.

❷ Burlington Resources INC. v. Republic of Ecuador, ICSID Case No. ARB/08/5, Decision on Liability (English), 14 December 2012, paras. 404, 433, 450.

❸ Burlington Resources INC. v. Republic of Ecuador, ICSID Case No. ARB/08/5, Decision on Liability (English), 14 December 2012, paras. 545-547.

国际投资法视域下的稳定性条款研究

仲裁庭认为,生产分成合同的经济性意味着承包商有权享有其石油生产的份额,而与石油价格及其内部收益率无关。因此,第2006-42号法案在将伯灵顿有权享有的石油收入的大部分分配给国家时,便对生产分成合同的经济收益产生影响。厄瓜多尔没有回应伯灵顿的调整要求,这表明它不愿意接受采用校正因子的可能性。正是这种拒绝接受第2006-42号法案的影响最终违反了生产分成合同。❶

最终,被申请人厄瓜多尔辩称,即使违反生产分成合同,这种违反也不等于违反条约,因为其行为并不能导致申请人实际上无法行使其权利。然而该案仲裁庭认为,厄瓜多尔颁布第2006-42号法案,之后拒绝根据税收赔偿条款吸收其法律变更的效力,实际上是通过阻止伯灵顿行使权力进而使校正因子无效,通过其主权力量使这种无效成为可能。虽然生产分成合同的双方都可以援引税收赔偿条款,但只有厄瓜多尔作为主权国家才可以增加税收而无视该条款。❷

税收赔偿条款并不限制东道国制定新税法、新设税种等主权权力,而是要求东道国在行使此类主权权力后,作为国际石油投资合同的私主体承担此类主权行为对外国投资者造成的经济损害赔偿。如果东道国拒绝赔偿,则会违反合同。为实现这一目的,厄瓜多尔放弃作为普通商业伙伴的角色,利用其主权权利违背对伯灵顿作出的具体承诺,特别是违反生产分成合同所载的税收稳定性条款。这些条款是至关重要的,可以吸引外国投资者进行长期投资,因为它们确保承包商的石油份额价值不会受到未来政府行动的侵蚀。税收稳定性条款要求厄瓜多尔调整承包商在石油生产中所占的份额,以化解增税的影响,因为增税对生产分成合同的经济产生影响。❸

---

❶ Burlington Resources INC. v. Republic of Ecuador, ICSID Case No. ARB/08/5, Decision on Liability (English), 14 December 2012, paras. 411, 417-418.

❷ Burlington Resources INC. v. Republic of Ecuador, ICSID Case No. ARB/08/5, Decision on Liability (English), 14 December 2012, para. 418.

❸ Burlington Resources INC. v. Republic of Ecuador, ICSID Case No. ARB/08/5, Decision on Liability (English), 14 December 2012, para.355.

三、稳定性条款与保护伞条款

在 CMS 诉阿根廷案中，申请人 CMS 援引被申请人阿根廷违反条约保护的一项依据，即条约第 2 条第 2 款（c）项规定，每一当事方"应遵守其可能对投资承担的任何义务"[1]。被申请人认为，该案没有根据法律作出的稳定性承诺，而根据许可证作出的稳定性承诺纯粹是合同性的。正如在关于特许合同的罗伯特·阿齐尼安等诉墨西哥案（Robert Azinian v. Mexico）[2]、关于许可证的亚历克斯·格宁等诉爱沙尼亚案（Genin v. Estonia）[3]、SGS 公司诉巴基斯坦案（SGS v. Pakistan）[4] 中，被申请人辩称并非所有合同违约都构成对条约的违反，因此不能在保护伞条款下得到保护。[5] 该案仲裁庭支持被申请人的观点，因为并非所有违反合同的行为都会导致违反条约。只有在明确违反条约义务或条约所保护的合同权利的情况下，才能采用条约的保护标准。在某些情况下，合同的纯粹商业方面可能不受条约的保护，但是当政府或公共机构严重干涉投资者的权利时可能会获得保护。[6] 在罗纳德·劳德诉捷克案（Lauder v. Czech）[7]、亚历克斯·格宁等诉爱沙尼亚案[8]、阿孔基亚自来水公司诉阿根廷案（Aguas del

---

[1] CMS Gas Transmission Company v. The Republic of Argentina, ICSID Case No. ARB/01/8, Award, 12 May 2005, para. 148.

[2] Robert Azinian and Others v. United Mexican States, ICSID Case No. ARB(AF)/97/2.

[3] Alex Genin and Others v. The Republic of Estonia, ICSID Case No. ARB/99/2 .

[4] SGS Société Générale de Surveillance S.A. v. Islamic Republic of Pakistan, ICSID Case No. ARB/01/13, Decision on Objections to Jurisdiction, 6 August 2003, para. 35.

[5] CMS Gas Transmission Company v. The Republic of Argentina, ICSID Case No. ARB/01/8, Award, 12 May 2005, para. 298.

[6] CMS Gas Transmission Company v. The Republic of Argentina, ICSID Case No. ARB/01/8, Award, 12 May 2005, para. 299.

[7] Ronald S. Lauder v. The Czech Republic, UNCITRAL.

[8] Alex Genin, Eastern Credit Limited Inc. and A.S. Baltoil v. The Republic of Estonia, ICSID Case No. ARB/99/2.

Aconquija v. Argentina)❶、阿祖里克斯集团诉阿根廷案（Azurix v. Argentina）❷、SGS 公司诉巴基斯坦案、SGS 公司诉菲律宾案（SGS v. Philippines）❸、久益矿业机械有限公司诉埃及案（Joy Mining v. Egypt）❹ 中，这些裁决把因合同引起的商业争端与因违反条约保护引起的争端区别开来。❺ 但是，仲裁庭认为该案所涉及的任何措施都不能被描述为纯粹的商业问题，因为它们都与政府的干预有关。许可证特别包含两个稳定性条款，在保护伞条款范围内对其进行保护时，它们具有重大影响。❻ 异议仲裁意见认为，该规定不要求冻结进行投资时的现有条件，也不会阻止东道国作出任何改变。仲裁庭在拒绝申请人对意大利变更适用于其在光伏行业投资的其他各种法规的质疑时接受这一推论。

伯灵顿诉厄瓜多尔案异议仲裁员奥雷戈·维库尼亚不同意该案裁决的结论，即虽然条约规定在有些事项上保护直接、间接投资，如征收条款、保护伞等条款，但保护范围不同，而且不适用于缺乏共同利益要求的间接投资。该案涉及的条约没有作出这种区分，如果缔约方有此意图，就必须加以阐明。仲裁庭无权将缔约方未同意的内容写入条约。该案仲裁庭的此种解释与《维也纳条约法公约》第 31 条第 1 款规定的条约解释规则相抵触，特别是就目前所关注的条约术语的一般含义在其上下文中及根据其目的和宗旨所起的作用而言。仲

---

❶ Compañía de Aguas del Aconquija S.A. and Vivendi Universal v. Argentina Republic, ICSID Case No. ARB/97/3, Award, 21 November 2000.

❷ Azurix Corp. v. Argentina Republic, ICSID Case No. ARB/01/12, Decision on Jurisdiction of December 8, 2003, 43 ILM 262 (2004).

❸ SGS Société Générale de Surveillance S.A. v. Republic of the Philippines, ICSID Case No. ARB/02/6, Decision of the Tribunal on Objections to Jurisdiction, 29 January 2004.

❹ Joy Mining Machinery Limited v. Arab Republic of Egypt, ICSID Case No. ARB/03/11, Award on Jurisdiction, 6 August 2004.

❺ CMS Gas Transmission Company v. The Republic of Argentina, ICSID Case No. ARB/01/8, Award, 12 May 2005, para. 300.

❻ CMS Gas Transmission Company v. The Republic of Argentina, ICSID Case No. ARB/01/8, Award, 12 May 2005, para. 302.

第四章 国际投资仲裁中的稳定性条款

裁员奥雷戈·维库尼亚认为，正确的结论应该是，投资权益受条约保护的实体也有权受益于保护伞条款的保护，因为保护伞条款是为确保遵守与投资有关的义务制定的。当东道国通过法律法规要求投资机构或当地公司进行投资时，这种结论就变得至关重要。若只有签订合同的法人实体才能依赖保护伞条款的保护，会违背条约将其保护扩大到受益人的宗旨，则不可避免地削减保护伞条款的意义。❶ 如果根据相对性问题不承认任何合同权利，那么根本不存在由此产生的条约权利。该案裁决指出，即使申请人的子公司放弃损害索赔，也不意味着其放弃了基本合同权利，申请人可以依据这些权利追究其条约索赔。虽然申请人不能根据生产分成合同要求合同权利，但仍有一些基本权利可以作为其条约索赔要求。有的观点认为，保护伞条款只能适用于合同义务。其他观点则认为，保护伞条款还可以适用于根据法律或条约作出的承诺，即使立法的范围可能非常宽泛。该案裁决认为，保护伞条款不是与合同违约有关，而是与条约违约有关。异议仲裁员也认可这一观点。❷

RREEF 诉西班牙案仲裁庭的多数意见还拒绝了申请人关于应适用 ECT 的保护伞条款的主张，因为保护伞条款的适用要求投资者与国家之间具有合同关系，而申请人与西班牙之间并没有合同关系。❸ 在远见卢森堡太阳能公司等诉西班牙案（Foresight v. Spain）中，申请人从 2009 年 5 月至 2010 年 5 月收购经营者已根据 RD 661/2007 注册光伏设备的西班牙公司。针对西班牙修改、废除 RD 661/2007 的措施，申请人对西班牙提出了几项 ECT 索赔，包括违反 ECT

---

❶ Burlington Resources INC. v. Republic of Ecuador, ICSID Case No. ARB/08/5, Dissenting Opinion of Arbitrator Orrego Vicuña (English), 8 November 2012, paras. 8-10.

❷ Burlington Resources INC. v. Republic of Ecuador, ICSID Case No. ARB/08/5, Dissenting Opinion of Arbitrator Orrego Vicuña (English), 8 November 2012, paras. 13-15.

❸ RREEF Infrastructure (G.P.) Limited and RREEF Pan-European Infrastructure Two Lux S.à r.l. v. Kingdom of Spain, ICSID Case No. ARB/13/30, Decision on Responsibility and on the Principles of Quantum, 30 November 2018, para. 285.

国际投资法视域下的稳定性条款研究

第 10 条第 1 款的 FET 条款和保护伞条款的索赔。❶ 该案仲裁庭认为，新的监管制度从根本上改变 RD 661/2007 的监管框架，以新的监管结构代替。因此，西班牙颁布的法规违反 ECT 的 FET 标准。❷ 根据 ECT 第 10 条第 1 款的保护伞条款提出索赔，因为该条款指出国家有义务履行其与投资者或投资方作出的任何承诺。仲裁庭解释说，保护伞条款中提到的此类义务是指具体的承诺，而不是国家制定的一般规定。因此，仲裁庭认为，西班牙没有对索赔人作出任何此类承诺，基于这些理由应驳回索赔。❸

本章小结

起初，国际投资仲裁讨论稳定性条款是否有效，近年来倾向于认为稳定性条款有效。东道国政府向投资者保证不会出台新法律从根本上改变影响投资的法律框架，特别是财政法律，是完全合法的。但是，投资者没有合法理由声称在进行投资期间预期东道国的环境或社会政策完全保持不变，而且东道国政府不会引入反映不断发展的国际标准，除非它所订立的任何条约或一般国际法义务要求这样做。稳定性条款应当保护投资者免受任意或歧视性法律的侵害，而不是避免遵守符合国际法公平公正待遇标准的善意法律改革。❹ 稳定性条款的效力取决于东道国政府作出保证的范围。如果东道国政府作出的承诺使其放弃原本应该承担的国内法、国际法义务，则该部分承诺无效。

---

❶ HOUGH K R. Achmea Judgment Analyzed and FET Claim Granted in ECT Case Against Spain [EB/OL]. (2018-12-21) [2024-10-10]. https://www.iisd.org/itn/en/2018/12/21/achmea-judgment-analyzed-and-fet-claim-granted-in-ect-case-against-spain-kirrin-hough/.

❷ Foresight Luxembourg Solar 1 S.À.R.L. et al. v. The Kingdom of Spain, SCC Arbitration V (2015/150), Final Award, 14 November 2018, para. 398.

❸ Foresight Luxembourg Solar 1 S.À.R.L. et al. v. The Kingdom of Spain, SCC Arbitration V (2015/150), Final Award, 14 November 2018, para. 413.

❹ Saluka Investments BV v. The Czech Republic, Partial Award, 17 March 2006, para. 305.

第四章　国际投资仲裁中的稳定性条款

　　在适用过程中，稳定性条款的效力可能会受到各种因素的影响，如东道国政府变动、东道国修改相关法律等，这些变动不必然导致稳定性条款无效，也不一定不会影响稳定性条款的效力，需要视情况而定。在涉及稳定性条款的国际投资仲裁中，争端方有时会对是否存在稳定性条款产生争议。稳定性条款的作用主要是限制东道国新法适用于外国投资者及其产生的合法期待。稳定性条款必须有一个范围，不能确保绝对稳定，否则将无法尊重东道国的规制权，也无法为投资者提供更好的保护。有的仲裁庭指出，稳定性条款适用于法律解释。东道国会抗辩稳定性条款适用。稳定性条款的适用与国际投资协定中的征收条款、公平公正待遇条款、保护伞条款的规定有关。稳定性条款产生的合理期望是根据国际投资协定的条款提出赔偿要求的重要依据。虽然大多数与欧盟清洁能源案有关的国际投资合同、国内法、国际投资协定并未明确使用稳定性条款，但仲裁庭对稳定性条款的间接适用及这些案例对可持续发展的影响将对以后稳定性条款的演进产生影响。

第五章　中国稳定性条款的适用情况及建议

虽然中国国内法和签订的国际投资协定中较少规定稳定性条款，但是中国海外投资的许多东道国使用稳定性条款吸引外国投资。本章分析中国稳定性条款的适用情况及建议。

第一节　中国稳定性条款的适用情况

下面分析中国国内立法和国际投资协定中稳定性条款的规定情况，以及中国政府与投资者签订的投资契约中的约定稳定性条款。

一、依据中国法的约定稳定性条款效力分析

虽然中国的国内立法中没有稳定性条款，但是中国海外石油、采矿业的投资合同中可能存在稳定性条款，而且这些投资合同的准据法最终可能指向中国法。此外，中国与外国投资者签订的投资契约也可能纳入稳定性条款，因此有必要根据中国法对约定稳定性条款的效力进行分析。

包含约定稳定性条款的投资契约有效是约定稳定性条款有效的前提。要

确定东道国与投资者签订的投资契约是否有效，就需要判断投资契约是否属于国家契约，然后判断该国家契约是否属于行政契约，进而判断行政契约是否有效，行政契约的效力直接影响其中的稳定性条款的效力。通常情况下，虽然投资契约具有行政契约的性质，但是其投资属性更强，可以借鉴行政契约效力的分析认定投资契约的效力。由于稳定性条款涉及实体法，不同于仅涉及程序法的仲裁条款，后者效力独立于整个协议。因此，稳定性条款的效力与投资契约的效力保持一致。

行政协议已明确被 2014 年修改的《中华人民共和国行政诉讼法》（以下简称《行政诉讼法》）列入行政诉讼受案范围。一方面，行政协议是当事人之间的契约，需遵循契约自由原则。另一方面，行政协议的当事人之一为国家机关或者其授权单位，享有公权力，则需要依法行政。这就不可避免地产生私法上的契约自由与公法上的依法行政之间的矛盾。在理论上，认定行政协议无效可以依据两种标准，即行政行为无效和民事合同无效。从根本上讲，行政协议是国家机关履行其法定职责的一种方式，其本质是行政性的，因此公法规则理应适用于行政协议。鉴于此，有的观点认为，行政行为无效可能导致行政协议无效。然而行政协议是享有公权力的国家机关和私人当事方合意达成的协议，不是单方的行政行为，当然可以适用包含契约自由原则的私法原则，因此有的观点认为行政协议的效力可以依据判断民事合同效力的标准。❶

这并不意味对行政协议而言，行政法律规范和民事法律规范同等重要，而应优先适用前者，补充适用后者。❷ 在适用行政法律规范和民事法律规范判断行政协议效力的过程中，不仅要审查协议是不是当事人双方真实的意思表示、双方是否自愿等基本要素，还要审查行政机关是否存在违反行政规范的行为。❸

---

❶ 王敬波.司法认定无效行政协议的标准 [J].中国法学，2019（3）：64-83.
❷ 张青波.行政协议司法审查的思路 [J].行政法学研究，2019（1）：50-61.
❸ 贺小荣.行政协议的创设与国家治理方式的转型 [J].中国法律评论，2017（1）：31-35.

国际投资法视域下的稳定性条款研究

《中华人民共和国外商投资法》的"第二章投资促进""第三章投资保护"并未说明其与《中华人民共和国环境保护法》《中华人民共和国矿产资源法》等涉及中国公共利益规制权行使的法律的关系,《中华人民共和国外商投资法实施条例》也是如此,但这并不意味着中国与外国投资者签订的投资契约中的稳定性条款必然不受其他部门法律管辖。约定稳定性条款的效力除了受东道国国内宪法及上位法的限制之外,还需考虑是否受东道国签署的国际协定的影响。国家承担国际协定的义务有两种方式:一是把国际协定转化为国内法,二是直接适用。若中国规定的约定稳定性条款不仅符合宪法、上位法的规定,而且不违反中国需要承担的国际义务,则约定稳定性条款具有效力。

二、中国投资契约中约定稳定性条款的适用情况

虽然中国国内法和签署的国际投资协定未纳入稳定性条款,但是中国政府及私人投资者进行海外投资时通常在合同中纳入稳定性条款。然而由于投资合同不公开,所以对中国海外投资合同中的约定稳定性条款进行的研究极少。

在 2022 年发表的研究中,安娜·格尔佩恩(Anna Gelpern)等人曾对中国政府或国有银行与非洲、亚洲、东欧、拉丁美洲及大洋洲地区的 24 个发展中国家政府签订的 100 份借贷合同进行分析,并将这些合同与其他双边、多边、商业债权人和上述发展中国家政府签订的借贷合同进行比较,发现中国签订的约 30% 合同包含稳定性条款,以管理借款国法律、监管变化的风险,这可能会使中国作为贷款人影响债务人的国内外政策。❶ 这些稳定性条款是无追索权项目融

---

❶ GELPERN A, HORN S, MORRIS S, et al. How China Lends: A Rare Look into 100 Debt Contracts with Foreign Governments [J]. Economic Policy, 2022, 38(114): 345-416.

210

第五章 中国稳定性条款的适用情况及建议

资常见的条款，即主权债务国承担其环境和劳工政策变化的所有成本。[1] 如果借款国的劳工、环境等法律发生重大变化，那么债权人可以要求借款国立即偿还贷款或进行相应赔偿。在大型融资项目的借贷合同中，稳定性条款是常见条款，为大型基础设施项目提供一个稳定的投资环境，并使长期规划变得更容易。[2] 该研究指出，中国是世界上最大的官方债权国，中国国家开发银行签订的债务合同包含稳定性条款的占比高于中国进出口银行签订的债务合同中稳定性条款的占比。[3] 实际上，中国不是唯一采用约定稳定性条款的官方贷款国。OECD 成员国和非经合组织成员国之间的官方借贷合同中稳定性条款占比更高，商业银行贷款合同中稳定性条款也很常见。[4]

在安娜·格尔佩恩等人研究的 100 份中国合同样本中，只有一个冻结条款，其他稳定性条款均为经济均衡条款，不排除对投资项目实施监管变更，但要求借款人赔偿中国债权人所有增加的成本。样本中唯一的冻结条款出现在 2008 年中国国有企业与刚果之间的采矿和基础设施交易合同。[5] 该条款规定，负责基础设施工程的中国承包商将受益于刚果随后颁布的所有新法或采取的监管规定带来的优势，但任何对中国承包商不利的新法或规定将不适用于中国投资者。

有的研究对中国国家石油公司签订的海外石油开发合同进行分析，认为这

---

[1] GELPERN A, HORN S, MORRIS S, et al. How China Lends: A Rare Look into 100 Debt Contracts with Foreign Governments [J]. Economic Policy, 2022, 38(114): 345-416.

[2] DEWAR J. International Project Finance: Law and Practice [M]. Oxford: Oxford University Press, 2019: 145.

[3] GELPERN A, HORN S, MORRIS S, et al. How China Lends: A Rare Look into 100 Debt Contracts with Foreign Governments [J]. Economic Policy, 2022, 38(114): 345-416.

[4] GELPERN A, HORN S, MORRIS S, et al. How China Lends: A Rare Look into 100 Debt Contracts with Foreign Governments [J]. Economic Policy, 2022, 38(114): 345-416.

[5] GELPERN A, HORN S, MORRIS S, et al. How China Lends: A Rare Look into 100 Debt Contracts with Foreign Governments [J]. Economic Policy, 2022, 38(114): 345-416.

些石油合同符合行业标准，经常包含稳定性条款以保护中国国家石油公司在海外的利益。❶外国投资者与中国政府签订的石油开发合同也是如此。但是，有的研究指出，即使稳定性条款允许缔约方重新谈判合同条款，在条款执行时也可能出现问题。中国大多可能不会修改合同条款，尤其是对中外合作伙伴关系的任何修改曾须经中华人民共和国商务部批准。虽然此种预先批准要求已被报告制度取代，但实际上中华人民共和国商务部仍发挥监督产量分成合同的作用。❷这增加了缔约方重新谈判产量分成合同并达成一致的难度。虽然产量分成合同中的约定稳定性条款禁止中国采用的对外国投资者造成不利影响的新法律或法规适用，但外国投资者根据被废除或取代的法规享有的投资权益受到不利影响不太可能被视为外国投资者在石油产量分成合同下的经济利益受到极大影响。因此，外国投资者很难援引石油产量分成合同中的经济均衡条款。❸中国海外投资者与东道国政府签订的石油产量分成合同也存在执行难的问题。

中国在非洲的投资历史悠久，2005—2017年投资超过800亿美元，与非洲的关系非常重要。❹中国在非洲的大部分投资涉及能源和矿产资源，其中40%投资用于金属，33%投资用于能源。❺目前，一些非洲国家对其自然资源的获取采取更严格的控制，即所谓"资源民族主义"。❻"资源民族主义"一词

---

❶ MOREIRA S. Learning from Failure: China's Overseas Oil Investments [J]. Journal of Current Chinese Affairs, 2013, 42(1): 131-165.

❷ Global Arbitration Review. The Asia-Pacific Arbitration Review 2019 [R/OL]. [2024-07-03]. https://globalarbitrationreview.com/review/the-asia-pacific-arbitration-review/2019.

❸ China Issues Provisional Regulations for the Abandonment of Offshore Petroleum Facilities [EB/OL]. (2010-12-24) [2024-06-20]. https://www.jonesday.com/en/insights/2010/12/china-issues-provisional-regulations-for-the-abandonment-of-offshore-petroleum-facilities.

❹ China Power. Does China Dominate Global Investments? [EB/OL]. (2016-12-19) [2024-06-20]. https://www.globaltrademag.com/china-dominate-global-investments/.

❺ China Power. Does China Dominate Global Investments? [EB/OL]. (2016-12-19) [2024-06-20]. https://www.globaltrademag.com/china-dominate-global-investments/.

❻ WARD H. Resource Nationalism and Sustainable Development: A Primer and Key Issues [R/OL]. [2024-07-03]. https://www.iied.org/g02507.

用于描述国家采取或寻求直接并越来越多地控制自然资源部门经济活动的趋势。这实际上是一种旨在限制他国投资者开发本国自然资源的保护政策。资源民族主义并不是一种新现象，而且有多种形式。历史上可以找到许多例子，如中东、拉丁美洲、亚洲等。然而近年来撒哈拉以南非洲的资源民族主义显著增强，如提高采矿业公司的特许权使用费率或税收、规定东道国或原住民的最低持股比例及采购当地商品和雇佣当地劳动力的最低要求、禁止出口未加工矿物。❶若中国投资者与非洲国家政府签订的投资合同中含有稳定性条款，则该条款可以应对非洲国家的资源民族主义及其他风险。

此外，涉及中国的国际投资仲裁案件共有 28 件，中国投资者提起 19 件，中国作为东道国被诉的案件有 9 件，这些案件登记的时间集中在 2010—2023 年，呈现逐年增加的趋势。❷虽然目前这些案件没有涉及稳定性条款，但是根据涉及中国案件的增长速度，未来涉及中国的国际投资仲裁极有可能出现与稳定性条款相关的问题。目前，中国国内法院尚未审理涉及稳定性条款的国际投资案件，且尚未检索到国外法院审理中国海外投资者使用稳定性条款的案件，因此缺乏相关的实证研究。

三、中国国际投资协定的情况

下面对中国签订的国际投资协定进行分析。中国与一些发达国家签订国际投资协定。这些国家国内法中的稳定性条款通常比较少，而其与发展中国家签订的投资合同大多会纳入稳定性条款。下面分析中国与中国投资者的海外投资

---

❶ Resource Nationalism in Africa: Issues for Chinese Investors [EB/OL]. (2018-12-04) [2024-06-20]. https://www.conventuslaw.com/report/resource-nationalism-in-africa-issues-for-chinese/.

❷ United Nations Conference on Trade and Development. Investment Policy Hub:Investment Dispute Settlement Navigator[DS/OL]. [2024-06-20]. https://investmentpolicy.unctad.org/investment-dispute-settlement/country/42/china.

国际投资法视域下的稳定性条款研究

东道国签订的国际投资协定,这些国家为了吸引外国投资通常会在投资合同中纳入稳定性条款。对这些国际投资协定的分析将有助于中国投资者在投资合同中纳入更合适的稳定性条款,以保护中国海外投资者的利益,并促进东道国的可持续发展。

附录2分析中国签订的 BITs 序言均没有提及尊重东道国的监管权,无论是东道国的监管自主权、保留东道国监管的政策空间,还是尊重东道国引入新法规的灵活性。数个 BITs 序言提及可持续发展,如《中国—乌兹别克斯坦 BIT》(2011)、《中国—坦桑尼亚 BIT》(2013)。附录2分析的中国签订的 BITs 在序言中提及社会投资方面,如人权、劳工、健康、企业社会责任、减贫等,只有4个 BITs,即《中国—圭亚那 BIT》(2003)❶、《中国—特立尼达和多巴哥 BIT》(2002)❷、《中国—荷兰 BIT》(2001)、《中国—约旦 BIT》(2001)。

《中国—乌兹别克斯坦 BIT》(2011)和《中国—坦桑尼亚 BIT》(2013)的序言均规定"促进经济健康稳定和可持续发展",然而这两个协定英文版本的表述均为"promote healthy, stable and sustainable economic development",译为"促进健康、稳定和可持续的经济发展"。这意味此处的可持续发展不同于一般意义上关注经济、社会和环境相互平衡的可持续发展,不是真正意义上的可持续发展,而侧重于经济发展,而 UNCTAD 的投资政策中心官方网站上关于《中国—乌兹别克斯坦 BIT》(2011)的协定概览将该规定作为"可持续发展"规定。❸ 这表明中英文在理解上存在差异,而这两个协定的标准文本均有中文

---

❶《中国—圭亚那 BIT》(2003)规定:"……同意上述目标的实现不影响普遍适用的健康、安全和环境措施……"

❷《中国—特立尼达和多巴哥 BIT》(2002)规定:"……同意在不放松对健康、安全和环保措施的普遍适用情况下实现这些目标……"

❸ United Nations Conference on Trade and Development. Investment Policy Hub [DS/OL]. [2024-07-03]. https://investmentpolicy.unctad.org/international-investment-agreements/treaties/bilateral-investment-treaties/993/china---uzbekistan-bit-2011-. UNCTAD 投资政策中心未对《中国—坦桑尼亚 BIT》(2013)进行归纳。

第五章 中国稳定性条款的适用情况及建议

和英文，中文版本和英文版本之间的措辞差异可能使其在实际适用过程中产生不确定性。

有的 BITs 在序言中增加缔约双方人民的福祉，如《中国—乌兹别克斯坦 BIT》（2011）序言规定"增加缔约双方人民的福祉"，而《中国—坦桑尼亚 BIT》（2013）序言规定"提高国民生活水平"是否可以被理解为人权、劳工、健康、企业社会责任和减贫标准有待商榷。UNCTAD 投资政策中心官方网站对《中国—乌兹别克斯坦 BIT》（2011）的概览未将该规定作为人权、劳工、健康、企业社会责任、减贫等标准。

针对非克减条款和东道国遵守对投资者作出的与投资有关的承诺，有 3 类规定。一是国际投资协定在"其他义务"条款中规定非克减义务、遵守承诺义务和排除商事合同义务的条约保护，如《中国—乌兹别克斯坦 BIT》（2011）第 13.1 条❶。二是国际投资协定在"其他义务"条款中规定非克减义务和遵守承诺的义务，如《中国—坦桑尼亚 BIT》（2013）第 14 条❷。三是国际投资协定在"其他义务"条款中仅规定非克减义务，如《中国—俄罗斯 BIT》（2006）第 10 条❸。

许多老旧国际投资协定规定了非克减条款，倾向于为投资者提供更好的投资保护。稳定性条款不仅保护投资者的利益，而且符合投资者和东道国双方利益的选择。非克减条款在实践中可能存在问题，如果后续更优惠规定忽视健

---

❶《中国—乌兹别克斯坦 BIT》（2011）第 13 条"其他义务"规定："一、如果缔约一方的立法或缔约双方之间现存或其后设立的国际义务使缔约一方投资者的投资享受比本协定规定的更优惠待遇的地位，该地位不受本协定的影响。"

❷《中国—坦桑尼亚 BIT》（2013）第 14 条"其他义务"规定："一、如果缔约一方的立法或缔约双方现存或其后设立的国际义务使缔约另一方的投资者享受比本协定更优惠待遇的地位，该地位不受本协定的影响。二、缔约一方应信守以协议或合同形式与缔约另一方投资者就其投资所作出的书面承诺。"

❸《中国—俄罗斯 BIT》（2006）第 10 条"其他义务"规定："如果任何缔约一方的法律法规或缔约双方都已加入的现存的国际协定或双方在其后缔结的作为本协定补充的国际协定，含有使另一方投资者的投资享受比本协定的规定更优惠待遇的规定，则该规定在其更优惠的范围内应比本协定优先适用。"

215

康、环境保护标准，则将对东道国的规制权产生不利影响。但是，这种情况存在的可能性不大，因为后续通过的措施通常更符合可持续发展理念。如果后续措施规定更严格，使投资者利益受损，则该条款可以更好地保护投资者的利益，其作用与稳定性条款相似，后者解决的问题之一是东道国后续法律变更会损害投资者的合法利益。此条款的规定并未排除稳定性条款适用的可能性。

有的 BITs 明确规定东道国遵守承诺的条约义务，有的 BITs 对承诺有书面的要求，规定以协议或合同形式，有的 BITs 则不对承诺的形式作出要求，如《中国—刚果 BIT》（2011）第 10 条❶规定"就投资所作出的承诺"，而未对承诺规定具体的要求，也未规定"以协议或合同形式"，一般政策措施能否被视为东道国对投资者的承诺有待验证。

有的 BITs 规定商事合同义务不受该协定的保护，直接排除投资者根据约定稳定性条款寻求条约保护。《中国—乌兹别克斯坦 BIT》（2011）规定，商事合同义务不受该协定的保护，对于包含稳定性条款的投资合同能否完全属于此处所规定的商事合同有争议，若这些合同可以归属于国家契约，则受到相关公法规则的保护，而不再是纯粹的商事合同。该条款能否完全排除约定稳定性条款的国际化存在不确定性，而法定稳定性条款通常规定在东道国国内法中，而且通常在实践中被纳入国际投资合同。即使投资合同中的稳定性条款被该条款排除，该条款也无法排除法定稳定性条款给予外国投资者的保护。

有的 BITs 的间接征收规定可以确认稳定性条款的适用范围。《中国—乌兹别克斯坦 BIT》（2011）和《中国—坦桑尼亚 BIT》（2013）的征收规定类似。❷该条款第 2 款和第 3 款在判断是否构成间接征收时存在区别。第 3 款可被视为

---

❶《中国—刚果民主共和国 BIT》（2011）第 10 条"其他义务"规定："一、如果缔约一方的立法或缔约双方之间现存或其后设立的国际义务使缔约一方投资者的投资有权享受比本协定规定的更优惠待遇的地位，该地位不受本协定的影响。二、任一缔约方应恪守其与缔约另一方投资者就投资所作出的承诺。"
❷《中国—乌兹别克斯坦 BIT》（2011）第 6 条和《中国—坦桑尼亚 BIT》(2013) 第 6 条。

公共健康、安全及环境等公共福利的例外,虽然第2款也包含"公共利益目标"的措辞,但是在判断是否构成间接征收时还需要考虑经济影响、歧视程度、合理承诺及是否成比例,而第3款只需要考虑是否为保护"公共健康、安全及环境等在内的正当公共福利"及是否存在歧视性、必要性3个要件。通过这两款的措辞可以看出,该协定所指的"公共利益目标"的范围是大于"正当公共福利"的范围的,而"经济影响""是否成比例"与"必要性"之间的区别如何判断仍需实践验证。此外,第2款规定的是"歧视程度",而第3款规定的是"非歧视"。这意味着根据第3款规定,只要措施存在歧视,就无法受到该条不构成间接征收规定的保护。而根据第2款规定,虽然措施存在歧视性,但是歧视程度不严重,仍然有可能受到本条的保护。

《中国—乌兹别克斯坦 BIT》(2011)和《中国—坦桑尼亚 BIT》(2013) 中规定的公共卫生与环境例外❶并不适用于整个协定,而仅适用于征收条款,因此当投资者认为东道国的措施违反 FET 条款时,东道国无法用该例外抗辩稳定性条款的适用。

第二节 中国适用约定稳定性条款的建议

当前,中国需要在投资契约中纳入稳定性条款以保护中国海外投资者的利益。稳定性条款反映一国法治发展的情况。当非洲和拉丁美洲国家法治日渐完善、国内政治风险降低时,中国投资者需要稳定性条款保护其投资利益的可能性会降低。无论是保护中国海外投资者的利益,还是中国作为东道国,在投资合同中纳入稳定性条款具有一定的可取性。当然,如果外国投资者不主张在与中国签订的国际投资契约中纳入稳定性条款,那么中国无须主动提及纳入稳定性条款。由于中国的法律制度日益完善,无论是相应的立法还是法律的执行,

---

❶《中国—乌兹别克斯坦 BIT》(2011)第 6.3 条和《中国—坦桑尼亚 BIT》(2013)第 6.3 条。

中国没有必要在国内法中纳入稳定性条款。下面对稳定性条款的"绿色化"分析仅限于约定稳定性条款，以期给中国海外投资者切实可行的实践指导。

一、完善约定稳定性条款的基本要素

稳定性条款的基本要素包括稳定性承诺、触发机制、通知、谈判程序、执行程序、补救措施等。具有平衡作用的稳定性条款旨在应对变化，而不是阻止变化。为了使经济均衡条款以动态的方式发挥作用，必须全部包含这些基本元素并仔细构建它们之间的连接。如果恰当地组合这些要素，那么该类条款不仅应保护投资者免受法律变更的不利影响，还可以激励东道国从一开始就避免修改法律。从某种意义上说，稳定性条款的主要作用是激励。在石油和天然气项目中，稳定性条款主要规定在外国投资者与东道国签订的特许权协议或产量分成合同中。在采矿业中，产量分成合同较少使用稳定性条款，它通常出现在东道国政府协议、采矿发展协议或其他国家协议中。投资契约需对约定稳定性条款的要素进行界定，并需经缔约双方确认，这些要素包括发生法律变更的情形、对合同引发的效果及产生重新协商请求的权利、重新协商的目标等。❶

（一）稳定性承诺

稳定性条款最重要的要素是稳定性承诺。❷ 此处所说的稳定性承诺是稳定性条款中东道国作出的承诺，是稳定性条款的一部分，而不是广义上包括稳定性条款及东道国明确行为等具有类似效果的方式在内的稳定性承诺。无论约定稳定性条款的目的是冻结法律还是建立恢复经济平衡的制度，它都必须包含东

---

❶ 张正怡. 国际能源投资合同主要法律条款的选择——以产量分成合同范本为实例 [J]. 苏州大学学报（法学版）,2017,4(1): 117-124.

❷ GEHNE K, BRILLO R. Stabilization Clauses in International Investment Law: Beyond Balancing and Fair and Equitable Treatment: Working Paper No. 2013/46 [R/OL]. [2024-07-03]. https://www.wti.org/media/filer_public/c7/83/c783ecf8-11cf-4e3c-88c4-6214f8f7b51e/stab_clauses_final_final.pdf.

第五章　中国稳定性条款的适用情况及建议

道国政府为投资者提供稳定性的明确承诺。从结构上讲，实质性承诺是稳定性条款谈判的长期目标。如果谈判失败，那么东道国无法履行不使投资者遭受法律变更的承诺，因此东道国的法律变更将被视为违反投资契约，这也为投资者提供基于合同违约提起国际投资仲裁的可能性。❶

在部分国际投资契约中，稳定性条款是单独的一个条款，所以稳定性承诺是该条款的一部分，规定比较简单。有的稳定性条款是某一条款的子条款，此时稳定性承诺规定可能更简短。例如，《安哥拉产量分成合同范本》第37条第2款稳定性条款的稳定性承诺是一个分句，即"以恢复此类权利、义务和预期利益"❷。在稳定性条款规定比较详细的合同中，稳定性承诺是在稳定性条款的子条款中给出的，通常是第一个子条款，其作用是使承诺成为合同的条款或条件。国际律师协会制定的《矿业开发示范协议（1.0）》(*Model Mining Development Agreement 1.0*，MMDA 1.0）第8.5条国家承诺示例3 "一般稳定和运营的承诺"❸、《喀麦隆产量分成合同范本（2015）》第29条稳定性条款❹便是此种情形。

若投资合同受普通法系国家的法律管辖，则稳定性承诺形式的差别较大。根据英国法律，违反合同的实质要件，受侵害方可以终止合同；违反担保条件，受侵害方有权要求赔偿损失。❺如果稳定性条款属于冻结性条款，那么承诺的范围通常会比较窄。就财政稳定性条款而言，稳定性承诺的范围仅限于税法，如《厄瓜多尔产量分成合同范本（2002）》第11条第7款将稳定性承诺限

---

❶ LUTTREL S, MURPHY A. Stabilisation Provisions in Long-Term Mining Agreements [EB/OL]. (2019-07-31) [2024-06-20]. https://www.lexology.com/library/detail.aspx?g=ec1b0b7c-a4a1-4904-9b50-2d9ad11862eb.

❷ Angola Model Production Sharing Agreement, Article 37. 2.

❸ Model Mining Development Agreement 1.0, Article 8.5.

❹ Cameroon Model Production Sharing Contract (2015), Article 29 "Stabilisation Clause".

❺ ELLIS L. Breach of Contract Law: Legal Claims for Breach, Termination, the Consequences & the Remedies [R/OL]. (2019-10-08) [2024-07-03]. https://hallellis.co.uk/breach-contract-meaning/.

制在税收制度中❶,《印度产量分成合同范本(2005)》和《印度产量分成合同范本(2010)》也是如此。❷ 对法律稳定性条款而言,仅冻结适用于项目的法律。冻结性承诺通常有时间限制,如避免更改"适用于该项目法律"的承诺可能仅限于合同签订后的前五年,以便为投资者提供初始回收期的法律确定性,或者可能是与项目债务时间表相对应的稳定期。有的冻结条款会涵盖长期投资合同的完整期限,但这种情况比较少,一般是因为东道国通常在法律或政治上具有极高的风险。

在经济平衡条款中,稳定性条款的范围可能比较广泛。例如,能源宪章秘书处公布的《跨国管道示范协议》规定,法律变更包括有关税收、健康、安全和环境的法律的任何变更,无论该变更是针对项目还是普遍适用。❸ 这样表述的稳定性条款事实上严重限制东道国的规制权,在当今国际投资要求负责任的投资者及高标准的国际环境评估标准下,中国海外投资者即使与东道国签订此类稳定性条款,也可能会对中国的国际声誉产生不利影响。一旦发生争端,仲裁庭未必会严格依据条约文本进行字面意思的解释。中国提出"一带一路"倡议推进与其他国家的互利共赢合作,因此中国海外投资者在稳定性条款的制定上应当给予东道国足够的尊重。原则上,不主张在中国作为东道国与海外投资者签订的投资契约中纳入稳定性条款,但是否纳入实际上取决于缔约双方的谈判实力。若外国投资者强烈要求纳入,则中国应纳入起草完备的"绿色化"稳定性条款,给中国规制权行使足够的空间,提出合理、明确的稳定性承诺的经济均衡条款是首选。

如果稳定性条款具有均衡性,那么这些承诺应关注结果而不是变化。此

---

❶ Model PSC of October 2002 for the Exploration of Hydrocarbons & the Exploration of Crude Oil (Ecuador), Article 11.7.

❷ India Model Production Sharing Contract (2005), Article 17; India Model Production Sharing Contract for NELP IX (2010), Article 17.

❸ Energy Charter Treaty Secretariat's Model Host Government Agreement in Model Intergovernmental and Host Government Agreements for Cross-Border Pipelines (2nd edition), Article 37.2.

类承诺通常包含某种形式的重要性阈值，以确保投资者对微不足道的影响没有稳定性要求。在采矿业中，重要性阈值可能是特定的，而且与投资者控制的公司、采矿业务、进出口和就业相关的法律变更相关。值得注意的是，MMDA 1.0 第 8.5 条以不同的方式对待不同类别的立法和法规，对某些类别实行有效冻结，但允许其他类别进行变更，前提是这些变更不会对投资者的经济利益造成重大不利影响。❶

稳定性承诺在稳定性条款中具有重要的价值。如果合同包含明确的稳定性保证，那么当法律确实发生变化并使投资者遭受稳定机制不能充分解决的损失时，合同可能为投资者提供基于信赖的损害赔偿的基础。该投资者将能够证明投资协议中有稳定性承诺，便可以将其作为根据国际投资协议 FET 标准所保护的合法期望挫败的证据。在采矿相关的国际投资仲裁案件中，外国投资者基于合法期望被挫败而提出东道国违反 FET 义务的主张是比较常见的仲裁请求。因此，确保东道国政府作出明确的稳定性承诺对外国投资者而言尤为重要。❷

（二）触发条款

触发条款是稳定性条款不可或缺的组成部分，它控制是否发生合格事件以启动相应救济，因此触发条款的构造方式对于稳定性条款最终为投资者提供的保护至关重要。❸ 投资者往往假定各种触发因素，并与东道国政府进行大量谈

---

❶ LUTTREL S, MURPHY A. Stabilisation Provisions in Long-Term Mining Agreements [EB/OL]. (2019-07-31) [2024-06-20]. https://www.lexology.com/library/detail.aspx?g=ec1b0b7c-a4a1-4904-9b50-2d9ad11862eb.

❷ LUTTREL S, MURPHY A. Stabilisation Provisions in Long-Term Mining Agreements [EB/OL]. (2019-07-31) [2024-06-20]. https://www.lexology.com/library/detail.aspx?g=ec1b0b7c-a4a1-4904-9b50-2d9ad11862eb.

❸ MANSOUR M, NAKHLE C. Fiscal Stabilization in Oil and Gas Contracts: Evidence and Implications [M]. [S.l.]: Oxford Institute for Energy Studies, 2016: 16.

判，其最终措辞会反映出一种折中办法。大多数稳定性条款的触发都基于"法律变更"。

法律变更涵盖东道国当局对现行法律的解释或适用方式的变更。触发条款明确包含"解释性变化"非常重要，因为有时争端并非源于新法律的颁布，而是源于东道国法院和其他当局对法律的理解、适用方式的变化。例如，《厄瓜多尔产量分成合同（2002）》第11条第7款指出，触发条件包括对该合同的经济性产生影响的新设税种及对已有税法解释的变更。❶若触发因素仅涉及颁布新法，则稳定性条款无法对东道国的一些严重损害投资者经济利益的行政或司法行为作出回应。

在起草时，触发条款可以采用两种方式涵盖因行政或司法行为引起的法律变更。第一种方式是直接的，涉及扩大法律变更的定义，规定它包括任何政府机构对法律的解释、评估、适用或管理方式的任何变化。例如，《坦桑尼亚产量分成合同范本（2004）》第30条指出，法律变更是指"法律或法规发生变化"❷；《安哥拉产量分成合同范本》第37条第2款指出，法律变更的范围涉及"任何法律、法令或法规的规定发生任何变化"❸。第二种方式是间接的，通过明确界定相关法律变更的范围以囊括行政或司法行为导致的法律变更。❹

东道国通常会要求投资者接受重要性阈值，以便法律变更仅在其达到一定程度的重要性或导致成本损失超过规定的货币阈值时，才会触发稳定性条款。❺触

---

❶ Model PSC of October 2002 for the Exploration of Hydrocarbons & the Exploration of Crude Oil (Ecuador), Article 11.7.

❷ Tanzania Model Production Sharing Contract (2004), Article 30 "Change in Legislation".

❸ Angola Model Production Sharing Agreement, Article 37. 2.

❹ LUTTREL S, MURPHY A. Stabilisation Provisions in Long-Term Mining Agreements [EB/OL]. (2019-07-31) [2024-06-20]. https://www.lexology.com/library/detail.aspx?g=ec1b0b7c-a4a1-4904-9b50-2d9ad11862eb.

❺ LUTTREL S, MURPHY A. Stabilisation Provisions in Long-Term Mining Agreements [EB/OL]. (2019-07-31) [2024-06-20]. https://www.lexology.com/library/detail.aspx?g=ec1b0b7c-a4a1-4904-9b50-2d9ad11862eb.

第五章 中国稳定性条款的适用情况及建议

发条款可以通过不同的方式设置重要性阈值，有时"法律变更"的定义会包含阈值，有时阈值单独定义，如"重大不利经济影响"❶或"不利影响"（adversely affects）❷等。《喀麦隆产量分成合同范本（2015）》（*Cameroon Model Production Sharing Contract*）第29条稳定性条款第1款规定触发条件须满足两个要求：一是"对本合同的经济平衡产生重大影响"，二是"损害承包商利益的"。该范本还在第29条第2款中对何为"重大修改"作出进一步规定，"重大修改"是指具有降低承包商因该合同产生的经济利益的效果的修改。

以经济损失额度为阈值的主要风险是东道国可能采取一系列轻微法律变更以蚕食外国投资的措施，即使投资者面临数次法律变更，但每次经济损失都不足以构成合同目的的重大变化。应对此种风险的方式是规定在某一期限内发生两次或多次变更，共同导致经济损失超过特定阈值，则投资者将有权根据稳定性条款提出补偿要求。虽然通过这种方式东道国仍然有可能操纵法律变更，但是这些未造成实质性损害的措施使投资者蒙受损失的风险大大降低，稳定性条款的目的是减轻风险，而不是完全消除风险。❸

重要性阈值规定有时还包含附加要求（proximity requirements），如要求投资者的损失是东道国法律变更的直接结果。这种规定实际上是缩小触发条件的范围。附加要求对法律稳定性条款的影响比对财政稳定性条款的影响更大。税收本身具有直接的货币影响，且主要针对某一类纳税群体，外国投资者更容易证明其损失是由税收法律变更直接导致的，从而满足附加要求。然而法律稳定性条款涵盖范围更广的工具，这些工具在适用时可能是一般性的，并在其经济

---

❶ Tanzania Model Production Sharing Contract(2004), Article 30 "Change in Legislation"; India Model Production Sharing Contract (2005), Article 17; India Model Production Sharing Contract for NELP IX (2010), Article 17; Morocco Model Petroleum Agreement (2014), Article 16.2.

❷ Angola Model Production Sharing Agreement, Article 37. 2.

❸ LUTTREL S, MURPHY A. Stabilisation Provisions in Long-Term Mining Agreements [EB/OL]. (2019-07-31) [2024-06-20]. https://www.lexology.com/library/detail.aspx?g=ec1b0b7c-a4a1-4904-9b50-2d9ad11862eb.

影响方面不是非常直接。因此，若缔约双方意欲在投资协议中纳入法律稳定性条款，则投资者应力求减少在重要性阈值上施加附加要求，以免触发因素过于狭窄而对其起不到足够的保护作用。❶ 例如，《跨国管道示范协议》的稳定性条款规定，若协议的经济平衡受到"直接或间接"的破坏或"负面影响"，东道国政府需要采取措施恢复协议的经济平衡。这种"直接或间接"影响的规定能给投资者提供更大范围的保护。

前述稳定性条款的触发条款大多都规定得非常宽泛，不符合可持续发展的要求。因此，无论中国作为东道国签订的投资契约，还是中国海外投资者签订的投资契约，选择的约定稳定性条款的触发条件不要笼统地规定为"法律或法规发生的任何变化"，而应排除东道国为保护公共利益采取的立法措施。此外，在重要性阈值的规定方面，建议采用《喀麦隆产量分成合同范本（2015）》的详细规定，不仅要求对投资者的经济利益产生重大影响，而且要进一步解释何为法律的重大修改。

（三）通知要求

稳定性条款通常会建立协商或谈判的程序，其目的是避免争端而不是解决争端，因此必须明确说明如何启动该程序。❷ 通常情况下，投资者向东道国发布正式通知，其目的是向东道国政府提供足够的信息，以使双方能够积极参与随后的谈判过程。约定稳定性条款中的通知要求是其较法定稳定性条款在实践中更易适用的重要因素，法定稳定性条款因规定在东道国国内法或者国际投资

---

❶ LUTTREL S, MURPHY A. Stabilisation Provisions in Long-Term Mining Agreements [EB/OL]. (2019-07-31) [2024-06-20]. https://www.lexology.com/library/detail.aspx?g=ec1b0b7c-a4a1-4904-9b50-2d9ad11862eb.

❷ OSHIONEBO E. Stabilization Clauses in Natural Resource Extraction Contracts: Legal, Economic and Social Implications for Developing Countries [J]. Asper Review of International Business and Trade Law, 2010(10): 1-33.

第五章　中国稳定性条款的适用情况及建议

协定中，往往没有明确的通知要求。通知的目的是启动谈判，这对经济均衡条款而言尤其重要。投资者在发送通知时可以采用不同的标题和术语，但应明确谈判的内容和时间，否则无法起到启动谈判的效果。

通知要求的另一个重要方面是发生触发条件后投资者何时通知东道国。如果时间太紧，那么投资者可能没有足够的时间识别法律变更或其他触发条件造成的影响，甚至可能因不足以满足触发条款包含重要性阈值而无法激活稳定性条款，因此通知时间在法律变更发生后几个月比较合适。关于通知的内容，投资者需要明确引起谈判的事由，如"法律变更"，并在适用重要性阈值的情况下描述"重大不利影响"或"不利影响"的情况。从这个意义上说，通知条款通常起到触发条款的补充或者在未明确规定触发条款时充当触发条款的作用。从投资者的角度来看，稳定性条款的通知要求最好不要设定一个严格的截止日期，如发生法律变更后3个月，而应指定"在知悉法律变更后尽快在合理可行的时间范围内发出通知"❶。

大部分国际投资契约有单独的通知条款，会明确说明缔约双方之间通知须满足的形式要件和实质要件，此时约定稳定性条款仅须提及通知这一要求，而无须对通知的形式要件和实质要件作出重复规定。例如，《喀麦隆产量分成合同范本（2015）》第29条规定稳定性条款，并在第30条规定通知要求。❷晚近国际投资契约中对稳定性条款的规定明显更符合"可持续发展"的要求。

投资者发出通知的内容确定双方谈判的主题，进而确定后续争议的主题。如果谈判无法达成协议，且东道国政府未对包含在原始通知中的任何争端的可

---

❶ LUTTREL S, MURPHY A. Stabilisation Provisions in Long-Term Mining Agreements [EB/OL]. (2019-07-31) [2024-06-20]. https://www.lexology.com/library/detail.aspx?g=ec1b0b7c-a4a1-4904-9b50-2d9ad11862eb.

❷ Cameroon Model Production Sharing Contract (2015), Article 29 "Stabilisation Clause" and Article 30 "Notices".

225

仲裁性质疑,那么投资者可以提起国际投资仲裁。从这个意义上讲,通知条款只需精简地涵盖必要信息即可,否则可能给投资者带来不必要的风险。

(四)谈判程序

谈判程序条款的目的不是约束各方达成新的协议,而是使各方参与解决投资者已通知的东道国采取措施造成不利影响的过程。❶ 该条款关注的是谈判过程,而不是谈判结果,因此明确规定开始谈判的时间,如触发条件满足后 1 个月内。谈判程序条款赋予当事方在谈判失败的情况下将问题提交争议解决的权利。

某些谈判程序条款进一步规定谈判主题,如各方应考虑的解决方案或补救措施。这些更详尽的规定通常在经济均衡条款中能找到,各方可使用的解决方案包括调整项目协议或其他法律文书以抵消法律变更的经济影响。石油行业中普遍采用的产品分成合同采用的方法通常是协商对当事方的生产分配进行更改,以使承包商获得更多的生产份额,从而减少政府获得的份额,以补偿法律变更给生产商造成的损失。

与通知条款不同,谈判程序条款不能将谈判议题的范围限制得太窄,因为议题过窄可能无法解决由于法律变更所造成的损害影响,谈判机制可能无法实现其目标。在石油行业中,通常使用的生产共享合同非常适合出于平衡目的进行的调整,在采矿业中很少使用生产共享合同。因此,采矿业的投资者不适合直接采用石油生产共享合同中的平衡方案。❷

---

❶ ALL ANSWERS LTD. The Function of Stabilisation and Renegotiation Clauses in Production Sharing [EB/OL]. (2019-08-07) [2024-06-20]. https://www.lawteacher.net/free-law-essays/international-law/the-function-of-stabilisation-and-renegotiation-clauses-in-production-sharing-contracts-international-law-essay.php?vref=1.

❷ LUTTREL S, MURPHY A. Stabilisation Provisions in Long-Term Mining Agreements [EB/OL]. (2019-07-31) [2024-06-20]. https://www.lexology.com/library/detail.aspx?g=ec1b0b7c-a4a1-4904-9b50-2d9ad11862eb.

稳定性条款的谈判规定通常明确要求当事方在磋商过程中真诚行事。在不同法律体系和司法管辖区之间，诚信规定有所不同。在具有民法传统的国家中，诚信规则可通过民法自动适用；在普通法国家中，通常没有自动履行善意的义务，这意味着如果当事各方希望履行善意义务，就必须在投资协议中加以明确规定。即使在适用法律强加善意义务的情况下，在谈判程序条款中明确提及诚信善意要求也是必要的。一方面，为有效避免纠纷，双方谈判应更为谨慎、诚信。另一方面，该条款敦促当事各方通过合意修正合同经济条款以恢复经济平衡，真诚尤为重要。

《安哥拉产量分成合同范本》第 37 条"双重征税与环境变化"第 2 款将稳定性条款的范围限制在有关法律变化导致的影响内，但是该条款规定"双方应就协议的修订达成一致意见"。❶ 这表明双方有义务就东道国采取措施对合同的经济平衡造成的影响达成一致的解决方案，而不是简单地进行谈判，无论谈判结果如何。若任何一方不真诚地谈判，则会违反该稳定性条款。

二、适合中国的约定稳定性条款"绿色化"路径

下面从约定稳定性条款类型和范围的选择、非绝对化约定稳定性条款、约定稳定性条款与中国国际投资争端解决多元化相结合 3 个角度，分析适合中国的约定稳定性条款"绿色化"路径。

（一）中国约定稳定性条款的立场选择

稳定性条款的具体条文是投资者和东道国谈判实力的反映，投资者固然希望稳定，而东道国希望更有灵活性。稳定性条款是这种矛盾的体现。目前，正值国际投资争端解决机制改革，各国新签订的国际投资协定也重视东道国规制权的相关规定。利益平衡问题的难点在于找到平衡点，由于各国情况不同，所

---

❶ Angola Model Production Sharing Agreement, Article 37. 2.

以无法笼统地找到一个平衡点。我们可以做的是找到合理的平衡路径或者平衡模式。如何起草稳定性条款不能笼统地说，而应根据各国的具体情况进行分析。东道国希望稳定性条款尽可能少地限制其立法权，保留更多的规制空间，而外国投资者则希望稳定性条款尽可能多地涵盖东道国采取措施对其经济利益造成损害的情况。对纯粹的引资国或者对外投资大国而言，遵循符合其国家的立场即可。中国既是引资大国，又是对外投资大国，无论是采取保护投资者的立场还是采取维护东道国的立场，都是片面的，其中似乎存在不可调和的矛盾，然而实践并非如此。

从保护中国海外投资者的角度看，中国需要制定范围广、有效期长的稳定性条款，但这在一定程度上会损害东道国的利益，尤其是中国在"一带一路"沿线投资的东道国多为发展中国家，这些国家不仅政治不稳、法治不够健全，而且资金匮乏、技术薄弱，急需资金、技术促进本国发展。如果中国过分关注保护本国海外投资者的利益，那么可能削弱东道国吸引外资以促进本国发展的能力，也使中国海外投资者因对东道国的环境保护、劳动保护等造成损害而无法成为负责任投资者。这在一定程度上也会损害中国的国际声誉，无法更好地实现与共建"一带一路"国家的互利共赢。

从东道国的角度看，中国法制健全、投资环境良好，似乎无须纳入稳定性条款，但是中国所吸引的外国投资者多为欧美发达国家，这些外国投资者具有更强的谈判能力，假若他们要求在国际投资契约中纳入稳定性条款，则中国极有可能无法拒绝。此时，中国需要采用狭义的稳定性条款，可以在起草时斟酌语言排除对中国行使公共利益规制权的限制，增加争端解决中与中国的连接因素，如建议在东道国调解或者诉讼、选用中国的国际投资仲裁机制等，并根据项目周期合理地限制稳定性条款的期限。鉴于此，中国应当制定一套更平衡的稳定性条款范本，即中国学者所说的"和谐型"范本。当然，在外国投资者不主动要求加入稳定性条款时，中国也不主张在国际投资契约中采用该类条

 刘素霞. 国际能源投资合同稳定性条款研究[M]. 北京：中国社会科学出版社，2018：206.

款。中国海外投资者可以根据东道国的具体情况选择是否适用稳定性条款。

一般来说，东道国需要外资促进本国经济的发展，其谈判能力弱于外国投资者。稳定性条款适用的投资项目一般周期都比较长，投资者期望稳定也是有一定合理性的。虽然稳定性条款在一定程度上压缩了东道国行使规制权的空间，但是如果不推动外国直接投资，就不可能有可持续的经济增长，东道国可能会失去发展的能力和机会。因此，外国投资者和东道国应坚守促进投资的目标并制定稳定性条款，同时尊重东道国在必要时行使规制权。如果一种工具存在问题就抛弃是不明智的，稳定性条款在当今国际投资环境中仍然有存在的必要，关键是稳定性条款如何演进以平衡外国投资者保护和东道国规制权的行使。

（二）约定稳定性条款的类型和范围选择

经济均衡条款无疑是目前主要使用的稳定性条款。传统的稳定性条款旨在冻结东道国的立法权或者限制法律变更对外国投资者的适用。❶通过协商或重新谈判的方式对东道国法律变更导致的投资者经济损失进行补偿是经济均衡条款的特点。选择经济均衡条款，一方面可以提供中国海外投资者需要的稳定性，另一方面可以给予东道国规制权相应的尊重。此外，混合型的稳定性条款是上述两种稳定性条款的融合，给投资者提供调整投资契约的机会，包括免受东道国法律变更的影响和获得相应的补偿。混合型稳定性条款的起草更复杂，需要避免对东道国规制权的过多限制。在海外投资过程中，中国投资者应当合理地选择约定稳定性条款的类型并明确其触发因素，使投资契约既满足东道国对灵活性的需求，又满足中国投资者对稳定性的需求。❷

---

❶ 单文华，王朝恩，千省利，等.中国对外能源投资的国际法保护——基于实证和区域的制度研究[M].北京：清华大学出版社，2014：156.

❷ 张正怡.国际能源投资合同主要法律条款的选择——以产量分成合同范本为实例[J].苏州大学学报（法学版），2017，4（1）：117-124.

约定稳定性条款的期限应当合理，不宜过长。此外，稳定性条款的语言表述要更详细。为了加强更脆弱或风险更大的法律关系中的稳定保障，即那些可能给投资者造成经济损失的法律关系，外国投资者在与东道国签订投资契约时应更详细地描述稳定保障的内容，细化稳定性条款的语言表述。❶OECD 建议各国提供财政稳定性条款，指出各国应始终考虑限制此类稳定性条款的期限和范围。❷

稳定性条款在范围上可以排除国家安全、环境保护等方面的内容，以更好地配合国际投资协定中的可持续发展语言，并调和与东道国行使公共利益规制权有关的矛盾。事实上，国家在颁布新法时往往会有一些过渡条款以保证新法不会对投资者造成严重损害，可以称之为稳定性原则或者法律的稳定性解释适用，但该原则或稳定性解释适用是有限制的。例如，2017 年，哈萨克斯坦总统签署《底土和底土使用法案》(Code on Subsoil and Subsoil Use)，其第 31 条第 7 款、第 36 条第 7 款的规定适用于底土使用者的许可证发放和创业活动，这些条款规定如果新的立法与取得许可证或签订底土使用合同时生效的立法相比恶化底土使用条件，则不适用新的立法。然而这些保证不适用于哈萨克斯坦在国防安全、环境安全、卫生、税收、海关监管、竞争保护等领域的立法变更。❸

由于越来越多的国际投资协定规定了可持续发展语言，所以稳定性条款与这些语言的冲突可能会影响其效力和效用。有的观点认为，国际投资协定将排

---

❶ KAKIMOV N. Interpretation of the Principle of Stability Applicable to the Terms Governing Subsoil Use in the Context of Legislation of the Republic of Kazakhstan [J]. International In-house Counsel Journal, 2019, 12(47): 1-22.

❷ OECD. The Hidden Cost of Tax Incentives in Mining [EB/OL]. (2019-03-24) [2024-06-20]. https://www.oecd.org/tax/beps/hidden-cost-of-tax-incentives-in-mining-draft-toolkit-oecd-igf.pdf.

❸ KAKIMOV N. Interpretation of the Principle of Stability Applicable to the Terms Governing Subsoil Use in the Context of Legislation of the Republic of Kazakhstan [J]. International In-house Counsel Journal, 2019, 12(47): 1-22.

第五章　中国稳定性条款的适用情况及建议

除妨碍关于公共利益事项的法律框架变更的稳定性条款，因为这些条款使东道国无法遵循公共利益。❶稳定性条款的内容通常是广泛的，甚至在东道国立法以改善社会、环境标准的情况下也可能导致违反 FET 标准。因此，中国海外投资者不应与东道国，尤其是经济发展水平相对较低的东道国在投资契约中纳入广泛的稳定性条款。在设想实现可持续发展的法律框架时，免除外国投资者适用新法律或阻止东道国采用新法律是适得其反的。然而通过适用新一代投资条约，仲裁庭可能会质疑此类条款与 FET 标准有关的有效性，因为这些投资条约的范围是促进可持续发展的。❷例如，土耳其认为，规制权应包含在国际投资协定序言部分和一个单独的"非稳定"条款中。关于间接征收，可通过确定主要涉及经济影响和措施性质的标准来澄清其内容。❸约定稳定性条款不应一律被视为国际投资协定中可持续发展规定的例外。中国学者建议，在起草约定稳定性条款时排除其对东道国行使环境保护等规制权的限制。❹

稳定性条款不是唯一的稳定方式，也不是发展中国家独有的稳定方式。东道国突然的政治转变在很大程度上可以符合国际投资协定的例外规定，从而减轻东道国的赔偿责任，如当东道国是饱受战争蹂躏且面临极端气候的不发达国家时。然而国际社会通常期望一个完成工业化、政治体制相对稳定的国家"合理地被期望"处理国内政治和法律转变时，如英国脱欧公投，更多地考虑外国投资者的合理关切。❺从政治学的角度来看，双边投资协定已被视为政治姿态，

---

❶ COMETTI Z. Possibilities of Limiting the Protection of Large-Scale Investments in Farmland [J]. German Law Journal, 2020(21): 1198-1227.

❷ COMETTI Z. Possibilities of Limiting the Protection of Large-Scale Investments in Farmland [J]. German Law Journal, 2020(21): 1198-1227.

❸ MATHIOULAKIS M. Aspects of the Energy Union Application and Effects of European Energy Policies in SE Europe and Eastern Mediterranean [M]. Cham: Springer, 2021: 135.

❹ 刘素霞. 国际能源投资合同稳定性条款研究 [M]. 北京：中国社会科学出版社，2018：204.

❺ SEGATE R V. The Unified Patent Court and the Frustrated Promise of IP Protection: Investors' Claims in (Post-)Brexit Britain [J]. Maastricht Journal of European and Comparative Law, 2020, 27(1): 75-104.

国际投资法视域下的稳定性条款研究

也可以被视为各国决定欢迎、尊重经济自由的表示。❶稳定性条款有时可以成为正义观念合理化或具体化的载体。❷

（三）与中国国际投资争端解决多元化相结合

对于投资契约的争端解决途径通常强调仲裁，采取东道国救济这一东道国国内法赋予投资者的权利并未被明确纳入合同，但东道国国内救济仍是外国投资者可以采取的救济方式，而且近年的东道国救济呈现回归的趋势。中国与外国投资者签订的投资契约可以加入东道国救济条款。中国学者大多主张对中国作为东道国或投资者提出两种建议方式，这是一种理想状态。中国吸引的海外投资者多为欧美发达国家，它们具有极强的谈判能力，中国可能无法选择特别保护本国利益的条款或者起草方式。因此，中国可以从可持续发展的角度出发，在东道国规制权尊重和外国投资者保护中寻求平衡，而不是一味地倾向于保护一方的利益。如果现实条件允许，纳入稳定性条款保护中国利益的要素是必要的。

国际社会普遍将调解看作一种东方价值和传统。作为一种争端解决方式，调解在中国有着悠久的历史。❸从冒着巨额资本风险的外国投资者的角度来看，东道国法律和监管框架的稳定性、可预测性至关重要，尤其是在东道国的法律和体制制度不稳定时，外国投资者对此并不信任。稳定性条款是外国投资者与东道国之间，特别是发展中国家之间的长期投资合同的共同特征。稳定性条款的根本目的是对东道国政府以影响投资合同的方式修改国内法的能力增加一些

---

❶ TUCKER T N. Judge Knot: Politics and Development in International Investment Law [M]. London: Anthem Press, 2018: 54.

❷ JOESOEF I E. Enhancement—The Role of Indigenous Law Community for Investment in Indonesia: Utilizing of Ancestral Land Under Public-Private Partnership [J]. Advances in Economics, Business and Management Research, 2019(130): 7-16.

❸ 漆彤，张生，黄丽萍. 调解在国际争端解决中的发展与应用 [J]. 武大国际法评论，2020，4（2）：80-100.

第五章 中国稳定性条款的适用情况及建议

限制,包括规定如果发生不利的法律变更时应给投资者赔偿。该条款从根本上规定,在"法律变更"影响投资者收益的情况下,要求东道国采取措施恢复合同的原始经济平衡。有的稳定性条款规定,投资者因法律变更导致的额外费用将由国家以规定的方式承担,或者在某些情况下可能会使东道国有义务与投资者进行谈判。但是,如果必须将此问题提交仲裁,那么稳定性条款未能实现其主要目的,因为投资者并不是为了获得赔偿而投资的。国际投资调解正在兴起并逐渐成为国际投资争端解决的重要方式。调解在一定程度上可以促进双方进行谈判,实现经济均衡条款的作用。

中国还应努力探索国际投资争端的多元化解决模式,以应对部分国际投资协定出现的国际投资仲裁在国际投资争端解决方面地位下降的趋势。近年来,中国推出了一系列针对投资争端解决领域的改革方案,已有成熟的国际商事仲裁机构和仲裁规则,并且制定国际投资仲裁规则,还积极构建"一站式"多元化国际商事争端解决平台并取得良好进展,中国国际商事法庭的筹建也为国际商事争端的解决提供新路径。因此,除了向国际知名的商事仲裁和投资仲裁机构寻求帮助之外,中国海外投资者可以寻求国内商事和投资仲裁的救济,这样不仅可以为中国海外投资者提供更好的保护,而且可以提高中国机构处理国际商事、投资仲裁的能力和声誉。[1]中国学者提出的约定稳定性条款范本中加入与争端解决有关的要素,如"可以依合同约定提起仲裁"[2]。近年来,由于中国国际投资争端解决机制的多元化发展,中国海外投资者签署的国际投资契约中的稳定性条款可以与更多的争端解决方式相结合,如调解。

中国须推动老旧国际投资协定的更替,丰富条约解释经验。虽然中国全部重新签订第一代 BITs 耗时太久,但条约解释无法充分实现公共利益平衡,因

---

[1] 黄世席,范璐晶.中国海外体育产业投资的风险防范与争端解决[J].上海体育学院学报,2020,44(6):1-11.
[2] 刘素霞.国际能源投资合同稳定性条款研究[M].北京:中国社会科学出版社,2018:204.

此中国应尽快通过议定书等方式进行修订，或者通过区域协定谈判的方式替代第一代 BITs。国际投资仲裁不是基于先例系统，因此仲裁庭不受先前解释或裁决的约束，这会导致一些基于相同事实作出不一致裁决的情形。这意味着条约语言仍然对增加确定性具有重要意义，中国必须完善国际投资协定的措辞，并使国际投资协定之间可以相互印证，以增强在国际投资仲裁中条约解释的效力。然而仲裁庭往往援引先前仲裁庭的裁决，这意味着无论是中国政府还是中国海外投资者都应谨慎对待国际投资仲裁，仲裁裁决一旦作出将可能成为以后裁决的"先例"。鉴于仲裁庭在解释条约时特别注意条约的目的和宗旨，中国应确保所签订的国际投资协定不仅承认保护投资的重要性，而且体现对中国公共利益目标的尊重，可以在条约序言或者具体条款的解释性说明中增加相应内容。

本章小结

虽然中国的国内法和签署的国际投资协定中鲜有稳定性条款规定，但是中国投资者签订的国际投资合同中经常使用稳定性条款。中国海外投资者大多选择到非洲、拉丁美洲等地区的国家进行投资，而这些国家大多规定稳定性条款以吸引外资。中国需要关注稳定性条款的效力、效用等问题，以更好地保护中国海外投资者的利益。中国还应努力探索国际投资争端的多元化解决模式，以应对部分国际投资协定出现的国际投资仲裁在国际投资争端解决方面地位下降的趋势，从而增加稳定性条款发挥作用的途径。

当前，中国须在投资契约中纳入稳定性条款以保护中国海外投资者的利益。当非洲、拉丁美洲国家法治日渐完善、国内政治风险降低时，中国投资者需要稳定性条款保护其投资利益的可能性会降低。中国投资者要成功援引稳定性条款维护自身利益，必须注意稳定性条款的制定和合同适用法律的选择。

结　语

稳定性条款是应对东道国政治风险和财政风险的重要工具，多规定在国际投资合同中，也有部分国家的国内法和少数国际投资协定规定稳定性条款。许多早期的讨论都回顾现有的仲裁裁决和学术辩论，指出常用的不同类型稳定性条款及仲裁庭如何对其解释。但是，如果东道国是一个发展中国家，那么稳定性条款可能会对人权、劳工和环境法的发展产生不利影响。对需要通过外国投资寻求经济发展的发展中国家而言，取消稳定性条款并不是恰当的解决方案。相反，发展中国家应缩小稳定性条款的范围并限定其期限。更具灵活性的"现代"稳定性条款尚未成为国际投资仲裁庭的主题。

稳定性条款的灵活性至关重要，对该类条款的有效性具有重要作用。稳定性条款语言表述各异，且依附于不同国家的投资契约或国内法规定，因此不能笼统地说稳定性条款有效、无效或者限制有效。但是，这并不意味着稳定性条款的效力认定没有章法可循。约定稳定性条款效力的认定不仅与准据法有关，还与缔约主体有关。当东道国授权机构签订投资契约时，稳定性条款效力认定比东道国政府直接签订投资契约可能更为复杂。判断法定稳定性条款效力除了依据国内法之外，有时可能需要考虑东道国国内法与其所承担的国际义务是否冲突，如国际条约对东道国直接适用，而不是转化适用。当需要认定稳定性条款的效力时，国家契约的当事人之间发生争端，通常是东道国采取的某些

国际投资法视域下的稳定性条款研究

措施影响投资者的预期收益或者现行投资的可行性。在实践中,东道国国内法院倾向于认定约定稳定性条款无效,而国际投资仲裁庭倾向于认定稳定性条款有效。国内法在确定稳定性条款的法律定位时非常重要,无论是法定稳定性条款还是约定稳定性条款。就法定稳定性条款而言,其所属法律的位阶决定其效力。就约定稳定性条款而言,其适用的国内法通常是决定其法律效力的重要因素,如果不是唯一因素,有的国际投资契约还适用国际法,那么稳定性条款的效力需要由国内法和国际法共同决定。

稳定性条款会在不同行业使用,不仅在发展中国家使用,也会在发达国家使用,如欧盟诸多成员国关于清洁能源法案的修改涉及的一系列案件。稳定性条款不仅在政治动荡时期发挥作用,而且在政治稳定、法律平稳变革时发挥作用。有的稳定性条款倾向于保护投资者的利益,而不是平衡东道国规制权的行使和投资者利益的保护。这些稳定性条款是过时的、不合时宜的,应当加以调整或修正。

稳定性条款作为法律选择条款,可以将国内法适用于投资契约。然而稳定性条款是否可以将投资契约与国家法律及其强制条款的动态性质区分开,国际法学界对此存在争议。适用于投资契约的法律框架应随实际情况变化而变化,不应被冻结。因此,有的观点认为稳定性条款不能实现这种孤立。❶ 虽然稳定性条款具有法律选择的功能,但其不同于纯粹关注程序法的法律选择条款,后者效力与投资契约的效力独立。国际社会对投资者的要求也发生改变,以前并不期望投资者承担社会责任,尽管负责任的投资者制度极少强制适用,投资者已不再有东道国不修改关于环境、人权等国内法的"合法期望"。

稳定性条款使国际投资契约国际化是稳定性条款发挥保护投资者作用的重要方式,旨在解决东道国国内法管辖带来的一系列问题,主要通过国际化条款和保护伞条款实现。投资者更关注的是确保其寻求依靠的稳定性条款在法律上

---

❶ GJUZI J. Stabilization Clauses in International Investment Law: A Sustainable Development Approach [M]. Cham: Springer International Publishing, 2018:208.

236

结 语

可以执行。根据东道国的国内法和国际法,稳定性条款的可执行性一直存在问题。近年来,国际投资协定出现"去稳定化"的趋势。对国际投资协定中的可持续发展语言的分析有助于使稳定性条款在保护外国投资者利益和尊重东道国规制权之间取得平衡。由于大量拉丁美洲、非洲国家及俄罗斯是中国的重要投资目的地,而且它们支持稳定性条款的使用,因此中国关注稳定性条款的相关问题有利于保护中国海外投资者的利益。

参考文献

一、中文参考文献

[1] 梁德超，赵景林. 涉外合同文书大全 [M]. 北京：群众出版社，1994.

[2] 周永坤. 东吴法学：第 15 卷 [M]. 北京：中国法制出版社，2008.

[3] 王志乐. 2006 跨国公司中国报告 [M]. 北京：中国经济出版社，2006.

[4] 刘素霞. 国际能源投资合同稳定性条款研究 [M]. 北京：中国社会科学出版社，2018.

[5] 田晓云. 中国企业海外矿业投资法律风险防范研究 [J]. 商业时代，2014（19）.

[6] 刘万啸. 气候变化背景下国际投资规则的发展趋势及我国对策研究 [J]. 政法论丛，2014（2）.

[7] 杨卫东，郭堃. 国家契约中稳定条款的法律效力认定及强制性法律规范建构 [J]. 清华法学，2010，4（5）.

[8] 陈宏兵. 论"稳定条款"对投资者的保护作用 [J]. 外交评论，1998（2）.

[9] 张正怡. 国际能源投资争端法律问题研究 [D]. 上海：华东政法大学，2013.

[10] 李雯昕，孙竹，张麒麒. 疫情背景下国际大石油公司风险投资战略调整 [J]. 国际经济合作，2021（1）.

[11] 蒋海波，张庆麟. 晚近投资条约对规制权的表达：内涵、目的及原则 [J]. 国际商务研究，2019，40（4）.

[12] 王国军，王德宝. 我国海外投资保险制度优化研究——基于政治风险防控的视角 [J]. 金融与经济，2016（6）.

[13] 龚向前．发展权视角下自然资源永久主权原则新探 [J]．中国地质大学学报（社会科学版），2014，14（2）．

[14] 谭小芬，王睿贤．积极应对国际油价下跌对经济的影响 [EB/OL]．（2020-03-24）[2024-06-20]．http://energy.people.com.cn/n1/2020/0324/c71661-31645711.html．

[15] 王楠．我国石油行业海外投资风险变化及应对 [J]．宏观经济管理，2020（7）．

[16] 肯尼迪·加斯顿，梁雯雯．自然资源永久主权与外资法：21世纪的新关系 [J]．武大国际法评论，2019，3（3）．

[17] 朱伟东．"一带一路"背景下中阿投资争议的解决途径 [J]．西亚非洲，2018（3）．

[18] 郭朝先，刘芳．"一带一路"产能合作新进展与高质量发展研究 [J]．经济与管理，2020，34（3）．

[19] 王贵国．国际投资法 [M]．北京：法律出版社，2008．

[20] 余劲松．国际投资法 [M]．第6版．北京：法律出版社，2022．

[21] 湛中乐，肖能．论政治社会中个体权利与国家权力的平衡关系——以卢梭社会契约论为视角 [J]．政治与法律，2010（8）．

[22] 杜萱．对国家契约非稳定性的探讨 [J]．法律科学（西北政法学院学报），2012，3（3）．

[23] 陈卫佐．国际性仲裁协议的准据法确定——以仲裁协议的有效性为中心 [J]．比较法研究，2016（2）．

[24] 张庆麟．论国际投资协定中东道国规制权的实践及中国立场 [J]．政法论丛，2017（6）．

[25] 余少祥．法律监督：中西范式的进路与分异 [J]．国外社会科学，2021（2）．

[26] 王斌．论投资协议中的稳定条款——兼谈中国投资者的应对策略 [J]．政法论丛，2010（6）．

[27] 彭德雷．论国际投资秩序中投资者保护与国家规制的二元结构——基于中国的实证考察与理论解释 [J]．当代法学，2017，31（4）．

[28] 董静然．欧盟新型国际投资规则法律问题研究 [M]．北京：中国政法大学出版社，2019．

[29] 朴英姬．跨国石油公司社会责任与尼日利亚的可持续发展 [J]．西亚非洲，2017（1）．

[30] 丁夏．国际投资仲裁中适用"保护伞条款"之冲突与解决——以仲裁庭阐释条款的态度为线索 [J]．西北大学学报（哲学社会科学版），2014，44（2）．

[31] 曾华群．论我国"可持续发展导向"双边投资条约的实践 [J]．厦门大学学报（哲学社会科学版），2015（1）．

[32] 张中元，沈铭辉.国际投资协定中可持续发展条款对双边投资的影响[J].世界经济研究，2018（3）.

[33] 曾华群.论双边投资条约范本的演进与中国的对策[J].国际法研究，2016（4）.

[34] 钱嘉宁，黄世席.国际投资法下东道国监管权的改革——基于可持续发展原则的分析[J].北京理工大学学报（社会科学版），2018，20（4）.

[35] 徐崇利.公平与公正待遇：真义之解读[J].法商研究，2010，27（3）.

[36] 王敬波.司法认定无效行政协议的标准[J].中国法学，2019（3）.

[37] 张青波.行政协议司法审查的思路[J].行政法学研究，2019（1）.

[38] 贺小荣.行政协议的创设与国家治理方式的转型[J].中国法律评论，2017（1）.

[39] 张正怡.国际能源投资合同主要法律条款的选择——以产量分成合同范本为实例[J].苏州大学学报（法学版），2017，4（1）.

[40] 单文华，王朝恩，千省利，等.中国对外能源投资的国际法保护——基于实证和区域的制度研究[M].北京：清华大学出版社，2014.

[41] 漆彤，张生，黄丽萍.调解在国际争端解决中的发展与应用[J].武大国际法评论，2020，4（2）.

[42] 黄世席，范璐晶.中国海外体育产业投资的风险防范与争端解决[J].上海体育学院学报，2020，44（6）.

二、英文参考文献

[1] SOKANG K. The Impact of Foreign Direct Investment on the Economic Growth in Cambodia: Empirical Evidence [J]. International Journal of Innovation and Economic Development, 2018(4).

[2] TOPTANCI A. The Place and Importance of Oil in Terms of the Kurdistan Regional Economy: Contract Oriented Oil Production [M]. Kiel: ZBW-Leibniz Information Centre for Economics, 2021.

[3] JOHNSTON G P. Developing Nations Need Foreign Investment [EB/OL]. (2018-09-13) [2024-06-20]. https://www.thewhig.com/opinion/columnists/developing-nations-need-foreign-investment.

[4] SHEMBERG A. Stabilization Clauses and Human Rights: A Research Project Conducted for IFC and the United Nations Special Representative of the Secretary-General on Business and Human Rights: IFC/SRSG Research Paper [R/OL]. (2009-05-27) [2024-07-03]. https://www.ifc.org/en/insights-reports/2000/publications-loe-stabilization--wci--1319577941106.

[5] TRAN T, DO H N, VU T H, et al. The Factors Affecting Green Investment for Sustainable Development [J]. Decision Science Letters, 2020, 9(3).

[6] UNCTAD.World Investment Report 2010: Investing in a Low Carbon Economy [R]. New York: United Nations, 2010.

[7] VOICAA M C, PANAITB M, RADULESCUB I. Green Investments—Between Necessity, Fiscal Constraints and Profit [J]. Procedia Economics and Finance, 2015(22).

[8] FACCIO S. The Assessment of the FET Standard between Legitimate Expectations and Economic Impact in the Italian Solar Energy Investment Case Law [J]. Questions of International Law, 2020(71).

[9] COLLINS D. An Introduction to International Investment Law [M]. Cambridge: Cambridge University Press, 2017.

[10] GJUZI J. Stabilization Clauses in International Investment Law: A Sustainable Development Approach [M]. Cham: Springer International Publishing, 2018.

[11] BAJAR S.The Protection of Foreign Investments in Mongolia:Treaties, Domestic Law, and Contracts on Investments in International Comparison and Arbitration Practice [M]. Cham:Springer,2018.

[12] Energy Charter Secretariat. Handbook on General Provisions Applicable to Investment Agreements in the Energy Sector [EB/OL]. [2024-07-04].https://www.energycharter.org/fileadmin/DocumentsMedia/Other_Publications/20171116-newHandbook.pdf.

[13] MARC B, STEPHAN H. Permanent Sovereignty over Natural Resources [M]. Cham: Springer, 2015.

[14] ERKAN M. International Energy Investment Law: Stability through Contractual Clauses [M]. Alphen aan den Rijn: Kluwer Law International, 2011.

[15] VIOLI F. The Regulatory Vicious Circle of Investment Operations in Agriculture [M]// ALABRESE M, BRUNORI M, ROLANDI S, et al. Agricultural Law: Current Issues in a

Global Perspective. Berlin: Springer, 2017.

[16] DESTA M G. Competition for Natural Resources and International Investment Law: Analysis from the Perspective of Africa [M]// YIHDEGO Z, DESTA M G, MERSO F. Ethiopian Yearbook of International Law 2016. Cham: Springer, 2017.

[17] GÖTT H, HOLTERHUS T P. Mainstreaming Investment-Labour Linkage through "Mega-Regional" Trade Agreements [M]// GÖTT H. Labour Standards in International Economic Law. Cham: Springer, 2018.

[18] FRANKLIN A. Legitimate Expectations—Lessons from Recent Energy Arbitration Cases on Renewable Energy Relationship of Fair and Equitable Treatment Standard to Indirect Expropriation [EB/OL]. (2018-04-22) [2024-06-20]. http://dx.doi.org/10.2139/ssrn.3167034.

[19] MANSOUR M, NAKHLE C. Fiscal Stabilization in Oil and Gas Contracts: Evidence and Implications [M]. [S.l.]: Oxford Institute for Energy Studies, 2016.

[20] KUZNETSOV A V. The Limits of Contractual Stabilization Clauses for Protecting International Oil and Gas Investments Examined through the Prism of the Sakhalin-2 PSA: Mandatory Law, the Umbrella Clause, and the Fair and Equitable Treatment Standard [J]. Willamette Journal of International Law and Dispute Resolution, 2015, 22(223).

[21] ARIE R. Israel's Foreign Investment Protection Regime in View of Developments in Its Energy Sector [J]. Journal of World Investment & Trade, 2018, 19(1).

[22] MATO H T. The Role of Stability and Renegotiation in Transnational Petroleum Agreements [J]. Journal of Politics and Law, 2012, 5(1).

[23] MANIRUZZAMAN A F M. Some Reflections on Stabilization Techniques in International Petroleum, Gas and Mineral Agreements [J]. International Energy Law Taxation Review, 2005(4).

[24] CAMERON P D. Stabilisation in Investment Contracts and Changes of Rules in Host Countries: Tools for Oil & Gas Investors: PDCameron/AIPN/Final Report [R/OL]. (2006-07-05) [2024-07-03]. https://www.international-arbitration-attorney.com/wp-content/uploads/arbitrationlaw4-Stabilisation-Paper.pdf.

[25] DIAS D. Stability in International Contracts for Hydrocarbons Exploration and Some of the Associated General Principles of Law: From Myth to Reality [J/OL]. Oil, Gas and Energy Law, 2010, 8(4) [2024-07-03]. https://www.ogel.org/article.asp?key=3053#citation.

[26] DELOITTE. Stabilisation Clauses in International Petroleum Contracts Illusion or Safeguard? [EB/OL]. [2024-07-03]. https://www.deloitte.com/content/dam/Deloitte/ug/Documents/tax/tax_StabilisationClauses_2014.pdf.

[27] VEIGA DE MACEDO J. From Tradition to Modernity: Not Necessarily an Evolution— The Case of Stabilisation and Renegotiation Clauses [J/OL]. Oil, Gas and Energy Law, 2011, 9(1) [2024-07-03]. https://www.ogel.org/article.asp?key=3094.

[28] ALEXANDER F. Security of Investment Considerations under PSCs and Other Government Petroleum Contracts,43rd Annual Refresher Course-Business Law [EB/OL]. (2010-05-14) [2024-07-03]. https://www.lesaonline.org/samples/11_32_13_p1.pdf.

[29] DANIEL P, SUNLEY E M. Contractual Assurances of Fiscal Stability[M]// International Monetary Fund. The Taxation of Petroleum and Minerals: Principles, Problems and Practice. London: Routledge, 2010.

[30] MANSOUR M. Fiscal Stability Clauses [EB/OL]. (2004-01-01) [2024-06-20]. https://www.researchgate.net/publication/258290706_Mansour_04_-_Fiscal_Stability_Clauses-unpublished.

[31] International Monetary Fund Fiscal Affairs Department. Guide on Resource Revenue Transparency [M]. Washington: International Monetary Fund, 2017.

[32] FARUQUE A A. Validity and Efficacy of Stabilisation Clauses: Legal Protection vs. Functional Value [J]. Journal of International Arbitration, 2006, 23(4).

[33] UMIRDINOV A. The End of Hibernation of Stabilization Clause in Investment Arbitration: Reassessing Its Contribution to Sustainable Development [J]. Denver Journal of International Law and Policy, 2015(43).

[34] MANIRUZZAMAN A F M. The Pursuit of Stability in International Energy Investment Contracts: A Critical Appraisal of the Emerging Trends [J]. Journal of World Energy Law and Business, 2008, 1(2).

[35] SINGH J. Stabilization Clauses in Investment Contracts in Developing Countries [EB/OL]. (2015-09-11) [2024-07-03]. http://dx.doi.org/10.2139/ssrn.2658185.

[36] ALEKSANDRA V. International Arbitration Agreements and Their Adjustment Clauses: Are They in a State of Evolution? [EB/OL]. (2016-09-23) [2024-07-03]. http://dx.doi.org/10.2139/

ssrn.2823733.

[37] JEFFERY R. Illusory Control of State Controlled Resources through Stabilisation Clauses: Renegotiation Clauses May Save the Contract [J/OL]. Oil, Gas & Energy Dispute Management, 2013, 11(5) [2024-07-03]. https://www.ogel.org/article.asp?key=3424.

[38] NG'AMBI S P. The Effect of Stabilisation Clauses in Concession Agreements [J]. In Zambia Law Journal, 2012(43).

[39] BROWNLIE I. Principles of Public International Law [M]. 7th ed. Oxford: Oxford University Press, 2008.

[40] BISHOP R D. International Arbitration of Petroleum Disputes: The Development of a Lex Petrolea[M]//BERG A J V D. Yearbook of Commercial Arbitration: Volume XXIII, Netherlands: Kluwer Law International, 1998.

[41] CROCKETT A. Stabilisation Clauses and Sustainable Development: Drafting for the Future [M]// BROWN C, MILES K. Evolution in Investment Treaty Law and Arbitration. 2nd ed. Cambridge: Cambridge University Press, 2023.

[42] TOJIBOEV A. The Role of Stabilization Clause in Investment Contract [J]. Review of Law Sciences, 2018, 2 (2).

[43] CAMERON P D. Stabilization and the Impact of Changing Patterns of Energy Investment [J]. Journal of World Energy Law and Business, 2017(10).

[44] ADARALEGBE B. Stabilizing Fiscal Regimes in Long-Term Contracts:Recent Developments from Nigeria [J]. Journal of World Energy Law and Business, 2008, 1 (3).

[45] CHIOMA E E. Examining the Crucial Impact of a Well-drafted Stabilisation and Renegotiation Clause on Production-sharing Agreements [J]. International Energy Law Review, 2015(5).

[46] PEŠTERIĆ M, ANDRIJAŠEVIĆ B. Stabilisation Clauses and State Aid [EB/OL]. (2020-03-24) [2024-06-20]. https://bdkadvokati.com/stabilisation-clauses-and-state-aid/.

[47] CLINCH D, WATSON J. Stabilisation Clauses-Issues and Trends [EB/OL]. (2010-06-30) [2024-06-20]. https://www.lexology.com/library/detail.aspx?g=c5976193-1acd-4082-b9e7-87c0414b5328.

[48] VIELLEVILLE D E, VASANI B S. Sovereignty over Natural Resources Versus Rights Under Investment Contracts: Which One Prevails? [J]. Transnational Law Dispute Management, 2008(5).

[49] KHAN A N, MUNIR B, AHMAD N. Critical Analysis of Bilateral Investment Treaties in Pakistan [J]. Journal of Research Society of Pakistan, 2020, 57(3).

[50] THAIB W S. Tax Stabilization Clause in Oil and Gas Industry [J]. Advances in Economics, Business and Management Research, 2018(59).

[51] WALDE T, NDI G K. Stabilizing International Investment Commitments: International Law Versus Contract Interpretation [J]. Texas International Law Journal, 1996(3).

[52] YACKEE J W. Pacta Sunt Servanda and State Promises to Foreign Investors Before Bilateral Investment Treaties: Myth and Reality [J]. Fordham International Law Journal, 2008, 32(5).

[53] CAMERON P D. International Energy Investment Law: The Pursuit of Stability [M]. 2nd ed. Oxford: Oxford University Press, 2021.

[54] BODART S Y. Dispute Prevention Approaches in PPP Projects-Practical Issues [J]. Construction Law Journal, 2014, 30(3).

[55] PATE T J. Evaluating Stabilization Clauses in Venezuela's Strategic Association Agreements for Heavy-Crude Extraction in the Orinoco Belt: The Return of a Forgotten Contractual Risk Reduction Mechanism for the Petroleum Industry [J]. Inter-American Law Review, 2009 (40).

[56] COALE M T B. Stabilization Clauses in International Petroleum Transactions [J]. Denver Journal of International Law and Policy, 2002, 30(2).

[57] VERNON R. Sovereignty at Bay: The Multinational Spread of U.S. Enterprises [J]. Thunderbird International Business Review, 1971, 13(4).

[58] LUTTREL S, MURPHY A. Stabilisation Provisions in Long-Term Mining Agreements [EB/OL]. (2019-07-31) [2024-06-20]. https://www.lexology.com/library/detail.aspx?g=ec1b0b7c-a4a1-4904-9b50-2d9ad11862eb.

[59] GEHNE K, BRILLOR. Stabilization Clauses in International Investment Law: Beyond Balancing and Fair and Equitable Treatment: Working Paper No. 2013/46 [R/OL]. [2024-07-03]. https://www.wti.org/media/filer_public/c7/83/c783ecf8-11cf-4e3c-88c4-6214f8f7b51e/stab_clauses_final_final.pdf.

[60] HOWSE R. Freezing Government Policy: Stabilization Clauses in Investment Contracts [EB/OL]. (2011-04-04) [2024-06-20]. http://www.iisd.org/itn/2011/04/04/freezing-government-policy-stabilization-clauses-in-investment-contracts-2/.

[61] PAASIVIRTA E. Participation of States in International Contracts and Arbitral Settlement of Disputes [M]. Helsinki: Finnish Lawyer's Publishing Co., 1990.

[62] FARUQUE A A. Typologies, Efficacy and Political Economy of Stabilisation Clauses: A Critical Appraisal [J/OL]. Transnational Dispute Management, 2007(5) [2024-07-03]. https://www.transnational-dispute-management.com/article.asp?key=1062.

[63] DOLZER R, SCHREUER C. Principles of International Investment Law [M]. 2nd ed. Oxford: Oxford University Press, 2012.

[64] BROWN R. The Relationship Between the State and the Multinational Corporation in the Exploitation of Resources [J]. International and Comparative Law Quarterly, 1984, 33(1).

[65] BURNETT H G, BRET L A. Arbitration of International Mining Disputes: Law and Practice [M]. Oxford: Oxford University Press, 2017.

[66] NUSSBAUM A. The Arbitration Between the Lena Goldfields Ltd. and the Soviet Government [J]. Cornell Law Review, 1950 (36): 31-53.

[67] WOLFGANG P. Stabilization Clauses in State Contracts [J]. International Business Law Journal, 1998(8).

[68] PEREIRA E G, STĂNESCU C, ZULHAFIZ W, et al. Host Granting Instrument Models: Why Do They Matter and for Whom [J]. Oil and Gas, Natural Resources, and Energy Journal, 2020, 6(1).

[69] CORDES K Y, JOHNSON L, SZOKE-BURKE S, et al. Legal Frameworks & Foreign Investment: A Primer on Governments' Obligations [EB/OL]. [2024-07-03]. https://scholarship.law.columbia.edu/sustainable_investment_staffpubs/30.

[70] SINGH K. An Analysis of India's New Model Bilateral Investment Treaty [M]// SINGH K, IGLE B. Rethinking Bilateral Investment Treaties: Critical Issues and Policy Choices. New Delhi: KS Designers, 2016.

[71] PERREZ F X. Cooperative Sovereignty: From Independence to Interdependence in the Structure of International Environmental Law [M]. Hague: Kluwer Law International, 2000.

[72] NG'AMBI P S, CHISANGA K M G. International Investment Law and Gender Equality: Stabilization Clauses and Foreign Investment [M]. London: Routledge, 2021.

[73] SORNARAJAH M. The Settlement of Foreign Investment Disputes [M]. Hague: Kluwer Law International, 2000.

[74] MARTINKUTE I. Constitutional Validity of Stabilisation Clause: Experience of Lithuania [EB/OL]. (2015-10-06) [2024-06-20]. https://www.linkedin.com/pulse/constitutional-validity-stabilisation-clause-inga-martinkute.

[75] STĂNESCU C G, PEREIRA E G, KOENCK A. Petroleum Concessions, Licenses and Leases: "Same-Same but Different"? [J]. LSU Journal of Energy Law and Resources, 2020, 8(1).

[76] SALIH M S, YAMULKI A. Stabilisation and Renegotiation Clauses in Iraqi Kurdistan Oil and Gas Contracts: A Comparative Study [J]. Journal of Law, Policy and Globalization, 2020 (100).

[77] COTULA L. Rethinking Investor-State Contracts Through a Sustainable Development Lens [EB/OL]. (2011-10-07) [2024-06-20]. https://www.iisd.org/itn/en/2011/10/07/rethinking-investor-state-contracts-through-a-sustainable-development-lens/.

[78] TALUS K. Introduction-Renewable Energy Disputes in the Europe and Beyond: An Overview of Current Cases [J/OL]. Transnational Dispute Management, 2015, 13(3) [2024-07-03]. https://www.transnational-dispute-management.com/article.asp?key=2215.

[79] STOKES L C. The Politics of Renewable Energy Policies: The Case of Feed-In-Tariffs in Ontario, Canada [J]. Energy Policy, 2013(56).

[80] TIENHAARA K. Does the Green Economy Need Investor-State Dispute Settlement? [EB/OL]. (2015-11-28) [2024-06-20]. https://www.iisd.org/itn/en/2015/1/28/does-the-green-economy-need-investor-state-dispute-settlement/.

[81] MENDONCA M, JACOBS D, SOVACOOL K B. Powering the Green Economy: The Feed-In Tariff Handbook [M]. London: Earthscan, 2010.

[82] International Renewable Energy Agency. Renewable Power Generation Costs in 2014 [R/OL]. [2024-06-20]. https://www.irena.org/-/media/Files/IRENA/Agency/Publication/ 2015/IRENA_RE_Power_Costs_2014_report.pdf.

[83] UNCTAD. World Investment Report 2020: International Production Beyond the Pandemic [M]. New York: United Nations, 2020.

[84] STRIZH V, JOSEFSON J A, ROTAR A. Russia Adopts New Investment Law [EB/OL]. (2020-04-30) [2024-06-20]. https://www.morganlewis.com/pubs/2020/04/russia-adopts-new-investment-law.

[85] ARISTOVA N, SOLAREV I, SKRIPNIKOV I.Package of Bills on Investment Protection and Promotion and the Development of Investment Activity in Russia Passed by the State Duma: Main Points [EB/OL]. (2020-03-27) [2024-06-20]. https://assets.ey.com/content/dam/ey-sites/ey-com/en_ru/topics/tax/tax-messenger/2020/03/ey-package-of-bills-on-investment-protection-and-promotion-and-thedevelopment-of-investment-activity-27-march-2020-law-eng.pdf?download.

[86] GORTSUNYAN R. Legal Alert on Federal Law No. 69-FZ Dated 1 April 2020 on the Protection and Encouragement of Capital Investments [EB/OL]. (2020-07-07) [2024-07-03]. https://www.rgp.legal/wp-content/uploads/2020/07/RGP-Alert-on-the-Law-on-the-Protection-and-Encouragement-of-Investments-ENG.pdf.

[87] SPITSYNA T A, NATALIYA V B, MARGOLINA E V. State Promotion of Investment Activity in Russia [J]. Journal of Contemporary Issues in Business and Government, 2021, 27(1).

[88] SAPIR E, KARACHEV I A. Challenges of a New Investment Policy: Investment Promotion and Protection [J]. Finance: Theory and Practice, 2020, 24(3).

[89] United Nations Conference on Trade and Development. Investment Policy Hub: Mongolia [DS/OL].[2024-07-03]. https://investmentpolicy.unctad.org/investment-policy-review/142/mongolia.

[90] VIVERITO J, HANKIN M. Mongolia's New Investment Law [EB/OL]. (2014-10-14) [2024-06-20]. https://www.iflr1000.com/NewsAndAnalysis/Mongolias-new-investment-law/Index/918.

[91] DIANA S K. With New Law, Mongolia Opens to Investors [EB/OL]. (2013-11-21) [2024-06-20]. https://www.lexology.com/library/detail.aspx?g=ed891f87-75a1-4671-9859-34df63ee2fb4.

[92] MARTINENKO O, RADCHENKO V, KOLVAKH V. Stabilisation Clause Introduced for Renewable Energy Feed-In Tariffs [EB/OL]. (2011-06-07)[2024-09-14]. https://www.lexology.com/library/detail.aspx?g=9fa01548-1884-4c8e-82f9-2dbb1434d318.

[93] KURDYDYK O, PSHENYCHNIUK D. Ukrainian Parliament Adopted Law Aimed at Feed-In Tariff Reduction [EB/OL]. (2020-08-05) [2024-06-20]. https://www.dlapiper.com/en/ukraine/insights/publications/2020/08/ukrainian-parliament-adopted-law/.

[94] MUMINOV F. Protection of Foreign Investment in Central Asia [J]. Russian Law Journal, 2019, 7(4).

[95] Committee of Experts on International Cooperation in Tax Matters Twentieth Session. Update of the Handbook on Selected Issues for Taxation of the Extractive Industries by Developing Countries: E/C.18/2020/CRP. 16 [R]. New York, 2020.

[96] NALULE V R. Energy Transitions and the Future of the African Energy Sector:Law, Policy and Governance [M]. Cham: Springer, 2021.

[97] IDORNIGIE P O. The Relationship Between Losing Sovereignty and Stabilization Clause in an Investment Agreement [EB/OL]. (2020-07-30) [2024-06-20]. https://nials.edu.ng/?s=The+Relationship+Between+Losing+Sovereignty+and+Stabilization+Clause+in+an+Investment+Agreement.

[98] GLAVANITS J, HORVÁTHY B, LÁSZLÓ K. The Influence and Effects of EU Business Law in the Western Balkans: Conference Proceedings of the 1st EU Business Law Forum [M]. Győr: Széchenyi István University, 2018.

[99] SZOKE-BURKE S, CORDES K Y. Mechanisms for Consultation and Free, Prior and Informed Consent in the Negotiation of Investment Contracts [J]. Northwestern Journal on International Law & Business, 2020, 41(1).

[100] MUMINOV F. Protection of Foreign Investment in Central Asia [J]. Russian Law Journal, 2019, 7(4).

[101] United Nations Conference on Trade and Development. State Contracts [M]. New York: United Nations, 2004.

[102] BABAYEVA F. The Nature of Product Sharing Agreements in Azerbaijan [EB/OL]. (2016-09-10) [2024-06-20]. https://old.enerpojournal.eusp.org/the-nature-of-product-sharing-agreements-in-azerbaijan/.

[103] AYALEW D T. A Comparative Legal Analysis of the Application of Force Majeure and Hardship Clauses in Ethiopia and China in Light of International Law in Situations of COVID-19 Pandemic: The Law and Practice [J/OL]. [2024-07-03]. http://dx.doi.org/10.2139/ssrn.3713625.

[104] VIS-DUNBAR D. Report Says Tanzania is Signing Bad Deals with Foreign Mining Companies [EB/OL]. (2008-11-21) [2024-06-20]. https://www.iisd.org/itn/en/2008/11/21/report-says-

tanzania-is-signing-bad-deals-with-foreign-mining-companies/.

[105] United Nations Conference on Trade and Development. World Investment Report 2006: FDI from Developing and Transition Economies: Implications for Development [M]. Switzerland: United Nations, 2006.

[106] BROWNLIE I. Principles of Public International Law [M]. 7th ed. Oxford: Oxford University Press, 2008.

[107] LORENZO C. Reconciling Regulatory Stability and Evolution of Environmental Standards in Investment Contracts: Towards a Rethink of Stabilization Clauses [J]. Journal of World Energy Law and Business, 2008, 1(2).

[108] HEPBURN J. Domestic Law in International Investment Arbitration [M]. Oxford: Oxford University Press, 2017.

[109] SHIHATA I F I. Legal Treatment of Foreign Investment: The World Bank Guidelines [M]. Leiden: Martinus Nijhoff Publishers, 1993.

[110] FARUQUE A A, SAHA N K. Sanctity of State Contracts: Revisiting Orthodox Views [J]. Transnational Dispute Management, 2010, 7(1).

[111] BARTELS M, SILVA J E. Contractual Adaptation and Conflict Resolution, Based on Venture Contracts for Mining Projects [M]. Deventer: Kluwer Law and Taxation, 1985.

[112] CAMERON P D. Stabilisation in Investment Contracts and Changes of Rules in Host Countries: Tools for Oil & Gas Investors [R/OL]. (2006-07-05) [2024-07-03]. https://www.international-arbitration-attorney.com/wp-content/uploads/arbitrationlaw4-Stabilisation-Paper.pdf.

[113] MECKENSTOCK C A. Investment Protection and Human Rights Regulation, Two Aims in a Relationship of Solvable Tension [M]. Baden-Baden: Nomos Verlagsgesellschaft, 2010.

[114] PAASIVIRTA E. Internationalization and Stabilization of Contracts Versus State Sovereignty [J]. The British Yearbook of International Law, 1989, 60(1).

[115] FARUQUE A A. International Law and the Internationalized Contract [J]. American Journal of International Law, 1980, 74(1).

[116] MANN H. The Right of States to Regulate and International Investment Law: A Comment [M]// United Nations Conference on Trade and Development. The Development Dimension of FDI: Policy and Rule-Making Perspectives. New York: United Nations, 2003.

[117] United Nations Conference on Trade and Development. World Investment Report 2012: Towards a New Generation of Investment Policies [M]. Switzerland: United Nations, 2012.

[118] OSHIONEBO E. Corporations and Nations: Power Imbalance in the Extractive Sector [J]. American Journal of Economics & Sociology, 2018, 77(2).

[119] DERAINS Y, SICARD-MIRABAL J. Introduction to Investor-State Arbitration [M]. Alphen aan den Rijn: Kluwer Law International, 2018.

[120] MOUYAL L W. International Investment Law and the Right to Regulate: A Human Rights Perspective [M]. New York: Routledge, 2018.

[121] RAJPUT A. Regulatory Freedom and Indirect Expropriation in Investment Arbitration [M]. Netherlands: Wolters Kluwer, 2019.

[122] TEVET E, SHIFFER V, GALNOOR I. Regulation in Israel Values, Effectiveness, Methods [M]. Cham: Springer, 2021.

[123] MALAN A. Overruling of Courts Precedents and State Liability in Investment Law [J]. Mealey's International Arbitration Report, 2020, 35(10).

[124] GLINAVOS I. ISDS: The Brexit Lawsuits the UK Should Be Worried About [EB/OL]. (2018-03-24) [2024-06-20]. http://arbitrationblog.kluwerarbitration.com/2018/07/31/isds-brexit-lawsuits-uk-worried/.

[125] SEGATE R V. The Unified Patent Court and the Frustrated Promise of IP Protection: Investors' Claims in (Post-)Brexit Britain [J]. Maastricht Journal of European and Comparative Law, 2020, 27(1).

[126] HUHTA K. Anchoring the Energy Transition with Legal Certainty in EU Law [J]. Maastricht Journal of European and Comparative Law, 2020, 27(4).

[127] MATHIOULAKIS M. Aspects of the Energy Union Application and Effects of European Energy Policies in SE Europe and Eastern Mediterranean [M]. Cham: Springer, 2021.

[128] ALSCHNER W, HUI K. Missing an Action: General Public Policy Exceptions in Investment Treaties: Ottawa Faculty of Law Working Paper, No. 2018-22 [R/OL]. [2024-07-03]. https://papers.ssrn.com/sol3/papers.cfm?abstract_id=3237053.

[129] COTULA L, SCHRODER M. Community Perspectives in Investment-State Arbitration[R]. IIED, London, 2017.

[130] KYLA T. Unilateral Commitments to Investment Protection: Does the Promise of Stability Restrict Environmental Policy Development? [J]. Yearbook of International Environmental Law, 2006, 17(1).

[131] Human Righs Council. Business and Human Rights: Towards Operationalizing the "Protect, Respect and Remedy" Framework: Report of the Special Representative of the Secretary General on the Issue of Human Rights and Transnational Corporations and Other Business Enterprises [R]. Geneva: United Nations, 2009.

[132] COTULA L. Regulatory Takings, Stabilization Clauses and Sustainable Development [M]// Organization for Economic Co-operation and Development Staff. OECD Investment Policy Perspectives. Washington: Organization for Economic Co-operation and Development, 2009.

[133] RODRIGUEZ-YONG C A, MARTINEZ-MUÑOZ K X. The Andean Approach to Stabilisation Clauses [J]. International Journal of Private Law, 2013, 6(1).

[134] United Nations Conference on Trade and Development. World Investment Report 2019: Special Economic Zones [M]. New York: United Nations, 2019.

[135] ZHAN J, ROSERT D. UNCTAD's International Investment Agreements Conference 2016: Taking IIA Reform to the Next Level [EB/OL]. (2016-12-16) [2024-06-20]. https://www.iisd.org/itn/en/2016/12/12/unctads-international-investment-agreements-conference-2016-taking-iia-reform-to-the-next-level-james-zhan-diana-rosert.

[136] CAPPIELLO B. Stability v. Flexibility Can the European Union Find the Balance [EB/OL]. (2017-04-25) [2024-06-20]. https://www.ejiltalk.org/stability-vs-flexibility-can-the-european-union-find-the-balance/.

[137] LEVASHOVA Y. Investor Due Diligence and the Energy Charter Treaty [EB/OL]. (2019-06-27) [2024-06-20]. https://www.iisd.org/itn/en/2019/06/27/investor-due-diligence-and-the-energy-charter-treaty-yulia-levashova/.

[138] International Energy Charter. The Energy Charter Treaty (ECT) Remains the Most Frequently Invoked IIA [EB/OL]. (2019-01-11) [2024-06-20]. https://energycharter.org/media/news/article/the-energy-charter-treaty-ect-remains-the-most-frequently-invoked-iia.

[139] DRAGUIEV D. Investment Treaty Arbitration in the Renewable Energy Sector: Overview of Arbitral Case Law on Legitimate Expectations in the Light of Policy [J/OL]. Oil,

参考文献

Gas & Energy Law Journal, 2018, 16(5)[2024-09-25]. https://www.ogel.org/article.asp?key=3795#citation.

[140] European Commission. Online Public Consultation on Investment Protection and Investor-To-State Dispute Settlement in the Transatlantic Trade and Investment Partnership Agreement [R/OL]. (2015-01-13) [2024-07-03]. https://www.europarl.europa.eu/meetdocs/2014_2019/documents/inta/dv/swd(2015)0003final_/swd(2015)0003final_en.pdf.

[141] OBADIA E. The TTIP Debate: A Necessary Evil? [R/OL]. (2015-03-11) [2024-07-03]. https://ccsi.columbia.edu/sites/default/files/content/docs/events/Eloise-Obadia-TTIP-Presentation-March-12-2015.pdf.

[142] HOLTERHUS T P. A New Era in the Settlement of Investment Disputes?—Reformvorschläge der EU-Kommission zum Investitionsschutz in TTIP [EB/OL]. (2015-09-17) [2024-06-20]. https://verfassungsblog.de/a-new-era-in-the-settlement-of-investment-disputes-reformvorschlaege-der-eu-kommission-zum-investitionsschutz-in-ttip/.

[143] SCHREUER C H. The ICSID Convention: A Commentary [M]. 2nd ed. Cambridge: Cambridge University Press, 2009.

[144] JENNINGS R B. State Contracts in International Law [J]. British Yearbook of International Law, 1961(37).

[145] SINCLAIR A C. The Origins of the Umbrella Clause in the International Law of Investment Protection [J]. Arbitration International, 2004, 20(4).

[146] HIGGINS R. Problems and Process: International Law and How We Use It [M].Oxford: Oxford University Press, 1994.

[147] SORNARAJAH M. The International Law on Foreign Investment [M]. Cambridge: Cambridge University Press, 1994.

[148] EL-KOSHERI A S, RIAD T F. The Law Governing a New Generation of Petroleum Agreements: Changes in the Arbitration Process [J]. ICSID Review-Foreign Investment Law Journal, 1986, 1 (2).

[149] VON MEHREN R B, KOURIDES P N. The Libyan Nationalizations: TOPCO/CALASIATIC v. Libya Arbitration [J]. Natural Resources Lawyer, 1979, 12(2).

[150] KRAJEWSKI M. The Impact of International Investment Agreements on Energy Regulation

[M]// HERRMANN C, TERHECHTE J P. European Yearbook of International Economic Law 2012. Berlin: Springer, 2012.

[151] YANNACA-SMALL K. Interpretation of the Umbrella Clause in Investment Agreements [M]// International Investment Law: Understanding Concepts and Tracking Innovations. Paris: OECD Publishing, 2008.

[152] FRANCIONI F. Revisiting Sustainable Development in Light of General Principles of International Environmental Law [M]// CREMONA M, HILPOLD P, LAVRANOS N, et al. Reflections on the Constitutionalisation of International Economic Law: Liber Amicorum for Ernst-Ulrich Petersmann. Leiden: Martinus Nijhoff, 2014.

[153] United Nations Conference on Trade and Development. World Investment Report 2013: Global Value Chains: Investment and Trade for Development [M]. New York: United Nations, 2013.

[154] United Nations Conference on Trade and Development. World Investment Report 2014: Investing in the SDGs: An Action Plan [M]. Switzerland: United Nations, 2014.

[155] PRISLAN V, ZANDVLIET R. Mainstreaming Sustainable Development into International Investment Agreements: What Role for Labor Provisions? [M]// HOFMANN R, TAMS C, SCHILL S. International Investment Law and Development: Bridging the Gap. Cheltenham: Edward Elgar, 2015.

[156] REINISCH A. Austria [M]// BROWN C. Commentaries on Selected Model Investment Treaties. Oxford: Oxford University Press, 2013.

[157] SPEARS S A. The Quest for Policy Space in a New Generation of International Investment Agreements [J]. Journal of International Economic Law, 2010, 13(4).

[158] RUSE-KHAN H G. A Real Partnership for Development? Sustainable Development as Treaty Objective in European Economic Partnership Agreements and Beyond [J]. Journal of International Economic Law, 2010, 13(1).

[159] GEHRING M W, KENT A. Sustainable Development and IIAs: From Objective to Practice [M]// ARMAND D M, CELINE L. Improving International Investment Agreements. New York: Routledge, 2013.

[160] NEWCOMBE A.The Use of General Exceptions in IIAs: Increasing Legitimacy or Uncertainty? [M]// ARMAND D M, LÉVESQUE C. Improving International Investment

Agreements. London: Routledge, 2014.

[161] PALEVICIENE S, DRUKTEINIENE S. Limits of State Regulatory Power in Investment Law and Under National Legislation: Search for Common Denominator [J]. Entrepreneurship and Sustainability Issues, 2020, 8(2).

[162] MORITA K. Recent Development in the European Union Regarding Investment Dispute Settlement Mechanism [J]. Hitotsubashi Journal of Law and Politics, 2020(48).

[163] ZANNONI D. The Legitimate Expectation of Regulatory Stability Under the Energy Charter Treaty [J]. Leiden Journal of International Law, 2020, 33(2).

[164] BONNITCHA J. The Problem of Moral Hazard and its Implications for the Protection of "Legitimate Expectations" Under the Fair and Equitable Treatment Standard [EB/OL]. (2011-04-07) [2024-06-20]. https://www.iisd.org/itn/en/2011/04/07/the-problem-of-moral-hazard/.

[165] LARYEA E T. Legitimate Expectations in Investment Treaty Law: Concept and Scope of Application [M]// CHAISSE J, CHOUKROUNE L, JUSOH S. Handbook of International Investment Law and Policy. Singapore: Springer, 2021.

[166] FADHLURRAHMAN B, ADOLF H, AMALIA P. Limiting Investor Legitimate Expectations in Foreign Investment to Ensure State Economic Sovereignty [J]. International Journal of Business, Economics and Law, 2020, 23(1).

[167] NGANJO-HODU Y, AJIBO C C. Legitimate Expectation in Investor-State Arbitration: Recontextualisind a Controversial Concept from a Developing Country Perspective [J]. Manchester Journal of International Economic Law, 2018, 15(1).

[168] WONGKAEW T. Protection of Legitimate Expectations in Investment Treaty Arbitration: A Theory of Detrimental Reliance [M]. Cambridge: Cambridge University Press, 2019.

[169] CHAISSE J, NG R.The Doctrine of Legitimate Expectations: Comparing International Law and Common Law in Hong Kong [J]. Hong Kong Law Journal, 2018, 48(1).

[170] LARYE A E. Making Investment Arbitration Work for All: Addressing the Deficits in Access to Remedy for Wronged Host State Citizens through Investment Arbitration [J]. Boston College Law Review, 2018, 59 (8).

[171] GELPERN A, HORN S, MORRIS S, et al. How China Lends:A Rare Look into 100 Debt Contracts with Foreign Governments [J]. Economic Policy, 2022, 38(114).

[172] DEWAR J. International Project Finance: Law and Practice [M]. Oxford: Oxford University Press, 2019.

[173] MOREIRA S. Learning from Failure: China's Overseas Oil Investments [J]. Journal of Current Chinese Affairs, 2013, 42(1).

[174] Global Arbitration Review. The Asia-Pacific Arbitration Review [R/OL]. [2024-07-03]. https://globalarbitrationreview.com/review/the-asia-pacific-arbitration-review/2019: 10.

[175] China Issues Provisional Regulations for the Abandonment of Offshore Petroleum Facilities [EB/OL]. (2010-12-24) [2024-06-20]. https://www.jonesday.com/en/insights/2010/12/china-issues-provisional-regulations-for-the-abandonment-of-offshore-petroleum-facilities.

[176] WARD H. Resource Nationalism and Sustainable Development: A Primer and Key Issues [R/OL]. [2024-07-03]. https://www.iied.org/g02507.

[177] Resource Nationalism in Africa: Issues for Chinese Investors [EB/OL]. (2018-12-04) [2024-06-20]. https://www.conventuslaw.com/report/resource-nationalism-in-africa-issues-for-chinese/.

[178] ELLIS L. Breach of Contract Law: Legal Claims for Breach, Termination, the Consequences & the Remedies [R/OL]. (2019-10-08) [2024-07-03]. https://hallellis.co.uk/breach-contract-meaning/.

[179] OSHIONEBO E. Stabilization Clauses in Natural Resource Extraction Contracts: Legal, Economic and Social Implications for Developing Countries [J]. Asper Review of International Business and Trade Law, 2010(10).

[180] ALL ANSWERS LTD. The Function of Stabilisation and Renegotiation Clauses in Production Sharing [EB/OL]. (2019-08-07) [2024-06-20]. https://www.lawteacher.net/free-law-essays/international-law/the-function-of-stabilisation-and-renegotiation-clauses-in-production-sharing-contracts-international-law-essay.php?vref=1.

[181] KAKIMOV N. Interpretation of the Principle of Stability Applicable to the Terms Governing Subsoil Use in the Context of Legislation of the Republic of Kazakhstan [J]. International In-house Counsel Journal, 2019, 12(47).

[182] COMETTI Z. Possibilities of Limiting the Protection of Large-Scale Investments in Farmland [J]. German Law Journal, 2020(21).

[183] SEGATE R V. The Unified Patent Court and the Frustrated Promise of IP Protection: Investors' Claims in (Post-)Brexit Britain [J]. Maastricht Journal of European and Comparative Law, 2020, 27(1).

[184] TUCKER T N. Judge Knot: Politics and Development in International Investment Law [M]. London: Anthem Press, 2018.

[185] JOESOEF I E. Enhancement-The Role of Indigenous Law Community for Investment in Indonesia: Utilizing of Ancestral Land Under Public-Private Partnership [J]. Advances in Economics, Business and Management Research, 2019(130).

附 录

附录1 引用案例

1. AGIP Company v. People's Republic of the Congo, ICSID Case No. ARB/77/1.
2. Amoco International Finance Corporation v. The Government of the Islamic Republic of Iran, National Iranian Oil Company, National Petrochemical Company and Kharg Chemical Company Limited, 15 Iran-US CTR 189, Case No. 56.
3. Azurix Corp. v. Argentina Republic, ICSID Case No. ARB/01/12.
4. Walter Bau v. The Kingdom of Thailand, UNCITRAL, Award, 1 July 2009.
5. Bayview Irrigation District et al. v. United Mexican States, ICSID Case No. ARB(AF)/05/1.
6. Blusun S.A., Jean-Pierre Lecorcier and Michael Stein v. Italy, ICSID Case No. ARB/14/3.
7. Burlington Resources INC. v. Republic of Ecuador, ICSID Case No. ARB/08/5.
8. Charanne B.V. and Construction Investments S.à r.l. v. The Kingdom of Spain, Arbitration No. 062/2012.

9. CMS Gas Transmission Company v. The Republic of Argentina, ICSID Case No. ARB/01/8.

10. Compañía de Aguas del Aconquija S.A. and Vivendi Universal v. Argentina Republic, ICSID Case No. ARB/97/3.

11. Duke Energy International Peru Investments No. 1 Ltd. v. Republic of Peru, ICSID Case No. ARB/03/28.

12. Eiser Infrastructure Limited and Energía Solar Luxembourg S.à r.l. v. Kingdom of Spain, ICSID Case No. ARB/13/36.

13. El Paso Energy International Company v. The Argentina Republic, ICSID Case No. ARB/03/15.

14. Greentech Energy Systems A/S, NovEnergia II Energy & Environment (SCA) SICAR, and NovEnergia II Italian Portfolio SA v. The Italian Republic, SCC Arbitration V (2015/095).

15. I.C.W. Europe Investments Limited (United Kingdom) v. The Government of the Czech Republic, PCA Case No. 2014-22.

16. International Thunderbird Gaming v. United Mexican States, UNCITRAL.

17. Ioan Micula, Viorel Micula, S.C. European Food S.A., S.C. Starmill S.R.L. and S.C. Multipack S.R.L. v. Romania, ICSID Case No. ARB/05/20.

18. Joy Mining Machinery Limited v. Arab Republic of Egypt, ICSID Case No. ARB/03/11.

19. Jürgen Wirtgen, Stefan Wirtgen, Gisela Wirtgen, JSW Solar (zwei) GmbH & Co. KG v. The Czech Republic, PCA Case No. 2014-03.

20. Lena Goldfields v. Soviet Government, Award, 2 September 1930.

21. LG&E Energy v. Argentina, ICSID Case No. ARB/02/1.

22. Liberian Eastern Timber Corporation v. The Government of the Republic of Liberia, ICSID Case No. ARB/83/2.

23. Methanex Corporation v. United States of America, UNCITRAL.
24. Mitsubishi Motors Corporations v. Soler Chrysler-Plymouth, Inc, 473 U.S. 614, 1985.
25. Nations Energy Corporation, Electric Machinery Enterprises Inc., and Jamie Jurado v. The Republic of Panama, ICSID Case No. ARB/06/19.
26. Noble Energy Inc. and Machalapower Cia. Ltda. v. Ecuador and Consejo Nacional de Electricidad, ICSID Case No. ARB/05/12.
27. Novenergia II-Energy & Environment (SCA) (Grand Duchy of Luxembourg), SICAR v. The Kingdom of Spain, SCC Arbitration 2015/063.
28. Occidental Petroleum Corporation and Occidental Exploration and Production Company v. The Republic of Ecuador, ICSID Case No. ARB/06/11.
29. Oxus Gold v. Republic of Uzbekistan, UNCITRAL.
30. Parkerings-compagniet AS v. Republic of Lithuania, ICSID Case No. ARB/05/8 .
31. Régie Nationale des Usines Renault SA v. Mexicar SpA and Orazio Formento.
32. Revere Copper and Brass Inc. v. Overseas Private Investment Corporation, American Arbitration Association, Award, 24 August 1978.
33. RREEF Infrastructure v. The Kingdom of Spain, ICSID Case No. ARB/13/30.
34. Rumeli Telekom A.S. and Telsim Mobil Telekomunikasyon Hizmetleri A.S. v. Republic of Kazakhstan, ICSID Case No. ARB/05/16.
35. S.D. Myers, Inc. v. Government of Canada, UNCITRAL.
36. Saluka Investments BV (The Netherlands) v. The Czech Republic.
37. Sergeu Paushok v. Mongolia, Ad hoc/UNCITRAL.
38. SGS Société Générale de Surveillance S.A. v. Islamic Republic of Pakistan, ICSID Case No. ARB/01/13.
39. Suez, Sociedad General de Aguas de Barcelona S.A. and Vivendi Universal S.A. v. Republic of Argentina, ICSID Case No. ARB/03/19.

40. Texaco Overseas Petroleum Company/California Asiatic Oil Company v. The Government of the Libyan Arab Republic.
41. Texas Overseas Petroleum Co.v. Lybian Arab Republic.
42. The AES Corporation and TAU Power B.V. v. Republic of Kazakhstan, ICSID Case No. ARB/10/16.
43. The Government of the State of Kuwait v. The American Independent Oil Company.
44. Total S.A. v. The Argentina Republic, ICSID Case No. ARB/04/01.

国际投资法视域下的稳定性条款研究

附表 1 案例中 BITs 的可持续发展语言分析

序号	案例名称	BIT 名称	签订年份	序言-提及监管权	序言-提及可持续发展	序言-提及社会投资方面	序言-提及环境方面	健康与环境	劳工标准	规制权	企业社会责任	腐败	不降低标准	非克减条款	投资促进	基本安全例外-是否包含例外条款	基本安全例外-是否定义例外	基本安全例外-例外自评	一般公共政策例外-公共卫生与环境	一般公共政策例外-其他公共政策例外	审慎例外
1	ADC v. Hungary	《塞浦路斯共和国—匈牙利 BIT》	1989	×	×	×	×	×	×	×	×	×	×	×	×	×	—	—	×	×	×
2	AES v. Kazakhstan	《哈萨克斯坦—美国 BIT》, ECT	1992	×	×	√	×	×	×	×	×	×	×	√	×	√	×	×	×	√	×
3	Bogdanov v. Moldova	《摩尔多瓦—俄罗斯 BIT》	1998	×	×	×	×	×	×	×	×	×	×	√	×	×	—	—	×	×	×
4	Burlington v. Ecuador; Noble Energy v. Ecuador; Occidental v. Ecuador	《美国—厄瓜多尔 BIT》	1993	×	×	√	×	×	√	×	×	×	√	√	×	√	×	√	×	√	×

262

续表

序号	案例名称	BIT 名称	签订年份	序言									非克减条款	投资促进	例外						审慎例外
				提及监管权	提及可持续发展	提及社会投资方面	提及环境方面	健康与环境	劳工标准	规制权	企业社会责任	腐败	不降低标准			基本安全例外			一般公共政策例外		
																是否包含例外条款	是否定义例外	例外自评	公共卫生与环境	其他公共政策例外	
5	CMS v. Argentina; El Paso v. Argentina	《阿根廷—美国BIT》	1991	×	×	√	×	×	×	√	×	×	×	√	×	√	×	×	×	×	×
6	Total v. Argentina; Suez, Vivendi v. Argentina	《阿根廷—法国BIT》	1991	×	×	×	×	×	×	×	×	×	×	√	√	×	—	—	×	×	×
7	I.C.W. v. Czech	《捷克斯洛伐克—英国BIT》, ECT	1990	×	×	×	×	×	×	×	×	×	×	√	×	×	—	—	×	×	×
8	Nations Energy Inc. and Others v. Panama	《巴拿马—美国BIT》	1982	×	×	×	×	×	×	×	×	×	×	√	×	√	×	×	×	√	×
9	Oxus v. Uzbekistan	《英国—乌兹别克斯坦 BIT》	1993	×	×	×	×	×	×	×	×	×	×	√	×	×	—	×	×	×	×
10	Ioan v. Romania	《罗马尼亚—瑞典 BIT》	2002	×	×	×	×	×	×	×	×	×	×	√	×	×	×	×	×	×	×

263

国际投资法视域下的稳定性条款研究

续表

序号	案例名称	BIT名称	签订年份	序言-提及监管权	序言-提及可持续发展	序言-提及社会投资方面	序言-提及健康与环境方面	劳工标准	规制权	企业社会责任	腐败	不降低标准	非克减条款	投资促进	例外-基本安全例外-是否包含例外条款	例外-基本安全例外-是否定义例外	例外-基本安全例外-例外自评	例外-一般公共政策例外-公共卫生与环境	例外-一般公共政策例外-其他公共政策	审慎例外
11	Parkerings v. Lithuania	《立陶宛—挪威BIT》	1992	×	×	×	×	×	×	×	×	×	×	×	×	×	×	×	×	×
12	Perenco v. Ecuador	《厄瓜多尔—法国BIT》	1994	×	×	×	×	×	×	×	×	×	×	×	×	—	—	×	×	×
13	Siemens v. Argentina	《阿根廷—德国BIT》	1991	×	×	×	×	×	×	×	×	×	√	×	√	×	×	×	√	×

附表2 中国签订的BITs的可持续发展语言分析

序号	签订国家与年份	序言 - 提及监管权（如监管自主权、政策空间、引入新法规的灵活性）	序言 - 提及可持续发展	序言 - 提及社会投资方面（如人权、劳工、健康、企业社会责任、减贫）	序言 - 提及环境方面（如动植物生命、生物多样性、气候变化）	健康与环境	劳工标准	规制权	企业社会责任	腐败	不降低标准	非克减条款	投资促进	例外 - 基本安全例外 - 是否包含例外条款	例外 - 基本安全例外 - 是否定义例外（更详细地描述例外情况）	例外 - 例外自评	例外 - 一般公共政策例外 - 公共卫生与环境	例外 - 一般公共政策例外 - 其他公共政策例外（如文化遗产、公共秩序等）	审慎例外（关于财务措施）
1	乌兹别克斯坦（2011）	×	√	×	×	√	×	×	×	×	√	√	√	×	—	—	√	×	×
2	马耳他（2009）	×	×	×	×	×	×	×	×	×	√	√	×	×	—	—	×	×	×
3	马里（2009）	×	×	×	×	×	×	×	×	×	√	√	√	×	—	—	×	×	×
4	瑞士（2009）	×	×	×	×	√	×	×	×	×	√	√	×	√	—	—	×	×	×
5	哥伦比亚（2008）	×	×	×	×	×	×	√	×	×	×	×	×	√	×	√	×	√	√
6	墨西哥（2008）	×	×	×	×	×	×	×	×	×	×	×	×	×	—	—	×	×	×
7	法国（2007）	×	×	×	×	×	×	×	×	×	√	×	×	×	—	—	×	×	×
8	韩国（2007）	×	×	×	×	×	×	×	×	×	√	√	√	×	—	—	×	×	×
9	印度（2006）	×	×	×	×	×	×	×	×	×	√	√	×	√	×	×	×	×	×

265

续表

序号	签订国家与年份	序言：提及监管权（如监管自主权、政策空间、引入新法规的灵活性）	序言：提及可持续发展	序言：提及社会投资方面（如人权、劳工、健康、企业社会责任、减贫）	序言：提及环境方面（如动植物生命、生物多样性、气候变化）	健康与环境	劳工标准	规制权	企业社会责任	腐败	不降低标准	非克减条款	投资促进	基本安全例外：是否包含例外条款	基本安全例外：是否例外定义（更详细地描述例外情况）	基本安全例外：例外自评	一般公共政策例外：公共卫生与环境	一般公共政策例外：其他公共政策例外（如文化遗产、公序等）	审慎例外（关于财务措施）
10	俄罗斯联邦（2006）	×	×	×	×	×	×	×	×	×	×	√	√	×	—	—	×	×	×
11	葡萄牙（2005）	×	×	×	×	×	×	×	×	×	×	√	×	×	—	—	×	×	×
12	捷克（2005）	×	×	×	×	×	×	×	×	×	×	√	×	×	—	—	×	×	×
13	马达加斯加（2005）	×	×	×	×	√	×	×	×	×	×	√	×	×	—	—	×	×	×
14	西班牙（2005）	×	×	×	×	×	×	×	×	×	×	√	×	×	—	—	×	×	×
15	BLEU（比利时－卢森堡经济联盟，2005）	×	×	×	×	×	×	×	×	×	×	√	×	×	—	—	×	×	×
16	朝鲜（2005）	×	×	×	×	×	×	×	×	×	×	√	√	×	—	×	×	×	×
17	芬兰（2004）	×	×	×	×	×	×	×	×	×	×	√	×	√	√	×	×	√	×
18	突尼斯（2004）	×	×	×	×	×	×	×	×	×	×	√	×	×	—	—	×	×	×

续表

序号	签订国家与年份	提及监管权（如监管自主权、政策空间、引入新法规的灵活性）	提及可持续发展	提及社会投资方面（如人权、劳工、健康、企业社会责任、减贫）	提及环境方面（如动植物生命、生物多样性、气候变化）	健康与环境	劳工标准	规制权	企业社会责任	腐败	不降低标准	非克减条款	投资促进	基本安全例外—是否包含例外条款	基本安全例外—是否例外定义（更详细地描述例外情况）	基本安全例外—例外自评	公共卫生与环境	其他公共政策例外（如文化遗产、公共秩序等）	审慎例外（关于财务措施）
19	乌干达（2004）	×	×	×	×	×	×	×	×	×	×	√	√	×	—	—	×	×	×
20	拉脱维亚（2004）	×	×	×	×	×	×	×	×	×	×	√	×	×	×	×	×	×	×
21	贝宁（2004）	×	×	×	×	×	×	×	×	×	×	√	√	×	—	—	×	×	×
22	德国（2003）	×	×	×	×	×	×	×	×	×	×	√	×	×	—	—	×	×	×
23	吉布提（2003）	×	×	×	×	×	×	×	×	×	×	√	√	×	—	—	×	×	×
24	圭亚那（2003）	×	×	√	√	×	×	×	×	×	×	√	√	×	—	—	×	×	×
25	科特迪瓦（2002）	×	×	×	×	×	×	×	×	×	×	√	√	×	—	—	×	×	×
26	特立尼达和多巴哥（2002）	×	×	√	√	×	×	×	×	×	×	√	√	×	—	—	×	×	×
27	波黑（2002）	×	×	×	×	×	×	×	×	×	×	√	×	×	—	—	×	×	×
28	缅甸（2001）	×	×	×	×	×	×	×	×	×	×	√	×	×	—	—	×	×	×
29	荷兰（2001）	×	×	√	×	×	×	×	×	×	×	×	×	×	—	—	×	×	×

国际投资法视域下的稳定性条款研究

续表

序号	签订国家与年份	提及监管权（如监管自主权、政策空间、引入新法规的灵活性）	提及可持续发展	提及社会投资方面（如人权、劳工、健康、企业社会责任、减贫）	提及环境方面（如动植物生命、生物多样性、气候变化）	健康与环境	劳工标准	规制权	企业社会责任	腐败	不降低标准	非克减条款	投资促进	是否包含例外条款	是否定义例外（更详细地描述例外情况）	例外自评	公共卫生与环境	其他公共政策例外（如文化遗产、公共秩序等）	审慎例外（关于财务措施）
30	约旦哈希姆王国（2001）	×	×	√	×	×	×	×	×	×	×	√	√	×	—	—	×	×	×
31	尼日利亚（2001）	×	×	×	×	×	×	×	×	×	×	√	×	×	—	—	×	×	×
32	塞浦路斯（2001）	×	×	×	×	×	×	×	×	×	×	√	×	×	—	—	×	×	×
33	文莱达鲁萨兰国（2000）	×	×	×	×	×	×	×	×	×	×	√	×	×	—	—	×	×	×
34	博茨瓦纳（2000）	×	×	×	×	×	×	×	×	×	×	×	√	×	—	—	×	×	×
35	伊朗（2000）	×	×	×	×	×	×	×	×	×	×	√	×	×	—	—	×	×	×
36	刚果（2000）	×	×	×	×	×	×	×	×	×	×	√	×	×	—	—	×	×	×
37	巴林（1999）	×	×	×	×	×	×	×	×	×	×	√	√	×	—	—	×	×	×
38	卡塔尔国（1999）	×	×	×	×	×	×	×	×	×	×	√	×	×	—	—	×	×	×
39	巴巴多斯（1998）	×	×	×	×	×	×	×	×	×	×	√	√	×	—	—	×	×	×
40	埃塞俄比亚（1998）	×	×	×	×	×	×	×	×	×	×	√	×	×	—	×	×	×	×

续表

序号	签订国家与年份	序言					例外										审慎例外（关于财务措施）
^	^	提及监管权（如监管自主权、政策空间、引入新法规的灵活性）	提及可持续发展	提及社会投资方面（如人权、劳工、健康、企业社会责任、减贫）	提及环境方面（如动植物生命、生物多样性、气候变化）	健康与环境	劳工标准	规制权	企业社会责任	不降低腐败标准	非克减条款	投资促进	基本安全例外			一般公共政策例外		^
^	^	^	^	^	^	^	^	^	^	^	^	^	是否包含例外条款	是否定义例外（更详细地描述例外情况）	例外自评	公共卫生与环境	其他公共政策例外（如文化遗产、公共秩序等）	^
41	佛得角（1998）	×	×	×	×	×	×	×	×	×	√	×	×	—	—	×	×	×
42	南非（1997）	×	×	×	×	×	×	×	×	×	√	×	×	—	—	×	×	×
43	马其顿、前南斯拉夫（1997）	×	×	×	×	×	×	×	×	×	√	√	×	—	—	×	×	×
44	阿拉伯叙利亚共和国（1996）	×	×	×	×	×	×	×	×	×	×	×	×	—	—	×	×	×
45	阿尔及利亚（1996）	×	×	×	×	×	×	×	×	×	√	×	×	—	—	×	×	×
46	柬埔寨（1996）	×	×	×	×	×	×	×	×	×	×	×	×	—	—	×	×	×
47	黎巴嫩（1996）	×	×	×	×	×	×	×	×	×	√	×	×	—	—	×	×	×
48	津巴布韦（1996）	×	×	×	×	×	×	×	×	×	√	×	×	—	—	×	×	×
49	毛里求斯（1996）	×	×	×	×	√	×	×	×	×	√	×	√	×	×	√	×	×

269

国际投资法视域下的稳定性条款研究

续表

序号	签订国家与年份	序言						规制权	企业社会责任	腐败	不降低标准	非克减条款	投资促进	例外					
		提及监管权（如监管自主权、政策空间、引入新法规的灵活性）	提及可持续发展	提及社会投资方面（如人权、劳工、健康、企业社会责任、减贫）	提及环境方面（如动植物生命、生物多样性、气候变化）	健康与环境	劳工标准							基本安全例外			一般公共政策例外			审慎例外（关于财务措施）
														是否包含例外条款	是否定义例外（更详细地描述例外情况）	例外自评	公共卫生与环境	其他公策策例外（如文化遗产、公共秩序等）	
50	沙特阿拉伯（1996）	×	×	×	×	×	×	×	×	×	√	×	×	—	—	×	×	×
51	塞尔维亚（1995）	×	×	×	×	×	×	×	×	×	√	×	×	—	—	×	×	×
52	古巴（1995）	×	×	×	×	×	×	×	×	×	√	√	×	—	—	×	×	×
53	以色列（1995）	×	×	×	×	×	×	×	×	×	√	×	×	—	—	×	×	×
54	摩洛哥（1995）	×	×	×	×	×	×	×	×	×	√	×	×	—	—	×	×	×
55	阿曼苏丹国（1995）	×	×	×	×	×	×	×	×	×	√	√	×	—	—	×	×	×
56	印度尼西亚（1994）	×	×	×	×	×	×	×	×	×	√	√	×	—	×	×	×	×
57	牙买加（1994）	×	×	×	×	×	×	×	×	×	√	×	×	—	—	×	×	×
58	罗马尼亚（1994）	×	×	×	×	×	×	×	×	×	√	√	×	—	—	×	×	×
59	秘鲁（1994）	×	×	×	×	×	×	×	×	×	√	√	×	—	—	×	×	×

270

续表

序号	签订国家与年份	序言 提及监管权（如监管自主权、政策空间、引入新法规的灵活性）	提及可持续发展	提及社会投资方面（如人权、劳工、健康、企业社会责任、减贫）	提及环境方面（如动植物生命、生物多样性、气候变化）	健康与环境	劳工标准	规制权	企业社会责任	腐败	不降低标准	非克减条款	投资促进	基本安全例外 是否包含例外条款	基本安全例外 定义（更详细地描述例外情况）	例外自评	一般公共政策例外 公共卫生与环境	一般公共政策例外 其他公共政策例外（如文化遗产、公共秩序等）	审慎例外（关于财务措施）
60	埃及（1994）	×	×	×	×	×	×	×	×	×	×	√	√	×	—	—	×	×	×
61	冰岛（1994）	×	×	×	×	×	×	×	×	×	×	√	√	×	—	—	×	×	×
62	智利（1994）	×	×	×	×	×	×	×	×	×	×	√	√	×	—	—	×	×	×
63	厄瓜多尔（1994）	×	×	×	×	×	×	×	×	×	×	√	√	×	—	—	×	×	×
64	阿塞拜疆（1994）	×	×	×	×	×	×	×	×	×	×	√	×	×	—	—	×	×	×
65	乌拉圭（1993）	×	×	×	×	×	×	×	×	×	×	√	×	×	—	—	×	×	×
66	立陶宛（1993）	×	×	×	×	×	×	×	×	×	×	√	×	×	—	—	×	×	×
67	斯洛文尼亚（1993）	×	×	×	×	×	×	×	×	×	×	√	×	×	—	—	×	×	×
68	爱沙尼亚（1993）	×	×	×	×	×	×	×	×	×	×	√	×	×	—	—	×	×	×
69	阿拉伯联合酋长国（1993）	×	×	×	×	×	×	×	×	×	×	√	√	×	—	—	×	×	×
70	克罗地亚（1993）	×	×	×	×	×	×	×	×	×	×	√	×	×	—	—	×	×	×

国际投资法视域下的稳定性条款研究

续表

序号	签订国家与年份	提及监管权（如监管自主权、政策空间、引入新法规的灵活性）	提及可持续发展	提及社会投资方面（如人权、劳工、健康、企业社会责任、减贫）	提及环境方面（如动植物生命、生物多样性、气候变化）	健康与环境	劳工标准	规制权	企业社会责任	腐败	不降低标准	非克减条款	投资促进	基本安全例外-是否包含例外条款	基本安全例外-是否例外定义（更详细地描述例外情况）	基本安全例外-例外自评	一般公共政策例外-公共卫生与环境	一般公共政策例外-其他公共政策例外（如文化遗产、公共秩序等）	审慎例外（关于财务措施）
序言														例外					
71	格鲁吉亚（1993）	×	×	×	×	×	×	×	×	×	×	√	×	×	—	—	×	×	×
72	阿尔巴尼亚（1993）	×	×	×	×	×	×	×	×	×	×	√	×	×	—	—	×	×	×
73	老挝人民民主共和国（1993）	×	×	×	×	×	×	×	×	×	×	√	√	×	—	—	×	×	×
74	越南（1992）	×	×	×	×	×	×	×	×	×	×	√	×	×	—	—	×	×	×
75	土库曼斯坦（1992）	×	×	×	×	×	×	×	×	×	×	√	√	×	—	—	×	×	×
76	阿根廷（1992）	×	×	×	×	×	×	×	×	×	×	√	×	√	—	—	×	×	×
77	大韩民国（1992）	×	×	×	×	×	×	×	×	×	×	√	×	×	×	×	×	×	×
78	菲律宾（1992）	×	×	×	×	×	×	×	×	×	×	√	×	×	×	×	×	×	×
79	希腊（1992）	×	×	×	×	×	×	×	×	×	×	√	×	×	×	×	×	×	×
80	多民族玻利维亚国（1992）	×	×	×	×	×	×	×	×	×	×	√	×	×	—	—	×	×	×

续表

序号	签订国家与年份	提及监管权（如监管自主权、政策空间、引入新法规的灵活性）	提及可持续发展	提及社会投资方面（如人权、劳工、健康、企业社会责任、减贫）	提及环境方面（如动植物生命、生物多样性、气候变化）	健康与环境	劳工标准	规制权	企业社会责任	腐败	不降低标准	非克减条款	投资促进	是否包含例外条款	是否定义例外（更详细地描述例外情况）	例外自评	公共卫生与环境	其他公共政策例外（如文化遗产、公共秩序等）	审慎例外（关于财务措施）
81	西班牙（1992）	×	×	×	×	×	×	×	×	×	×	√	×	×	—	—	×	×	×
82	捷克（1991）	×	×	×	×	×	×	×	×	×	×	√	×	√	×	×	×	√	×
83	斯洛伐克共和国（1991）	×	×	×	×	×	×	×	×	×	×	√	×	×	—	—	×	×	×
84	蒙古国（1991）	×	×	×	×	×	×	×	×	×	×	√	√	×	×	—	×	×	×
85	匈牙利（1991）	×	×	×	×	×	×	×	×	×	×	√	×	×	—	—	×	×	×
86	巴布亚新几内亚（1991）	×	×	×	×	×	×	×	×	×	×	×	√	×	—	—	×	×	×
87	土耳其（1990）	×	×	×	×	×	×	×	×	×	×	×	×	×	—	—	×	×	×
88	加纳（1989）	×	×	×	×	×	×	×	×	×	×	√	×	×	—	—	×	×	×
89	保加利亚（1989）	×	×	×	×	×	×	×	×	×	×	√	√	×	—	—	×	×	×
90	巴基斯坦（1989）	×	×	×	×	×	×	×	×	×	×	×	×	×	—	—	×	×	×

273

国际投资法视域下的稳定性条款研究

续表

序号	签订国家与年份	序言 提及监管权（如监管自主权、政策空间、引入新法规的灵活性）	序言 提及可持续发展	序言 提及社会投资方面（如人权、劳工、健康、企业社会责任、减贫）	序言 提及环境方面（如动植物生命、生物多样性、气候变化）	健康与环境	劳工标准	规制权	企业社会责任	腐败	不降低标准	非克减条款	投资促进	例外 基本安全例外 是否包含例外条款	例外 基本安全例外 是否定义例外（更详细地描述例外情况）	例外 基本安全例外 例外自评	例外 一般公共政策例外 公共卫生与环境	例外 一般公共政策例外 其他公共政策例外（如文化遗产、公共秩序等）	审慎例外（关于财务措施）
91	新西兰（1988）	×	×	×	×	×	×	×	×	×	×	√	×	×	—	—	×	×	×
92	马来西亚（1988）	×	×	×	×	×	×	×	×	×	×	√	×	×	—	—	×	×	×
93	日本（1988）	×	×	×	×	×	×	×	×	×	×	×	×	×	×	×	×	×	×
94	澳大利亚（1988）	×	×	×	×	×	×	×	×	×	×	×	×	×	—	—	×	×	×
95	波兰（1988）	×	×	×	×	×	×	×	×	×	×	√	×	×	—	—	×	×	×
96	瑞士（1986）	×	×	×	×	×	×	×	×	×	×	√	×	×	—	—	×	×	×
97	英国（1986）	×	×	×	×	√	×	√	×	×	×	√	√	√	×	×	√	×	×
98	斯里兰卡（1986）	×	×	×	×	√	×	√	×	×	×	√	×	√	×	×	√	×	×
99	科威特（1985）	×	×	×	×	×	×	×	×	×	×	√	×	√	×	×	×	×	×
100	新加坡（1985）	×	×	×	×	×	×	×	×	×	×	√	√	√	×	×	×	×	×
101	荷兰（1985）	×	×	×	×	×	×	×	×	×	×	√	×	×	—	—	×	×	×
102	丹麦（1985）	×	×	×	×	×	×	×	×	×	×	√	×	×	—	—	×	×	×

274

续表

序号	签订国家与年份	序言					健康与环境	劳工标准	规制权	企业社会责任	腐败	不降低标准	非克减条款	投资促进	例外						审慎例外（关于财务措施）
			提及监管权（如监管自主权、政策空间、引入新法规的灵活性）	提及可持续发展	提及社会投资方面（如人权、劳工、健康、企业社会责任、减贫）	提及环境方面（如动植物生命、生物多样性、气候变化）										基本安全例外			一般公共政策例外			
															是否包含例外条款	是否定义例外（更详细地描述例外情况）	例外自评	公共卫生与环境	其他公共政策例外（如文化遗产、公共秩序等）	
103	泰国（1985）	×	×	×	×	×	×	×	×	×	×	×	×	×	—	—	×	×	×
104	意大利（1985）	×	×	×	×	×	×	×	×	×	×	×	×	×	—	—	×	×	×
105	挪威（1984）	×	×	×	×	×	×	×	×	×	×	√	×	×	—	—	×	×	×
106	芬兰（1984）	×	×	×	×	×	×	×	×	×	×	√	×	×	—	—	×	×	×
107	BLEU（1984）	×	×	×	×	×	×	×	×	×	×	√	×	×	—	—	×	×	×
108	法国（1984）	×	×	×	×	×	×	×	×	×	×	×	×	×	—	—	×	×	×
109	瑞典（1982）	×	×	×	×	×	×	×	×	×	×	×	×	×	—	—	×	×	×

275

致　谢

　　能够师从黄世席教授学习国际法是我之幸事，黄教授治学严谨、为人踏实，给予我谆谆教诲。在读期间，从论文选题到资料检索、逻辑分析及成文修改、投稿，他花费大量时间和心血对我进行细致的指导。他告诫我们以学业为重，同时要注意锻炼身体，良好的身体素质对科研非常重要。他还鼓励我们多读书，多参加国际法的学术交流活动，掌握国际法的新动向。他不仅注重培养我的科研能力，而且鼓励我出国交流以拓宽国际视野。因此，我得以不断成长进步。

　　感谢我的家人，他们在生活上无微不至地照顾我并给予鼓励。在我颇为沮丧时，他们总能宽慰我以继续坚持，是我最坚强的后盾。

　　在黄教授的指导下，我与师兄师姐相处融洽、互帮互助。当我不在学校时，他们帮我处理很多事情。感谢同窗在我写作遇到疑惑时总能耐心地与我讨论，我受益颇多。

　　一路走来，我得到太多鼓励和帮助。一声声"感谢"不足以表达我的感激之情。未来的路还长，传承师风，踏实科研，认真生活。

范璐晶
2024 年 7 月